李振興著

文史哲學集成

尚書流衍及大義探討

文史哲出版社印行

尚書流衍及大義探討 / 李振興著. -- 初版 --
臺北市：文史哲，民 105.01 印刷
頁; 21 公分（文史哲學集成;78）
ISBN 978-957-547-286-3（平裝）

文史哲學集成 78

尚書流衍及大義探討

著　　者：李　　振　　興
出 版 者：文 史 哲 出 版 社
http:// www.lapen.com.tw
e-mail：lapen@ms74.hinet.net
登記證字號：行政院新聞局版臺業字五三三七號
發 行 人：彭　　正　　雄
發 行 所：文 史 哲 出 版 社
印 刷 者：文 史 哲 出 版 社
臺北市羅斯福路一段七十二巷四號
郵政劃撥帳號：一六一八〇一七五
電話886-2-23511028・傳真886-2-23965656

實價新臺幣五〇〇元

一九八二年（民七十一）六月初版
二〇一六年（民一〇五）一月（BOD）初刷

ISBN 978-957-547-286-3　　00078

自序

尚書，爲我國從上古時代所遺留下來的一部典籍。而尚書之名，就資料所及，大概是在伏生以後才確定的。因爲是一部古書，所以也就特別難讀。玆編之作，就是想借着淺近的文字介紹，對讀者能發生一點影響，增進國人對尚書的認識，進而研讀尚書，闡發其義蘊。大家攜起手來，共同爲我國的固有文化，奉獻心力。玆略抒所見如次：

一、就文字方面說：尚書不僅佶屈聱牙，而且也古奧難解。所以形成這種情狀，最主要的因素，就是由於語言的轉變所致，這也就是爲什麼欲通尚書，非先通「小學」不可的原因所在了。

二、就流衍方面說：在經書中，問題最多的就是尚書。因此，也導致了「言人人殊」的見解。它不僅有今、古文之爭，眞僞之異，同時對於篇目的看法，更是難趨一致，尤其是在解說上的紛歧，眞可說是已經到了、使人眼花撩亂、莫知所從的地步。因此，讀尚書，最好能分兩個階段，那就是：先求文字上的通解，然後再求義理上的貫連。能做到這兩點，才算是粗通尚書。

三、就性質方面說：尚書是一部「政書」。包羅非常廣泛，擧凡內聖外王之理，建國君民之則，乃至天文、地理、教育、經濟、官制、刑律等，無不含蘊其中。所以唐代的史學大家劉知幾、在他所著的史通卷四斷限篇中說：「夫尚書者，七經之冠冕，百氏之襟袖；凡學者，必先精此書，次覽群籍；譬夫行不由徑，非所聞焉。」平心而論，尚書這部典籍，全是我先民在生活的歷程中，爲需要而逐漸開展的文化紀實，也可以說，是最純粹的中國文化遺產。在這部書中，我們不僅可以看到化民成俗的政治措施，同時也可以窺見古代聖王法天、修德、以仁義爲懷的胸襟，把它視爲文化的根源，實不爲過。元儒董鼎，在他所著書傳輯錄纂注的大序後說：「六經莫古於書，易雖始於伏羲，然有卦未有辭，辭始於文王爾。六經莫備於書，五經各主一事而作耳，易主卜筮，即洪範之稽疑也；禮主節文，即虞書之五禮也；詩主詠歌，即后、夔之樂教也；周禮設官，即周官六卿率屬之事也；春秋褒貶，即皐陶謨命德討罪之權也。五經各主帝王政事之一端，書則備帝王政事之全體，修齊治平之規模事業，盡在此書，學者豈可不盡心焉！」董氏的話，除周官六卿仍待商榷外，其餘大致都能確切盡理，在這裏，也就可以看出尙書的重要了。

四、就實用方面說：尚書爲我國開國以來、聖聖相傳的智慧積累，一文物，一制度，完全都是從我們民族的生活需要中所產生，絕不是憑空捏造出來的。因此、它最實用，也最有價値。不僅包含了「二帝三王之道」，可作爲永久的建國指導原則，而今我們放眼學術之林，凡是與我國固有文化史有關連的，也都會涉及到它。如研究歷史的人說：「六經皆史」，研究地理的人說：「尚書禹貢，爲地理之祖」，研究政治的人說：「尚書爲政治史之嚆矢」，研究教育的人說：「尚書舜命契爲司徒，敎以人倫」，研究經學的人說：「尚書爲六經之一」，研究文學的人說：「尚書爲散文之始」，研究天文的人說：「尚書已有觀象授時之言」，研究經濟的人說：「賦稅在禹貢中，已有綦詳之載」，研究工程的人說：「大禹爲我國工程師之祖」，……凡此所舉，都有事實的記載，絕對不是附會，而且如果繼續舉下去的話，尚不知凡幾。僅此，也就可以看出尚書的價值了。更何況它還包含了「二帝三王之道」，爲宋人言心、言性、言理的所自出？是以不揣淺陋，首先揭櫫以上四點，以明一愚的體驗與看法，權作「野人獻曝」吧！

其次，在研究的態度上，個人認爲：應當漢、宋兼采，今、古並用，而對於近代發現的新資料，尤其不可放過。這樣才可以收到會通的效果。在文字的表現上，主張力求淺近，盡量做到深入淺出，大衆化、通俗化，借以喚起國人研究尚書的興趣，以期達到發揚我國固有文化的終極目標。

再其次，則想爲本書的內容說幾句話：

一、本書分上下兩篇，上篇包括尚書流衍述要，尚書大、小序辨疑，尚書文體的商榷三章。第一章的重點，在說明尚書的傳授、流變，借此亦可看出我國學術上的風氣趨向。二、三兩章，乃尚書在流衍中所產生的不算小的問題，同時也是研究尚書的人，所不得不討論的問題。就性質說，這三章是一類型。

二、下篇包括七章，重點在探討其大義，就着尚書經文，立綱分目，陳述一己的見解與看法，使本無系統、條理的經文，系統化、條理化，同時也使本有系統、條理而不明顯的經文，使之更爲明顯。

所以這樣做的原因，就是想借着此種陳述，能帶給讀者一點方便，節省一點時間和精力，並收到閱讀的最大效果。更希望、使原本佶屈聱牙的古籍，能由此而通俗化，大衆化，使每一國人，都能了解我國在上古時代，就已經有了如此輝煌的成就，進而發生一點啟示作用。在每章之後，（第七章除外）都有附載的短文，這些短文，有的是「副產品」，有的是「引子」，雖談不上什麼「精華」，却能增進對各該章的了解與認識，所以不可看作贅疣。

三、本書各章，都是筆者最近一兩年來發表過的文章，原載刋物名稱，附於各章文後，以便查考。雖無心揷柳，却已成蔭，戚戚、汲汲，何有於我！今後，仍欲一本此念，就着這方面的問題，作系統性的淺探。無如本人天資駑鈍，悟性不高，難能見隱發微，是以疏漏不周的地方，一定很多，懇祈博雅君子，不吝賜教，匡我不及。

中華民國七十一年六月三十日於台北

尚書流衍及大義探討　目次

上篇　尚書流衍

第一章　尚書流衍述要

自孔子纂「書」以敎（註一），尚書的流傳始廣，然而如欲語其傳授脈絡，却渺焉難詳（註二）。我們僅可從先秦典籍中所引尚書文句，略窺其梗概。在這種情況下，首先被我們考慮到的一部書，就是論語。因爲這部書，是「孔子應答弟子、時人及弟子相與言、而接聞於夫子之語」（註三）的紀錄。孔子既以「書」敎，在論語中，也就必然會有引「書」以敎的言論，如爲政篇、子曰：「書云：『孝乎惟孝，友于兄弟。』施於有政，是亦爲政，奚其爲爲政？」又如憲問篇、子張曰：「書云：『高宗諒闇，三年不言』，何謂也？」這兩則言論，一爲孔子釋或人之疑，一爲弟子不明「書」義，請敎於孔子，這正說明了孔子纂「書」以敎的事實。其他如左傳、墨子、孟子、荀子、國語、戰國策、呂氏春秋等作，也沒有不引「書」文以闡釋事理的（註四）。

我們都知道，尚書是一部政書，以上這些典籍，也大部分爲闡政理而引「書」文，由此亦可見時代雖爲春秋、戰國，然而這些思想家或政治家們，却無不想借尙書施政行事之理，以規正敎化，這也可能就是「書」文廣被引用的主要原因了。「書」文旣被廣泛徵引，當然也就可以由此窺知「書」敎的普遍性。事實雖是這樣，然而要想尋找其傳授脈絡，却是一件不太容易的事，必待秦火以後，漢高祖劉邦建立起統一的大帝國之時，「書」學的傳授，始可見其端倪，玆以朝代爲序，探討如次：

壹、漢代

有漢一代，經學大昌，而尙書之學亦盛，在傳授方面，可分今文、古文兩大派，玆分別加以說明：

一、今文派：今文尙書的傳授，始於伏生，他是濟南人，名勝，生於周赧王五五年辛丑（西元前二六〇年）（註五），本爲秦代博士，到漢朝孝文皇帝時，尋求攻治尙書的人，當時天下之大，竟然找不到一人，後來聽說伏生攻研尙書，就想召他到朝中來，然而這時伏生已經九十多歲了，行動甚爲不便，於是就命令太常派掌故鼂錯到伏生那裏去學習。伏生所研讀的尙書，在秦時爲火禁之書，於是伏生就把它藏在牆壁中，後來天下大亂，他爲逃避兵災，也就到處流亡，等到漢朝統一天下以後，伏生去尋找他的藏書時，竟然亡佚了數十篇，僅得到二十九篇，所以也只好用這二十九篇敎授於齊、魯之間，因此這一帶的學者，都很能了然於尙書，山東一帶的大師們，也沒有不涉尙書以敎的。尙書在秦火後，所以能得以流傳，這可以說，都是伏生的功勞。他有兩大弟子，一爲濟南張生，一爲千乘歐陽生，當時最爲知名，所以漢興以來，凡是說尚書的，都以伏生爲宗師（註六）。

歐陽生，字和伯，千乘人（今山東省廣饒縣），將其所學傳授兒寬，兒寬亦千乘人，有俊才，以此在郡國被選爲博士弟子，又受業於孔安國，爲人溫良，有廉智，善屬文，官至御史大夫（註七），初見武帝時，語及經學，帝甚喜悅，於是說：「吾始以尚書爲樸學，弗好，及聞寬說，可觀。」於是從寬問一篇。而歐陽、大小夏侯氏學、亦皆出於兒寬。寬授歐陽生子，世世相傳，至曾孫高字子陽，爲博士，作尚書章句，爲歐陽氏學。高孫地餘字長賓，以太子中庶子教授太子，後亦爲博士，與五經儲儒雜論同異於石渠閣。漢元帝即位，地餘侍中貴幸，官至少府。地餘少子政，爲王莽講學大夫，其後至歙八世，皆傳歐陽氏學。

濟南林尊，字長賓，從歐陽高受學，爲博士，論學石渠閣，後官至少府，太子太傅。他又傳授平陵（今山西文水縣）人平當字子思，以明經爲博士。哀帝即位，徵當爲御史大夫，卒至丞相（註八）。平當又傳授九江朱普字公文，爲博士。徒衆盛極一時。

沛國桓榮字春卿，少學長安，習歐陽尚書，事博士九江朱普，貧窮無所資，常爲傭保以自給，精力過人，從不倦怠，十五年不闚家園，直至王莽篡位始歸。會朱普卒，桓榮奔喪九江，負土成墳，因留教授，徒衆數百人。莽敗亡以後，天下大亂，榮抱其經書與弟子逃匿山谷，雖常飢困，而仍然講論不止，後又教授於江淮間。建武（光武年號）十九年，年六十餘，始被召舉爲大司徒府，時顯宗（明帝）始立爲皇太子，選求明經，於是擢榮弟子豫章人何湯爲虎賁中郎將，以尚書授太子。世祖從容問湯本師爲誰，湯回答說：「事沛國桓榮。」光武帝卽召榮，令說尙書，甚以爲善，拜爲議郎，賜錢十萬，入使授太子。每朝會，輒令榮於公卿前敷奏經書，帝大加讚賞說：「得生幾晚！」以榮爲太子少傅，賜以輜車、乘馬。榮大會諸生，陳其車馬、印綬說：「今日所蒙，稽古之力也，可不勉哉！」顯宗卽位，尊以師禮，甚見親重，常親自執業，每言輒說：「大師在是。」榮卒，帝親自變服，臨喪送葬，賜冢塋于首陽山之陽，子郁嗣，其恩禮若此。

桓郁、字仲恩，少以父任爲郎，敦厚篤學，傳父業，以尙書教授，門徒常數百人。初，榮受朱普學章句四十萬言，浮辭繁長，多過其實，及榮入授顯宗，減爲二十三萬言，郁復刪省，定成十二萬言，由是有桓君大小太常章句。以上爲今文尙書傳授的第一個系統（註九）。

濟南張生，得伏生的傳授，爲博士，授魯人夏侯都尉，都尉傳族子始昌，始昌通五經，以齊詩、尙書教授，自董仲舒、韓嬰死後，武帝得始昌，非常尊重他。始昌明於陰陽，先言柏梁臺災日，至期果災。時昌邑王以少子愛，上爲選師，始昌爲太傅，年老以壽終。

夏侯勝、字長公，爲始昌族子，少孤苦好學，從始昌受尙書及洪範五行傳，說災異。後來又事簡卿，簡卿乃兒寬門人。又從歐陽氏問，爲學精熟，所問非一師，善說禮之喪服，徵爲博士、光祿大夫，是爲大夏侯氏之學。時遇昭帝崩，武帝孫昌邑王賀嗣立，既卽位，行爲淫亂，每出遊戲，勝當乘輿前諫說：「天久陰不雨，臣下有謀上者，陛下出、欲何之？」王怒，以勝所說爲祅言，縛以委吏治罪，吏遂將此事告訴大將軍霍光，光不擧法。因是時霍光與車騎將軍張安世謀，欲廢昌邑王，光責問安世，以爲是他走漏了消息，其實張安世亦在苦思此事的究竟。於是就召問夏侯勝，勝回答霍光說：「在洪範傳曰：『皇之不極，厥罰常陰，時則下人有伐上者。』我不敢明說，故云臣下有謀。」光、安世大驚，因此更加重視經術。後十多天，霍光終與安世告訴太后要廢掉昌邑王，尊立宣帝。同時霍光以爲群臣奏事東宮，太后省事政令，宜知經術，於是向太后說明令勝授以尚書，並遷升爲長信少府，賜爵關內侯，而且參與謀畫廢立、定策安宗廟的事情。

宣帝即位之初，欲褒揚先帝（武帝），詔群臣大議廷中，大家都認爲應該加以褒揚，獨勝以爲不可，他說：「武帝雖有攘四夷、廣土斥境之功，然多殺士衆，竭民財力，奢泰亡度，天下虛耗，百姓流離，物故者半，蝗蟲大起，赤地數千里，或人民相食，畜積至今未復，亡德澤於民，不宜爲立廟樂公卿共同責難勝說：「此詔書也。」勝回答說：「詔書不可用也。人臣之誼，宜直言正論，非苟阿意順指，議已出口，雖死不悔。」於是丞相、御史大夫，劾奏勝非議詔書，毀先帝，不道，以及丞相長史黃霸，阿縱勝不舉劾，是以勝與黃霸，俱被下獄。繫獄既久，黃霸想從勝受經，勝辭以罪死。霸說：「朝聞道，夕死可矣。」勝賢其言，遂授以尚書。在獄中兩年，講論從不懈怠。直到宣帝四年夏，關東四十九郡同日地動，或山崩，壞城郭屋室，殺六千餘人。於是皇上改穿素服，避坐正殿，並遣使者弔問吏民，因而大赦。勝復爲長信少府，遷太子太傅，受詔撰尚書、論語說。年九十，卒於官，太后爲勝素服五日，以報師傅之恩，儒者引以爲榮。始，勝每講授，常謂諸生說：「士病不明經術，經術苟明，其取青紫，如俛拾地芥耳，學經不明，不如歸耕。」勝爲人質樸守正，簡易亡威儀，朝廷每有大議，帝知勝素直，對他說：「先生通正言，無懲前事。」於此亦可見皇帝對他的敬重了。

勝傳授從父子建，字長卿，建自師事勝及歐陽高，左右采獲，又從五經諸儒問與尚書相出入者，多方牽引以次章句，具文飾說。勝對他這種做法，很不滿意，於是用批評的口吻說：「建、所謂章句小儒，破碎大道。」建亦批評勝「爲學疏略，難以應敵。」建終於獨自專門名經，爲議郎、博士、至太子少傅，是爲小夏侯氏之學（註一〇）。

建傳平陵張山拊，字長賓，亦論學石渠閣、爲博士，至長信少府。山拊授信都人秦恭字延君，增師法至百萬言，爲城陽內史，而桓譚新論說：「秦延君能說堯典篇目，兩字說至十餘萬言，但說『曰若稽古』三萬言。於此亦可見其說尚書的繁雜了。這是今文尚書傳授的第二個系統。爲明白計，茲將伏生傳授系統，列一簡表如左：

伏生
- 1. 鼂錯。
- 2. 歐陽生
  - 兒寬
    - 蕑卿——夏侯勝。
    - 歐陽生子——歐陽高
      - 林尊—平當—朱普—桓榮—桓郁。
      - 歐陽地餘—歐陽政—歐陽歙。
      - 夏侯建。
- 3. 張生—夏侯都尉—夏侯始昌—夏侯勝（大夏侯）——夏侯建（小夏侯）—張山拊—秦恭。

二、古文派：古文尚書，出自孔壁（註一一），孔子十一世孫安國，悉得其書，以今文讀之，因以興起其古文家法。安國爲武帝時博士，官至臨淮太守（註一二），司馬遷曾從安國問故，故太史公書所載堯典、禹貢、洪範、微子、金縢諸篇，多古文說（註一三）。安國授都尉朝（朝名、都尉姓），都尉朝授膠東庸生（名譚），庸生授清河胡常，胡常授虢、徐敖，敖爲右扶風掾，又傳毛詩。徐敖授琅邪王璜及平陵塗惲，惲授河南桑欽（註一四）。當漢成帝時，劉向以中古文校歐陽、大小夏侯三家經文，酒誥脫簡一，召誥脫簡二，率簡二十五字者，脫亦二十五字，簡二十二字，脫亦二十二字，文字異者七百有餘，脫字數十（註一五）。向卒，子歆繼父業，見古文大好之，並屢言古文皆有徵驗，外內相應，當立爲學官。無如當時博士反對，故未能實現。

根據後漢書賈逵傳的記載，逵、字景伯，扶風平陵人，他是賈誼的九世孫，父爲賈徽，受古文尚書於塗惲。逵傳父業，與班固同時校理秘書，當時肅宗（章帝）特好古文尚書，在建初元年，詔逵入講北宮白虎觀，南宮雲臺，逵數爲帝言古文尚書與經傳、爾雅詁訓相應。於是詔令撰歐陽、大小夏侯尚書古文同異，逵集爲三卷，章帝以爲非常有見解，於是就叫他選擧高才生敎授古文尚書，古文尚書遂行。

除賈逵傳孔壁古文外，又有杜林字伯山，扶風茂陵人，他的父親名字叫業，在成、哀帝時，爲涼州刺史，林少時好學沈思，家既多書，又從張竦受學，博洽多聞，時稱通儒。當王莽敗亡，盜賊蠭起的時候，杜林就避兵亂於西河，得漆書古文尚書一卷，常寶愛之，雖遭艱難困苦，仍然握持不使離身，後來光武帝聽說杜林已回京師，於是就徵拜爲侍御史，向他請問經書，京師的士大夫們，沒有不推說他博洽的。河南鄭興，東海衞宏等，皆長於古學，鄭興嘗師事劉歆，杜林既然會見了他，就欣然說：「林得興等，固諧矣，使宏得林，且有以益之。」及衞宏見了杜林以後，才闇然而服。濟南徐巡，起初師事衞宏，後皆更受林學。林於是拿出漆書以告示衞宏等人說：「林流離兵亂，常恐斯經將絕，何意東海衞子，濟南徐生，復能傳之，是道竟不墜於地也。古文雖不合時務，然願諸生，無悔所學。」因此宏、巡更加重視古文。宏於是爲古文作訓注，而古文遂行。又後漢書儒林傳稱：「林同郡賈逵，爲林所傳之古文尙書作訓，馬融爲之作傳，北海鄭玄，先受古文尙書於東郡張恭祖，既西入關，因涿郡盧植事馬融，受杜林漆書古文，爲作注解，古文尙書大顯於世者，則馬融、鄭玄之力也。」

孔穎達尙書正義引鄭玄書贊說：「我先師棘下生、子安國，亦好此學，自世祖興後漢，衞、賈、馬二三君子之業，則疋（同雅）材好博，既宣之矣。」又說：「歐陽氏失其本義，今疾此弊冒，猶復疑惑未悛。」由此可知鄭氏康成之學，本亦淵源於孔安國，而又兼習杜林的漆書，這不是非常明顯嗎？所以清人、王鳴盛尙書後案於賈逵傳後辨說：「逵之書，本於塗惲，自惲溯而上之，以至安國，一脈相承，歷歷可指也。逵之書，卽安國之書明矣。儒林傳又言，逵與馬、鄭所注，乃杜林本、林之書，卽安國之書又明矣。壁中眞本，傳授統系，明確如此。」這話說的非常明察有見解。玆更列古文尙書傳授系統表於左：

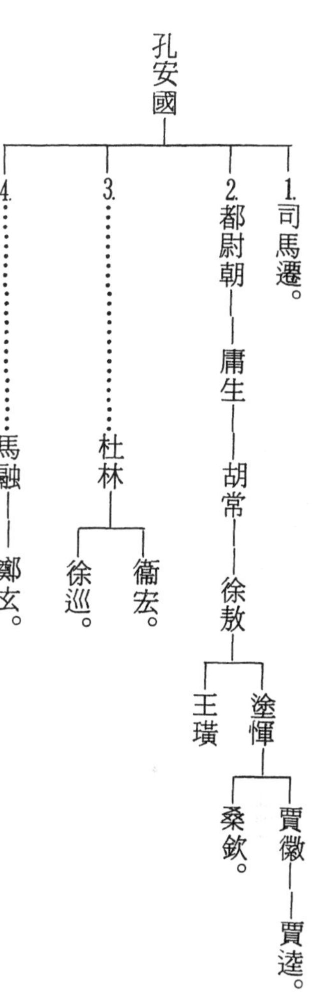

三、張霸百兩尚書：在這裏不得不附加說明的，就是張霸所造百兩篇僞古文尚書。據漢書儒林傳的記載：「世傳百兩篇者，出東萊張霸，分析今文二十九篇以爲數十，又采左氏傳、書敍爲作首尾，凡百二篇。篇或數簡，文意淺陋。成帝時，求其古文者，霸以能爲百兩徵，以中書校之，非是，霸辭受父，父有弟子尉氏樊並，時太中大夫平當，侍御史周敞勸上存之。後樊並謀反，乃黜其書。」又王充論衡正說篇所載略同，惟「下霸於吏，吏白霸罪當死，成帝高其才而不誅，亦惜其文而不滅，故百兩之篇，傳在世間者，傳見之人，則謂尚書本有百兩篇矣」之言稍有不同。是張霸的百兩篇，書甫出即被識破了。這是最先出現的僞古文尚書。

我們前文已經說過，有漢一代，而經學大昌，然亦由是而引起了今古文的爭端。原來漢儒解經，重師承、重家法，而傳授今文尙書的儲儒，皆有師承，也皆可溯其家法，所以明確可考。而古文因出於孔壁，初不爲時人所重，是以亦未立於學官（僅平帝時一度立爲博士，不久卽廢），及至東漢，古文嗣興，而爭端乃起。最初僅爲文字，寖假爲意氣之爭。今文家斥古文家爲「顚倒五經，變亂師法」，而古文家則責今文家爲「專己守殘，黨同妬眞」，各守門戶，兩不相讓，竟至水火不相入的地步。其實今文、古文，其源本一，並無什麼不同，所以龔自珍於其太誓答問第二十四說：「伏生壁中書，實古文也，歐陽、夏侯之徒，以今文讀之、傳諸博士，後世因曰伏生今文家之祖，此失其名也。孔壁固古文也，孔安國以今文讀之，則與博士何以異？而曰孔安國古文家之祖，此又失其名也。今文、古文，同出孔子之手，一爲伏生之徒讀之，一爲孔安國讀之，未讀之先，皆古文矣，旣讀之後，皆今文矣。惟讀者因其人不同，故其說不同，源一流二，漸至源一流百。」這話說的又是多麼的明察、確當、有見解（註一六）！

四、由漢代尙書之傳授所得的體認：根據以上敘述，我們似當有以下的體認：

㈠漢代經學大盛，乃由於帝王的提倡、獎勵：其事實如下：

1.秦火之後，民間幾無僅有，有之、亦多藏於山崖屋壁中，至漢惠帝四年三月甲子，「除挾書律」（註一七）以後，於是山崖屋壁之書乃出。

2.漢文帝命鼂錯從伏生受尙書，史記鼂錯傳說：「孝文帝時，天下無治尙書者，獨聞濟南伏生故秦博士治尙書，年九十餘，老、不可徵，乃詔太常使人往受之，太常遣錯受尙書伏生所。」漢書儒林傳及劉歆移太常博士書均載此事。這是文帝提倡尚書的明證。

3.至武帝建元五年春，置尚書歐陽博士。另外在武帝建元間尚有：

(1)張湯請博士弟子治尚書。案：漢書張湯傳：「是時上方向文學，湯決大獄，欲傅古義，乃請博士弟子治尚書。」

(2)以孔安國、孔延年爲尚書博士。案：漢書孔光傳：「孔光字子夏，孔子十四世之孫，孔子生伯魚，……忠生武及安國，武生延年，延年生霸，霸生光，安國、延年，皆以治尚書爲武帝博士。

(3)兒寬見上語經學，上悅，從寬問尚書一篇。案：漢書兒寬傳：「寬治尚書，事歐陽生，以郡國選，詣博士，受業孔安國，擧待御史，見上語經學，上說之，從問尚書一篇，擢爲中大夫。」儒林傳亦載此事。

4.漢昭帝始元五年六月，詔以尚書未明，令擧賢良文學高弟。案：漢書昭帝紀：「始元五年六月，詔曰：『朕以渺躬獲保宗廟，戰戰栗栗，夙興夜寐，修古帝王之事，通保傅傳孝經、論語、尚書，未之有明，其令三輔太常，擧賢良各二人，郡國文學各一人。』」又於元平元年，以孔霸爲尚書博士。案：孔光傳：「霸字次儒，霸生光，霸亦治尚書，事太傅夏侯勝，昭帝末年爲博士。」

5.漢宣帝本始四年，詔夏侯勝撰尚書說。案：夏侯勝傳：「宣帝卽位四年，遷太子太傅，受詔撰尚書說，賜黃金百斤。」又於甘露三年三月己丑，詔諸儒講五經同異，太子太傅蕭望之等，平奏其議，上親稱制臨決焉，乃立大小夏侯尚書。」劉歆移太常博士書亦載此事。

6. 漢平帝元始年間，立古文尚書博士，以蘇竟爲講尚書祭酒。案：漢書儒林傳贊：「平帝時，又立古文尚書，所以網羅遺失，兼而存之。」後漢書蘇竟傳：「蘇竟字伯況，扶風平陵人也，平帝時，竟爲講書祭酒。」

7. 東漢光武帝建武元年，置書經歐陽、夏侯氏博士。案：後漢書徐防傳：「漢承𣶏秦，經典廢絕，本文略存，或無章句，收拾遺缺，建立明經，博徵儒術，開置太學，孔聖既遠，微旨將絕，故立博士十有四家。注：漢官儀曰：書有歐陽和伯、夏侯勝、建。」

8. 漢光武帝建武十九年，召桓榮令說尚書。案：後漢書桓榮傳：「帝卽召榮，令說尚書，甚善之，拜爲議郎，賜錢十萬，每朝會，令榮於公卿前，敷奏經書，帝稱善曰：得生幾晚。因拜榮爲博士。」

9. 漢章帝建初元年。詔賈逵入講古文尚書，撰歐陽、大小夏侯尚書古文同異三卷。案：後漢書賈逵傳：「肅宗（章帝）立，降意儒術，特好古文尚書，賈逵數爲帝言，古文尚書與經傳爾雅詁訓相應，詔令撰歐陽、大小夏侯尚書古文同異，逵集爲三卷，帝善之。」又章帝建初八年十二月戊申，詔令群儒，選高才生受古文尚書。案：後漢書章帝紀：「詔曰：五經剖判，去聖彌遠，章句遺辭，乖疑難正，恐先師微言，將遂廢絕，非所以重稽古求道眞也，其令群儒選高才生受學尚書，以扶微學，廣異義焉。」賈逵傳亦載此事。

10.漢安帝延光二年春正月，詔選三署郎及吏人通古文尚書者。案：後漢書安帝紀：「延光二年，詔選三署郎及吏人能通古文尚書者一人。」

11.漢靈帝熹平四年，刻石經尚書，立於大學門外。案：後漢書靈帝紀：「熹平四年，詔公卿舉能通尚書者除議郎。」以上爲帝王的提倡與獎勵。

㈡由於治尚書的學者歷爲帝王師：在專制時代，帝王至尊，能爲帝王師的人，其地位的尊貴，可以想見。兩漢帝王，多能以治尚書有成就的學者爲師，這大概就是「書」學昌盛的因素之一吧！茲就典籍所載，列舉如下：

1.兒寬：案：漢書儒林傳：「歐陽生事伏生，授兒寬，寬有俊才，初見武帝，語經學，上曰：吾始以尚書爲樸學，弗好，及聞寬說，可觀。乃從寬問一篇。」

2.夏侯勝：案：漢書夏侯勝傳：「太后（昭帝后、上官安女、霍光外孫女）廢昌邑王，尊立宣帝，霍光以爲群臣奏事東宮，太后省政，宜知經術，白令勝用尚書授太后，遷長信少府，賜爵關內侍，……年九十卒官，太后爲勝素服五日，以報師傅之恩，儒者以爲榮。」又：「宣帝即位四年，遷太子太傅。」案：此太子，即漢元帝。

3.歐陽地餘及孔霸：案：唐、陸德明經典釋文敍錄：「歐陽氏世傳業至曾孫高，作尚書章句，爲歐陽氏學，高孫地餘，以書授元帝。……魯國孔霸，字次儒，孔子十三世孫，爲博士，以書授元帝。官至大中大夫關內侯。」

4.鄭寬中：案：漢書張禹傳：「初元（案：元帝年號）中，立皇太子，博士鄭寬中，以尚書授太子。」案：此太子，卽漢成帝。

5.桓榮：案：後漢書明帝紀：「顯宗孝明帝，諱莊，光武第四子也，十歲能通春秋，光武奇之，十九歲立爲皇太子，師事博士桓榮，學通尙書。」

6.何湯：案：後漢書桓榮傳：「建武十九年，顯宗（明帝）始立爲皇太子，選求明經，迺擢桓榮弟子豫章何湯爲虎賁中郎將，以尙書授太子。」

7.桓郁：案：後漢書桓榮傳：郁、字仲恩，榮子，少以父任爲郎，傳父業，以尙書教授，門徒數百人。永平十五年，入授皇太子經。」

8.桓焉：案：焉乃桓郁子，後漢書桓榮傳：「焉，字叔元，少以父任爲郎，明經篤行，有名稱。永初元年入授安帝。順帝卽位，拜太傅，與太尉朱寵並錄尙書事，焉復入授經禁中。」

9.鄧弘：案：後漢書鄧禹傳：「禹子訓，訓子弘，少治歐陽尙書，授帝（安帝）禁中。」

㈢利祿之途的引誘：獎勵、尊崇，已使人向慕從風，再用利祿加以引誘，影響所及，洵可謂爲儒之途通而道亡。上行下效，且以此津津樂道，沾沾自喜，非唯自誇，且以誇人。如夏侯勝，每於講授尙書之際，常對諸生說：「士病不明經，經術苟明，其取青紫，如俛拾地芥耳。」（註一八）又如後漢書桓榮傳說：「榮大會諸生，陳其車馬、印綬，曰：今日所蒙，稽古之力也，可不勉哉！」當時在鄒魯地區就有一句諺語說：「遺子黃金滿籯，不如一經。」其實在當時由明經而致相位的，也確是所在多有，如韋賢及其少子玄成，匡衡、貢禹等，都是顯例。所以班固在漢書儒林傳贊中慨歎的說：「自武帝立五經博士，設弟子員，開科射策，勸以官祿，訖於元始，百有餘年，傳業者寖盛，枝葉繁滋，一經說至百餘萬言，大師衆至千人，蓋利祿路然也。」這眞是一針見血的話。

㈣傳書由盛而弊：西漢諸儒，承秦火之後，傳「書」的學者，由伏生開始。其後歐陽生、張生，各自成家。等到孔壁書出，亦自別行，遂衍爲今文、古文的差異。然而就其傳「書」來說，他們一則加以整理校讎，一則致力於章句訓詁，使尚書之學，大行於世，其功實不可沒。當時不僅重在微言大義的闡發，亦能兼顧考據訓詁的探討，雖遭「博而寡要，勞而少功，其事不可盡從」（註一九）的批評，可是以之與「碎義逃難」，動輒徒以數十萬言、繁博見長、使人終生不得竟其業的東漢章句小儒相較，確能略勝一籌。這種情況，作漢書的班固，已經看得非常清楚，他說：「古之學者耕且養，三年而通一藝，存其大體，玩經文而已，是故用日少而畜德多，三十而五經立也。後世傳經，既已乖離，博學者又不思多聞闕疑之義，而務碎義逃難，便辭巧說，破壞形體，說五字之文，至於二三萬言，後進彌以馳逐，故幼童而守一藝，白首而後能言，安其所學，毀所不見，終以自蔽，此學者之大患也。」（註二〇）這話說的又是何等的有見解！現在就讓我們看看東漢尚書的傳授大略吧！

根據後漢書儒林傳的說法是：「中興，北海牟融，習大夏侯尚書，東海王良，習小夏侯尚書，沛國桓榮，習歐陽尚書。榮世習相傳授，東京最盛。扶風杜林，傳古文尚書，林同郡賈逵爲之作訓，馬融作傳，鄭玄注解，由是古文尚書遂顯于世。」茲再分述如次：

1.歐陽歙：字正思，樂安千乘人，自歐陽生傳伏生尚書，至歙八世，皆為博士，歙在郡，教授數百人。

2.牟長：字君高，樂安臨濟人，其先封於牟，至春秩末年，國滅，因以為氏。長，少習歐陽尚書，不仕王莽，建武二年，拜為博士，後遷為河內太守。長自為博士及在河內，諸生講學者，常有千餘人，著錄前後萬人。著尚書章句，皆本之歐陽氏，俗號為牟氏章句。

3.宋登：字叔陽，京兆長安人。父名由，為太尉。登少習歐陽尚書，教授數千人。

4.尹敏：字幼季，南陽堵陽人。少為諸生，初習歐陽尚書，後受古文。與班彪親善，每相遇，輒日旰忘食，夜分不寢，自以為鍾期伯牙、莊周惠施的相得。

5.周防：字偉公，汝南汝陽人。師事徐州刺史蓋豫，受古文尚書，經明，舉孝廉，拜郎中，撰尚書雜記三十二篇，四十萬言。太尉張禹薦補博士。

6.孔僖：子仲和，魯國魯人，自安國以下，世傳古文尚書、毛詩。據後漢書儒林傳載：「元和二年春，帝東巡狩，還、過魯，幸闕里，以太牢祠孔子及七十二弟子，作六代之樂（註二一），大會孔氏男子二十以上者六十三人，命儒者講論語，僖因自陳謝。帝曰：今日之會，寧於卿宗有光榮乎？對曰：臣聞明王聖主，莫不尊師貴道，今陛下親屈萬乘，辱臨敝里，此乃崇禮先師，增輝聖德。至於光榮，非所敢承。帝大笑曰：非聖者子孫，焉有斯言乎！遂拜僖郎中。詔從還京師，使校書東觀。」其二子長彥，好章句學，秀彥則守其家業，門徒數百人。

7.楊倫：字仲理，陳留東昏人。少爲諸生，師事司徒丁鴻，習古文尚書，爲郡文學掾。去職後，講授於大澤中，弟子至千餘人。後徵爲博士，爲清河王傅。前後三次被徵，皆以直諫不合，歸而閉門講授，自絕人事，卒於家（註二二）。

8.張奐：字然明，敦煌淵（酒）泉人。父惇，爲漢陽太守。奐，少立志節，嘗與士友說：「大丈夫處世，當爲國家立功邊疆。」及爲將帥，果有勳名。師事太尉朱寵，學歐陽尚書，著尚書記難三十餘萬言，養徒千人。

9.牟融：字子優，北海安丘人。少博學，以大夏侯尚書教授，門徒數百人，名稱州里（後漢書列傳第十七）。

10.王良：字仲子，東海蘭陵人，少好學，習小夏侯尚書，王莽時，寢病不仕，教授諸生千餘人。建武三年，徵拜諫議大夫，數有忠言，以禮進止，朝廷對他非常尊敬（後漢書列傳第十七）。

11.吳良：字大儀，齊國臨淄人。時驃騎將軍東平王蒼，聞卽擧之，署爲西曹，蒼甚相敬愛，上疏薦良說：「臣聞爲國所重，必在得人。齊國吳良，資質敦厚，公方廉恪，躬儉安貧，白首一節，習大夏侯尚書，學通師法，經任博士，行中表儀，宜備宿衞，以輔聖政。」於此亦可見其人品學養的高潔了（後漢書列傳第十七）。

就以上各家來說，我們可以看出習研尚書的趨勢，那就是雖然終兩漢之世，學官不立古文，而古文卒得以興盛，這個原因，就是由於一般學者，既受「時學」的支配，而又從事古文的探討所致。前述各家，固不必再說說，即如大司空杜林，於西州得古文，雖顛沛流離，亦不忍離身，其寶愛竟然到達這種地步，亦足見其欣喜之甚了。其後的衞宏、徐巡，亦從其學，並作訓旨，而賈、馬、鄭諸儒，也爲之作訓、注解，而古文由此就興盛起來了。

然而事情的流衍，往往出乎我們所預料。當此「傳業寖盛」（註二三）之時，亦即「支葉蕃滋」（註二四）之日，往往「一經說至百餘萬言，大師衆至千餘人（註二五），其流弊也就不思而得了。如桓譚新論謂：「秦延君能說堯典僅篇目兩字，竟然達十多萬言，但說『曰若稽古』，亦至三萬言。」而漢書儒林傳更謂其守小夏侯之說、增師法至百萬言。「王充論衡復稱王莽之時，省五經章句，皆爲二十萬言，博士弟子郭路，夜定舊說，死于燭下，則知西漢末年，各經之說，蓋無不繁者」（註二六）到了東漢，這種習尚，似未減退，如周防受古文尚書，撰尚書雜記四十萬言（註二七）。朱普歐陽尚書章句四十萬言，桓榮以朱普章句浮辭繁長，減爲二十三萬言，榮子郁，復加刪減，定爲十二萬言（註二八）。牟氏尚書章句四十五萬言，張奐亦以其浮辭繁多，減爲九萬言（註二九）。然其自著尚書記難，竟至三十餘萬言。這種習尚，往好處說，那就是：「所談者仁義，所傳者聖法。故人識君臣父子之綱，家知違邪歸正之路。」（註三〇）往壞處看，則爲：「分爭王庭，樹朋私里，繁其章條，穿求崖穴，以合一家之說。」（註三一）是以揚雄慨乎其言說：「今之學者，非獨爲之華藻，又從而繡其鞶帨。……所謂譊譊之學，各習其師也。」（註三二）因其所學「皆專相傳祖，莫或訛雜」，其歸有宗，不敢或徙，這也就難免「通人鄙其固焉」了。其中固亦有「成名高第，終能遠至」（註三三）

之士，然其究也，「蓋亦寡焉」，這不能不說是「迂滯」之弊了。馬宗霍先生說：「夫以鄭玄大儒，徧注群經，凡百餘萬言，通人猶譏其繁，則一經以過繁蒙譏，固其宜矣。」（註三四）徐幹中論治學篇也說：「凡學者，大義爲先，大義舉而物名從之，然鄙儒之博學也，務於名物，詳於器械，摘其章句，而不能統其大義之所極，以獲先王之心，此無異乎女史誦詩，內豎傳令也。故使學者勞思慮，而不知道，費日月而無功，故君子必擇師焉。」我們看了這些言論，對於解經者的支離漫衍，務奇炫博，而又以漢學爲名者，能不惕然有所覺悟嗎？

㈤尚書今古文說解的混合：漢書儒林傳贊說：「自武帝立五經博士，開弟子員，設科射策，勸以官祿，訖於元始（平帝），百有餘年，傳業者寖盛，支葉蕃滋，一經說至百餘萬言，大師衆至千餘人，蓋祿利之路然也。」這種情形，到了東漢，更有過之而無所不及。其「守文之徒，滯固所稟，異端紛紜，互相詭激，遂令經有數家，家有數說，章句多者，或乃至百餘萬言，學徒勞而少功，後生疑而莫正。」（註三四）傳經至此，誠可謂爲浮辭繁雜，紛紜莫衷，學者無不以爲苦了。這時出了一位大儒，不僅節高行美，而且融合今古，徧注群經。他雖以古學爲宗，亦兼採今學以附益其義，當學者正苦其時家法繁雜之際，見鄭君閎通博大，自成一家，且無所不包，於是衆論翕然歸之，也就不再舍此趨彼了。他就是鼎鼎大名的鄭玄，字康成，北海高密人。「始通京氏易（今文），公羊春秋（今文）；三統歷，九章算術。又從東郡張恭祖受周官（古文），禮記（今文），左氏春秋（古文），韓詩（今文）古文尚書。以山東無足問者，乃西入關，因涿郡盧植、事扶風馬融。融素驕貴，門徒四百餘人，升堂進者，五十餘生，玄在門下，三年不得見，乃使高業弟子傳授於玄，玄日夜尋誦，未嘗怠倦。會融集諸生考論圖緯，聞玄善算，乃召見於樓上，玄因從質諸疑義，問畢辭歸。融喟然謂門人曰：鄭生今去，吾道東矣。……及黨事起，乃與同郡孫嵩等四十餘人，俱被禁錮，遂隱修經業，杜門不出。……但念述先聖之元意，思整百家之不齊。」是以能「括囊大典，網羅衆家，刪裁繁誣，刊改漏失，自是學者略知所歸。」（註三五）自鄭氏注行，而各家的說法，也就歛然而止了（註三六）。

㈥災異之說：解經而雜以災異，向爲學者所病。然而我們如能洞悉災異說的背景，那也就不足爲奇了。災異說，起於春秋之際，左傳中就已經有了許多的記載。到了漢代，其說更加盛行，緯書中，記載尤多。而當時的名儒董仲舒，就是主張災異說的人。他在春秋繁露卷八必仁且智第三十中說：「天地之物，有不常變者謂之異，小者謂之災。災常先至而異乃隨之。災者天之譴也；異者天之威也。譴之而不知，乃畏之以威。詩云：『畏天之威』，殆此謂也。凡災異之本，盡生於國家之失。國家之失，乃始萌芽，而天生災害以譴告之，譴告之而不知變，乃見怪異以驚駭之，驚駭之尚不知畏恐，其殆咎乃至，以此見天意之仁而不欲害人也。」在君主時代，君權至上，一言一行，均可成爲法律，臣民又豈敢誰何？漢儒借此天人相與之學，來匡其君，其用心，洵可謂爲良苦，然而漢儒言災異，亦實有徵驗，如前文所說，夏侯始昌明於陰陽，先言柏梁臺災日，至期果災。又如當昌邑王賀時，夏侯勝以久陰不雨，臣下有謀上者相諫，結果應在霍光、張安世的廢立上。再如漢書眭孟傳載：「孝昭元鳳三年正月，泰山萊蕪山南，匈匈有數千人聲，民視之，有大石自立。又上林苑中大柳樹斷枯臥地，亦自立生。」以爲當有匹夫爲天子者，竟應在漢宣帝的身上。哀帝時，方士夏賀良上言：「漢家曆運中衰，當更受命，成帝不應天命，故絕嗣。」（註三七）而應在光武帝的身上。至於光武帝本身有徵驗的讖語，據其本紀記載就有：

1.莽末，天下連歲災蝗，寇盜鋒起，……宛人李通以圖讖說光武云：「劉氏復起，李氏爲輔。」

2.光武在長安時，同舍生彊華，自關中奉赤伏符，曰：「劉秀發兵捕不道，四夷雲集龍鬥野，四七之際火爲主。」（註三八）

3.讖記曰：「劉秀發兵捕不道，卯金修德爲天子。」

4.光武生時，有赤光照室中，卜者王長占之，避左右曰：「此兆吉不可言。」是歲縣界有嘉禾生，一莖九穗，因名光武曰秀。

以上所述，皆爲先有讖語，而後相應有徵的實例。因此卽如光武帝本人，亦信讖緯。如後漢書卷二十八桓譚傳說：「是時，帝（光武）方信讖，多以決定嫌疑。……其後有詔會議靈臺所處，帝謂譚曰：「吾欲以讖決之，何如？」譚默然良久曰：「臣不讀讖。」帝問其故，譚復極言讖之非經。帝大怒曰：「桓譚非聖無法，將下斬之。」」又如東觀漢記：「光武避正殿，讀讖坐廡下，淺露，中風苦咳。」這些記載，非僅說明光武本人信讖，並且以之「決嫌疑」，進而更使臣下信讖，不信讖，甚至有殺頭之虞。而其本身，幾乎讀讖入迷。在這種情形下，而東漢末年的大儒鄭玄，注經引用讖緯語，以闡釋其義，也就不足爲病了。

(七)今文家，亦間有習傳古文者：凡是談到漢代尚書傳授的人，都會言及今古文的分別，這個問題，也幾乎形成了一個焦點，所以永遠被人談論不休，甚至有的人竟然還津津樂道呢。其實今文、古文，其源本一，襲自珍固已言之（註三九），茲不復贅。就當時的情形來說，孔安國所傳爲古文尚書，然而孔安國「爲今皇帝博士」（註四〇），「今皇帝」卽指漢武帝而言。可是西漢尚書所立者，皆爲今文，卽終東漢之世，古文亦未曾多立。如是以論，那末孔安國就一定是今文博士無疑了。再者，漢書兒寬傳所載，也可以作爲我們論點的旁證。兒寬傳說：「寬亦從安國受尙書，後以見武帝語經學，擢爲中大夫。」而西漢的今文尚書，多出自兒寬，從未聞其傳古文。如其所學爲古文，卽便古文「不合時務」，亦當時有所言，就像司馬遷著史記所載堯典、禹貢……多古文說一樣，又何以一言未聞？復因安國傳古文，所以「壁中書」，他能「以今文讀之，因以起其家」（註四一）。假如我們要論尙書有今古文說法的不同，應該從孔安國始。就文字言，所謂今文，就是以當時所通行的隸書書寫的本子。而古文，則是用古篆書寫的本子。後因伏生所傳的今文，立於學官，爲博士所重，而安國所傳的古文，未立學官，不爲時人所重，傳授也遠遜於今文。所以假如沒有秦始皇的焚書，而今古文的名稱，也就無從說起了。是以王鳴盛在他所著的尙書後案、史記儒林傳後辨曰中說：「蓋安國在當時，實兼今文古文而通之，其爲博士時，自當授弟子以今文，所謂祿利之路然也。至別有好古之士，如司馬遷、都尉朝，方從安國問古文，所謂古文不合時務是也。兒寬初事歐陽生，治尙書以文學應郡擧，詣博士受業，孔安國以試第次補廷尉史，此非經學既明而得祿之驗乎？其所受者，乃今文也。」這話說得再透闕也沒有了，足以破各家之疑。東漢君臣，相率習研今文尚書之餘，也多能探究古文，如漢章帝、賈逵、孫期、尹敏、周防、楊倫、許愼、鄭玄等，都是明顯的例證，這也就是古文雖不合時務（未立學官）而終能興盛的原因了。這種不爲今文或古文所囿的治學態度，確實値得我們爲之喝彩和效法，也惟其不爲所囿，所以才能成爲通儒。馬宗霍先生說：「大抵守文之徒，滯固所稟，而通人則鄙其固，賈、馬、許、鄭，號大儒，正以其不囿一端耳。」又說：「知古今本出一源，立言惟求其當，比而論之，必有可參，苟各習其師，而莫之或徙，則眞荀子所謂古爲蔽今爲蔽者矣。」（註四二）這些言論，對斷斷於今文、古文於一端的人來說，是否能起一點省悟作用，那就不敢逆覩了。

㈧漢儒尚書著述：有關漢儒對尚書的著述，多已亡佚，今所見者，都是後人就古籍中所輯錄，馬國翰玉函山房輯佚書中輯有：

1. 今文尚書一卷。
2. 古文尚書三卷。
3. 尚書歐陽章句一卷，自注：漢、歐陽和伯。
4. 尚書大夏侯章句一卷，自注：漢、夏侯勝。
5. 尚書小夏侯章句一卷，自注：漢、夏侯建。
6. 尚書古文訓一卷：注：漢、賈逵。
7. 尚書馬氏傳四卷，注：漢、馬融。

關於馬融書傳，愚友李威熊兄在他的博士論文——馬融之經學中，著論甚晰，可資參閱。另外尚有

1.尚書歐陽、夏侯遺說考一卷，爲陳喬樅撰，今有續皇清經解本行世。

2.古文尚書馬、鄭注十卷，附篇目表一卷，逸文二卷，孫星衍撰，今有岱南閣叢書本。另外尚有尚書鄭玄注，爲宋、王應麟輯，清孔廣林增訂，今有學津討原叢書本。

3.伏生尚書大傳輯校三卷，陳壽祺撰，今有續皇清經解本行世。我們對漢代尚書的流衍敘述，就結束在這裏。

貳、三國

漢末、天下大亂，終於形成了三國鼎立的局面。在曹魏，由於君主的提倡，所以尚能講授不輟。如魏少帝本紀載：「正元二年九月庚子，講尚書業終，賜執經親授者司空鄭冲、侍中鄭小同等，各有差。」又載：「於甘露元年夏四月丙辰，帝（高貴鄉公曹髦）幸太學，講易畢，復命講尚書。帝問曰：『鄭玄曰：稽古同天，言堯同於天也。王肅云：堯順考古道而行之。二義不同，何者爲是？』博士庾峻對曰：先儒所執，各有乖異，臣不足以定之。然洪範稱：三人占，從二人之言。賈、馬及肅，皆以爲『順考古道』，以洪範言之，肅義爲長。」案：晉書庾峻傳說：「峻潛心儒典，屬高貴鄉公幸太學，問尚書義於峻，峻援引師說，發明經旨，申暢疑滯，對答詳悉，遷秘書丞。」

至於曹魏治尚書的學者，首推王朗，字景興，以通經師太尉楊賜。賜治歐陽尚書，朗傳子肅，字子雍，撰尚書注十一卷。由此可知王肅所治，亦爲歐陽尚書之學。據洪亮吉傳經表，王肅是伏生十七傳弟子。其傳授之跡爲：伏生(1)—歐陽生(2)—兒寬(3)—歐陽世(4)—歐陽氏家學(5)—歐陽氏家學(6)—歐陽氏家學(7)—林尊(8)—平當(9)—朱普(10)—桓榮(11)—桓郁(12)—楊震(13)—楊秉(14)—楊賜(15)—王朗(16)—王肅(17)。王肅本傳說：「肅年十八，從宋忠讀太玄，而更爲之解。初，肅善賈、馬之學，而不好鄭氏。采會同異，爲尚書解。列於學官，集聖證論，以譏短玄。」唐、陸德明釋文敍錄說：「肅亦注今文，而解大與古文相類，或肅私見孔傳而秘之乎？尚書王肅注十卷。」隋書經籍志說：「尚書十一卷，王肅注。」清、姚振宗撰三國藝文志即採隋志的說法。三國藝文志又載：「王肅尚書駁義五卷，王肅尚書答問三卷，及鄭玄門人田瓊、韓益尚書釋問四卷。田瓊於建安、黃初年間爲博士，韓益於建安末年爲博士。

蜀，則有李譔尚書注。蜀志本傳說：「李譔字欽仲，梓潼涪人，著古文易、尚書，皆依準賈、馬異於鄭玄，與王氏殊隔，初不見其所述，而意歸多同。」另外，譙周字允南，亦治尚書，兼通諸經及圖緯，惟未聞其著述。

吳國士大夫通尚書的人有：諸葛瑾字子瑜，張紘字子綱，二人均治歐陽尚書。另外則有范順（一作愼）尚書王氏傳問二卷，劉毅尚書義答二卷。

以上三國時代所有關於尚書的著述，今皆不傳，僅有王肅尚書注，馬國翰輯錄二卷，載在玉函山房輯佚中，惟未加闡釋。筆者又參互考校黃奭輯黃氏逸書考，王謨輯漢魏遺書鈔，以及余蕭客輯古經解鉤沉等書，撰成王肅之經學一書，將王氏尚書注作一歸納整理，繼之則闡釋其說，斷以己意，並進一步與馬、鄭二家的說法，列表作一比較，希望能給治王氏尚書的人，節省一點寶貴的時光，實未敢作其他的奢想。

叁、晋代

到了晉世，密府所藏，不僅今文，而古文亦在其中，然無傳人。及永嘉之亂，與今文歐陽、大小夏侯尚書並亡（註四三），江左中興（東晉），元帝時，豫章內史汝南梅賾，始奏上古文尚書孔安國傳，當時猶缺舜典一篇。隋書經籍志說：「後漢扶風杜林，傳古文尚書，同郡賈逵，爲之作訓，馬融作傳，鄭玄亦爲之作注，然其所傳，唯二十九篇，又雜以今文，非孔舊本，自餘絕無師說。……至東晉豫章內史梅賾，始得安國之傳奏之，時又缺舜典一篇，齊建武中，吳興姚方興，於大桁市得其書奏上，比馬、鄭所注，多二十八字，於是始立國學。」唐、陸德明經典釋文也說：「豫章內史梅賾，奏上孔傳古文尚書，亡舜典，購不能得，乃取王肅注堯典，從愼徽五典以下，分爲舜典篇以續之，學徒遂盛。」我們如果要就對後世的影響來說，實在沒有那本書能超過它。

至於這本書的來歷又是怎樣的？何以至東晉梅賾，始突然奏上其書？在這唐代的孔穎達，已爲我們作了解答。他首先引晉書皇甫謐傳說：「姑子外弟梁柳邊」（案：邊字疑衍），得古文尚書，故作帝王世紀，往往載孔傳五十八篇之書。」又引晉書說：「晉太保公鄭沖，以古文授扶風蘇愉字林預，預授天水梁柳字洪季，即謐之外弟也。季授城陽臧曹字彥始，始授郡守子汝南梅賾字仲眞，爲豫章內史，遂於前晉（案：前晉之前，疑有誤）奏上其書而施行焉。」根據這種記載，有人說此僞書五十八篇爲鄭沖所僞造，也有人說爲皇甫謐所僞造，然迄無定論（註九〇）

此書即今通行的十三經注疏本。所謂五十八篇尚書孔安國傳，又稱僞孔傳，或晚出孔傳。這五十八篇，就是從伏生所傳二十九篇中，於堯典析出舜典，自皐陶謨析出益稷，又分盤庚爲三篇，計爲三十三篇，又僞造二十五篇而成。此二十五篇即：

1.大禹謨　2.五子之歌　3.胤征　4.仲虺之誥　5.湯誥　6.伊訓　7.8.9.太甲三篇
10.咸有一德　11.12.13.說命三篇　14.15.16.泰誓三篇　17.武成　18.旅獒　19.微子之命
20.蔡仲之命　21.周官　22.君陳　23.畢命　24.君牙　25.冏命。

對僞孔傳最早致疑的，應該說是南朝梁武帝時的博士們。據陸德明尚書釋文說：「齊明帝建武中，姚方興采馬、王之注，造孔傳舜典一篇，云於大航頭買得上之。梁武帝時爲博士議曰：孔序稱伏生誤合五篇，皆文相承接，所以致誤，舜典首有『曰若稽古』，伏生雖昏耄，何容合之，遂不行用。」我們眞慶幸蕭梁時代畢竟不乏明識之士，所見既眞，所言故能入理。

其後，一直到了宋代，才算有了回響。首先懷疑的人是吳棫，繼之則有朱晦庵、蔡沈以及元代的吳澄、明代的梅鷟。至清閻若璩著古文尚書疏證、惠棟著古文尚書考證兩書之後，梅賾所上的古文尚書爲僞，乃成定讞。閻氏列舉一百二十八條以斥其非（註四四），惠氏更將梅賾所上古文尚書二十五篇所依據的古書，逐篇逐句，一一爲之抉其出處，至辯梅氏增多古文之謬十九條，這與寫四庫全書提要的紀曉風先生，提供了很完備的資料，他說：「古文之僞，自吳棫始有異議，朱子亦稍稍疑之，吳澄諸人，本朱子之說，相繼抉摘，其僞益彰，然亦未能條分縷析，以抉其罅漏；明梅鷟始參考諸書，證其剽剟，而見聞較狹，蒐采未周；至若璩乃引經據古，一一陳其矛盾之故，古文之僞乃大明。所列一百二十八條，毛奇齡作古文尚書寃詞百計相軋，終不能以強辭奪正理，則有據之言，先立於不可敗也。」有人說，今傳僞孔傳，爲王肅所僞造。假如我們根據孔子家語序來查考一下，王肅確曾僞造孔傳一書，然此書早已不傳。劉師培先生所著尚書流源考，不僅說明其書早已不傳，並且亦證明今傳僞孔傳亦非王肅僞造。近人吳承仕著尚書傳王孔異同考，列舉王說異孔一百二十五事，尤足確定今傳僞孔傳的非王肅僞造。筆者亦有狗尾續貂之議，歸納爲四十六條，以證明今傳僞孔，非王肅僞造（註四六），前賢未密的說法，我們後人，似有責任予以充實和彌補。

梅賾所上孔傳，我們既然已經知道是後人僞造的，在這種情況下，它是否還有存在的價值？我們的回答是肯定的。同時先賢也已有了持平之論，如焦循在其所著尚書補疏序中說：「置其假託之孔安國，而論其爲魏、晉間人之傳，則未嘗不與何晏、杜預、郭璞、范寧等先後同時，晏、預、璞、寧之傳注可存而論，則此傳亦何不可存而論？」陳澧非常贊同這種見解，他說：「此通人之論也。即以爲王肅作，亦何不可存乎？」（註四七）焦、陳二氏的言論，誠具卓識，更何況僞古文中，往往采摘古籍中的嘉言懿德以立言，將可永遠作爲敎化世人的法則。如大禹謨：「滿招損，謙受益。」五子之歌：「民爲邦本，本固邦寧。」仲虺之誥：「用人惟己，改過不吝。」以及「好問則裕，自用則小。」伊訓：「與人不求備，檢身若不及。」咸有一德：「德無常師，主善爲師。」旅獒：「玩人喪德，玩物喪志。」等，都是我們常常引用的格言。愚以爲，用這些格言來修德，那就「莫之爲尙」，如用來誨人，就可「成己成物」，用來治國，就能「俗善行美。」今人戴君仁先生說：「僞書儘管是僞書，好書依然是好書，所以這二十五篇的僞古文，我們不把它看作上古的經典，三代的信史，而只當部子書，仍然是有很高的價値的。（註四八）這話確實値得我們三思。

肆、南北朝

自五胡亂華之後，中國卽形成南北對峙的局面，南朝爲宋、齊、梁、陳的迭代，北朝則爲拓跋氏所淹有，疆域既然有殊，其學自亦好尙不同，玆分別略述如次：

南史儒林傳序說：「逮江左草創，日不暇給，以迄宋、齊，國學時或開置，而勸課未博，建之不能十年，蓋取文具而已。是時鄉里莫或開館，公卿罕通經術，朝廷大儒，獨學而弗肯養衆，後生孤陋，擁經而無所講，大道之鬱也久矣乎！」又說：「至梁武創業，深愍其弊，天監四年，詔開五館，建立國學，總以五經教授，置五經博士各一人。……分遣博士祭酒到州郡立學，七年，又詔皇太子宗室王侯，始就學受業，武帝親屈輿駕，釋奠於先師先聖，申之以讌語，勞之以束帛，濟濟焉，洋洋焉，大道之行也如是。及陳武創業，時經喪亂，衣冠殄瘁，寇賊未寧，敦獎之方所未遑也。……當天監之際，時主方崇儒業，如崔（靈恩）、嚴（植之）、何（佟之）、伏（曼容）之徒，前後互見升寵，於是四方學者，靡然向風，斯亦曩昔之盛也。」我們看了以上這兩段文字，知南朝所以未能大昌其學，多因國祚不久，所謂「草創未遑也」。其間由於梁武帝的好儒興學，所以一時尚能「濟濟焉，洋洋焉，而四方之學者，靡然向風」。然而其中治尚書者僅有二人，一爲孔子袪，他是會稽山陰人，少孤貧好學，常懷書自隨，得暇，即誦讀，勤苦自勵，遂通經術，尤明古文尚書。兼國子助教，講尚書四十一徧，聽者常數百人，眞可說是集一時之盛了。著尚書義二十卷，集注尚書二十卷。另一人是張譏，字直言，清河武城人，爲一官宦世家，幼聰俊，早通孝經、論語，篤好玄言，成就多方，著作不一，有尚書義十五卷。以上是南朝學風及其治尚書的大概情形。

至於北朝，則較南朝爲盛。一則由於國祚較長，社會安定，二則由於君主重視經術，提倡不遺餘力。如北魏享國，就有一百四十九年之久，而南朝享國最長者爲梁，也只不過有五十六年。然而由於梁武帝好儒興學，一時尚且「濟濟焉、洋洋焉」，更何況北朝的國君，好尚不減於梁武帝？如魏道武帝初定中原，便以經術爲先，立太學，置五經博士。明元帝（拓跋嗣，年號永興）改國子爲中書學，立教授博士。太武帝始光三年春，又起太學，並徵盧玄、高允等爲博士，而令州郡各舉才學，於是人多砥尚，儒學又轉而興盛起來了。獻文帝天安初年，詔立鄉學，郡置博士、助教各二人，孝文帝太和年間，改中書學爲國子學，建明堂辟雍，尊三老五更，又開皇子之學。及遷都洛邑，詔立國子太學，四門小學。由於孝文帝的「欽明稽古，篤好墳籍」，雖然乘輿據鞍，亦不忘講道。當時像劉芳、李彪諸人，「以經書進」，崔光、邢巒之徒，「以文史達」，「其餘涉獵典章，閑集詞翰，莫不縻以好爵動貽賞眷，於是斯文鬱然，比隆周、漢矣。」（註四九）即使到了北周，雖國祚不長（僅二十五年），而武帝宇文邕，於保定三年，仍然下詔「尊太保燕公爲三老，帝於是服袞冕，乘碧輅，陳文物，備禮容，清蹕而臨太學。」實爲一時的盛事，這也是南朝所不及的。無怪乎通儒輩出，各不多讓了。像梁越、張偉、徐遵明、孫惠蔚、李鉉、權會、張彫武、熊安生、辛彥之、蕭該、劉焯、劉炫等，雖所擅不一，然亦無不明通尙書。北史儒林傳序說：「大抵南北所爲章句，好尙互有不同，江左（南朝）尙書，則孔安國，河洛（北朝）尙書，則鄭康成。……南人約簡，得其英華，北學深蕪，窮其枝葉，考其終始，要其會歸，其立身成名，殊方同致矣。」話雖不錯，然而我們如再加以細究，則知南朝雖行僞孔傳，可是鄭義仍亦未廢，因梁、陳二代所講，即有孔、鄭二家。如陸德明經典釋文與隋書經籍志均說：「齊明帝建武中，吳興姚方興，采馬、王之注，造孔傳舜典一篇，云於大航頭買得上之，比馬、鄭所注多二十八字，於是始列國學。梁陳所講，有孔、鄭二家，齊代唯傳鄭義。」至於北朝的得見孔傳，那已是北齊的時代了。北史儒林傳說：「下里諸生，略不見孔氏注解，武平末（註五〇），劉光伯（炫）、劉士元（焯），始得費甝義疏，乃留意焉。」案：費甝爲南朝梁、國子助教，所注爲孔安國尚書。又案：據張鵬一撰隋書經籍志補說：「尚書王肅注音，後魏彭城劉芳撰。」北史卷四十二劉芳本傳亦載此事，由此可知，王肅尚書注，也間行於北朝了。

伍、隋代

隋文帝楊堅，統一南北，國祚雖短，而尚書之學亦盛。當時雖「孔、鄭並行，而鄭氏甚微，自餘所存，無復師說。」（註五一）傳尚書的大儒有：

一、包愷：字和樂，東海人。其兄楡，明五經，愷悉傳其業，聚徒教授，著錄弟子數千人。

二、房暉遠：字崇儒，恆山眞定人。世傳儒學，治三禮、春秋三傳、詩、書、周易，兼善圖緯。太常卿牛弘，每稱爲五經庫，於此亦可見其淹博了。

三、顧彪：字仲文，餘杭人。明尚書、春秋，煬帝時，爲秘書博士，撰古文尚書疏二十卷。

四、王孝籍，平原人。少好學，博覽群言，徧治五經，頗有文墨，與河間劉炫同志友善，開皇年間，召入秘書，助王劭修國史，其爲飽學之士，自不待言。

五、劉焯：字士元，信都昌亭人。焯犀額龜背，望高視遠，聰敏沉深，少與河間劉炫結盟爲友，所師非一，皆未卒業，優遊鄉里，專以教授爲務，孜孜不倦。賈、馬、王、鄭所傳章句，多所是非，著述亦多，尚書有述義二十卷行於當世。劉炫聰明博學，名次於焯，故時人稱爲二劉。天下名儒後進，質疑受業，不遠千里而來者，不可勝數。論者以爲數百年以來，博學通儒無能出其右者，所惜懷抱不曠，又吝於財，不行束脩的人，不曾有所教誨，時人卽以此爲批評的話柄。

六、劉炫：字光伯，河間景城人。少以聰敏見稱，與信都劉焯，閉戶讀書，十年不出。炫眸子精明，視日不眩，強記默識，無人可與之相比。他能左畫方，右畫圓，口誦，目數，耳聽，五事同舉，沒有遺失。吏部尙書韋世惠，問其所能，炫回答說：「周禮、禮記、毛詩、尙書、公羊、左傳、孝經、論語，孔、鄭、王、何、服、杜等注，凡十三家，雖義有精粗，並堪講授。周易、儀禮、穀梁，用功差少，史子文集，嘉言美事，咸誦於心，天文、律曆，窮覈微妙。至於公私文翰，未嘗假手。」當時吏部雖未加詳試，然而在朝知名之士十餘人，均保證劉炫所說不謬。於是升爲殿內將軍。時牛弘奏請購求天下遺逸的書籍，炫遂僞造書百餘卷，題爲連山易，魯史記等，錄上送官取賞而去。後有人告發，經赦免死除名。歸里後，以教授爲務，著作甚夥，尙書有述義二十卷，行於當世（註五二）。隋書儒林傳序評論說：「二劉拔萃出類，學通南北，博極古今，後生鑽仰，莫之能測。所製諸經義疏，搢紳咸師宗之。」嘉許可說備至。如論其學，或可稱是，若論其行，那就實有商酌的必要了。

陸、唐代

唐代隋而有天下、太宗卽位的初年，卽崇學重儒，置弘文學館，精選天下文儒的人士，講論經義，每至夜分始罷。又表彰先儒，來勸勉後生。近者如梁有皇侃、褚仲都；周有熊安生、沈重，陳有沈文阿、周弘正、張譏；隋有何妥、劉炫等。遠者如左丘明、卜子夏、公羊高、穀梁赤、伏勝、高堂生、戴聖、毛萇、孔安國、劉向、鄭衆、杜子春、馬融、盧植、鄭玄、服虔、何休、王肅、王弼、杜元凱、范寧等二十一人，不僅用其書，亦且行其道，濟濟洋洋，儒學之盛，可以稱得上冠冕前代（註五三）。後以「儒學多門，章句繁雜，乃命前中書侍郎顏師古、國子祭酒孔穎達，與諸儒撰定五經義疏，凡一百八十卷，名曰五經正義，令天下傳習」（註五四）。至是，而行於南北的學說、義疏，又復歸於一，且終唐之世無異說。其中的尚書正義，就是現在通行的十三經注疏本。因爲它是唐代開科取士的定本，所以凡欲參加科擧的士子，沒有不研習此書的。因其影響重大，現在就讓我們分成兩點，略作說明：

一、纂修經過：

唐貞觀十六年，以經學多門，章句雜亂，乃命孔穎達、顏師古、司馬才章、王恭、王琰等，譔五經義訓，凡百餘卷，號義贊，後始改正義。博士馬嘉運，以「正義繁釀，故掎摭其疵，駮正其失，當世諸儒，服其精高。」因此詔令更裁，功未就而穎達卽卒。至高宗永徽二年，復命中書門下，與國子三館博士，弘文館學士，加以考正，於是尙書左僕射于志寧，右僕射張行成，侍中高季輔，就正義加以增損，書始頒行布下（註五五）。就其內容來說，已然不是孔穎達修纂的舊觀了。至於所修纂的尙書正義，則以東晉梅賾所上的僞孔傳爲底本，然後再參以其他各家，加以取捨。孔穎達正義序說：「古文經雖然早出，晚始得行，其爲正義者，蔡大寶、巢猗、費甝、顧彪、劉焯、劉炫等，其諸公旨趣，多或因循。」是知穎達宗僞孔而以六家相參，然後再加以裁斷揚榷與取奪（註五六）。參與尙書正義修纂的，則有王德韶、李子雲、朱長才、蘇德融、王士雄等人。

二、影響、得失：

1.先談影響：第一，自正義出而尙書的說法統一，不再有紛歧的見解，終唐之世無異說。第二，唐以前治尙書的人，多爲義疏，尤以南北朝爲盛。正義出，即爲義疏體的結束，代之而起的，即爲正義體的流行。如賈公彥爲周禮、儀禮作注疏，徐彥爲公羊作注疏，楊士勛爲穀梁作注疏。到了宋代，邢昺爲論語、孝經、爾雅作注疏，孫奭爲孟子作注疏（朱子以爲係邵武士人所作）。甚至淸代的漢學家，竟用正義爲名的，亦不乏人，像劉寶楠的論語正義，焦循的孟子正義，孫詒讓的周禮正義，胡培翬的儀禮正義等，沒有不是沿襲這種體式的。第三，自正義出，而前此的著作，相繼淪亡，後代的學者，如欲探求古義，考正古文，即無從而得。第四，學術既歸於統一，而才智之士，又不得以己意解經，於是穿鑿附會的風氣，在不知不覺中形成。第五、唐代開科取士，既以正義爲標準本，因此士子所習，不敢稍有出入，在無形中，鉗錮了人民的思想，進而也限制了學術的發展。自唐以後，經學的所以不能像以前各代的蓬勃有朝氣，實不能不歸咎於正義。

2.其次談得失：

甲、優點：第一，孔穎達尙書正義序說：「奉命考定是非，謹罄庸愚，竭所聞見，覽古人之傳記，質近代之異同，削其煩而增其簡，此亦非敢臆說，必據舊聞。」就今傳注疏本來看，孔氏的話，雖不能盡符，然亦大致不差。若與唐以前的義疏、或漢末的章句訓詁相較，確實有「削煩增簡」的優點。第二，對於前儒的著述，並非無條件的接收，間亦有所是非，如劉焯、劉炫，名重海內，孔氏採其說，亦言其非。他對劉焯的批評是：「焯乃織綜經文，穿鑿孔穴，詭其新見，異彼前儒，非險而更爲險，無義而更生義，……斯乃鼓怒浪於平流，震驚飇於靜樹，使教者煩而多惑，學者勞而少功，過猶不及，良爲此也。」對劉炫的批評是：「炫嫌焯之煩雜，就而刪焉，雖復微稍省要，又好改張前義，義更太略，辭又過華，雖爲文筆之善，乃非開獎之路，義旣無義，文又非文，欲使後生若爲領袖，此乃炫之所失，未爲得也。」其他在注疏中的闡釋，也能如是，如對鄭玄、王肅二家的比較，亦能言其優劣（註五七）。第三，徵引浩博，古代的名物制度，究賴之以有考。第四，不專主一家（就全部經文言），南北說解，兼容並蓄，可以帶給後人不少的啓示。

乙、缺失：第一，識力不眞，故雖富於見聞，終難取捨精當。孔氏以東晉梅賾所上的僞古文尙書書，誤爲孔壁中書，而曲爲回護，反斥鄭注書序的二十四篇（案：即壁中古文所增多的十六篇）爲張霸所僞造。斥其先祖十六篇爲僞，不祖其祖，而祖他人，顚倒是非，實爲孔氏的一大缺失。第二，疏解注文，以一家之言爲主，遇有乖礙，往往遷就其說，並曲爲回護，未能參互比較，難免有所不當。第三，漢儒精於訓詁，鄭氏尤爲博雅，疏中竟摒而不用，使後學難以探求古義，如能並存，即可免除後人經學難明的慨歎了。第四，隋唐以來，多昧於聲音訓詁，不識古人語言文字，卽難免有失聖人的眞義，而劉焯、劉炫、孔穎達諸人，皆好尙後儒，不知古學，是以所爲義疏，不能採用漢人章句，經學難明，甚爲顯然（註五八）。第五，正義之學，既爲專守一家（就釋經注言），而又被定爲一尊，在此情形下，兩漢、魏、晉、南北朝的經說，凡是與其所用注解相違背的，不亡亦自亡。這就無怪乎後人有「我不殺伯仁，伯仁爲我而死」的感覺了。

關於尚書正義這部書的得失，我們就結束在這裏，最後尚欲一提的，就是這部書，在文字上又經過一次的修改。新唐書藝文志說：「開元十四年，玄宗以洪範「無偏無頗」聲不協，詔改爲「無偏無陂」，天寶三年，又詔集賢學士衞包，改古文從今文」。這裏所說的「古文」是指隸書而言。所說的今文，就是當時所通行的俗字。也就是我們現在所說的楷書。至於所改是那些字？據王應麟困學記聞載：「泰誓、古文本作大誓，故孔氏注云：『大會以誓衆』臯陶謨：『天明畏自我民明畏。』今大作泰，畏作威，皆衞包所改，乃知匪特洪範之改頗爲陂也。」關於衞包改古文爲今文的事，册府元龜、鄭樵通志、馬端臨文獻通考等書，均有記載，讀者可以自案，而段氏玉裁的古文尚書撰異，對於衞包改字的分辨，更爲清楚，查考也非常方便，筆者在這裏，也就不多贅言了。

柒、宋代

有宋一代，文風之盛，邁越前朝，我們只要看看藏書館的興建，就可以知其大概了。例如太宗時，除在左昇龍門北建崇文院，又建築了一所秘閣，並親自幸臨觀書，獎勵侍衞大臣閱讀。眞宗時，命禁中的龍圖閣及後苑的太淸樓，各藏經史子集，而玉宸殿、四門殿，亦各藏書萬餘卷。仁宗時，新作崇文院（案：眞宗時，因王宮火延崇文、秘閣，書多被焚），命翰林學士張觀等，編四庫書，倣開元四部，錄爲崇文總目，書凡三萬六百六十九卷。終北宋朝，共有藏書爲七萬三千八百七十七卷，這實在不能說不多了。高宗雖移蹕臨安（今浙江杭州），仍然沒有忘記建秘書省於國史院之左，搜訪遺闕，屢次優敍獻書的獎賞。當時類次的書目，計有四萬四千四百八十六卷之多。至寧宗時，續書目又得一萬四千九百四十三卷，已較崇文總目爲多了。自是而後，迄於終祚，雖處於國步艱難、軍旅之事又日不暇給的當兒，然而君臣上下，却未嘗頃刻不以文學爲務，大而朝廷，微而草野，其所製作講說，紀述賦詠，累而數之，實非前代所能及。其間雖然甂裂大道、疣贅聖謨、幽怪恍惚，瑣碎支離，有所不免，可是那種瑕瑜相形，雅鄭各趨的情狀，猶如萬派歸海，四瀆可分，繁星麗天，五緯可識，求約於博，自有精華可得。探求微旨，亦可獲獨到的理路。後人的漢宋並擧，難道只是爲了逞其口說（註五九）？

其次，宋代能虛心接納尙書之教的君主，亦不乏人。他們往往召大臣名儒進講，並優給賞賜。如宋太宗本紀載：「淳化五年十一月，幸國子監，令孫奭講尙書，賜以束帛。」又如眞宗本紀載：「咸平元年春正月丁丑，召學官崔頤正，日赴御書院說尙書。」再如宋史楊安國傳：「皇佑四年十一月甲辰，揚安國講尙書，請書『無逸』於屏。」等，這種擧措，無異予臣民以有力的鼓勵。所以有關尙書的著述，亦能超越前朝，然所持論，多與漢儒不同，漢儒所重者師法，而宋儒則尙獨見，漢儒愛好附會，宋儒多師心自用，獨行己意。這些，都是顯而易見的差異，現在就擇要論述如下：

一、胡瑗：字翼之，泰州人（今江蘇泰縣），生在北宋盛世，學問最爲篤實。撰有洪範口義二卷務在發明天人合一的旨趣，不尙新奇。又詳引周官之法，推演八政，以經注經，特爲精確（註六〇）今有商務六十三年版景印四庫全書珍本別輯行世。

二、楊時：字中立，南劍將樂人（今福建南平縣），幼聰穎過人，能屬文。稍長，卽潛心經史，熙寧九年，考取了進士，著有三經義辨十卷。今合刋爲龜山集四十二卷行世。他在書義自序中說：「尙書之義，予竊以一言蔽之，曰中而已矣。堯之咨舜曰：天之曆數在爾躬，允執其中，……舜亦以命禹，三聖相授，蓋一道也。……夫所謂中者，豈執一之謂哉，所貴乎時中也。時中者，當其可之謂。」我們看了他的序言，就可知他是以「中」字的義蘊，來闡發尙書的大義了。

三、王安石：字介甫，臨川人（今江西臨川縣），撰三經新義（詩、書、周禮），不復墨守舊說。又撰洪範傳一卷，直持天人不相與、天變不足畏的論點，以破伏生、董仲舒、劉向言洪範五行災異的說法。宋神宗熙寧二年，安石以尙書入侍，遂參與政事。於徽、欽之時，說解尙書的人，多宗其論。朱子對他的評論是：「荆公不解洛誥，但云其間煞有不可強通處，今姑擇其可曉者釋之，今人多說荆公穿鑿，他却有此處，若後來人解書，則又却須要盡解。」今其書已不傳。

四、蘇軾：字子瞻，眉山人（今四川眉山縣），撰有東坡書傳十三卷。晁公武讀書志說：「熙寧以後，專用王氏之說，進退多士。此書駁異王說爲多，今新經尙書義不傳，不能盡考其同異，然就其書而論，蘇氏究心經世之學，明於事勢，又長於議論，於治亂興亡，披抉明暢，較他經獨爲擅長。」即朱子亦稱其爲解書家的最好者，然其失在於簡。今有藝文百部叢書本（學津討原第三函）行世。

五、林之奇：字少穎，號拙齋，侯官人（今福建林森縣），撰有尚書全解四十卷。林氏在序中敍述撰此書的旨趣說：「博採諸儒之說而去取之，苟合於義，雖近世學者之說，亦在所取，苟不合於義，雖先儒之說，亦所不取。如此則將卓然不牽於好惡，而聖人之經旨，將煥然而明矣。」這種以義理爲準的撰寫態度，正爲宋人的所長。據四庫提要說：「之奇辭祿家居，博考諸儒之說，以成是書。」又說：「是書頗多異說，如以陽鳥爲地名，三俊爲常伯、常任、準人，皆未嘗依傍前人。至其辨析異同、貫穿史事，覃思積悟，實卓然成一家言。」林氏立論，力排王氏新經，這一觀點，與蘇軾同調。南渡後，王氏新經之說已不行，可是朝廷仍欲令學者參考沿用。之奇乃上言說：「王氏三經，率爲新法也。晉人以王（弼）何（晏）清談之罪，深於桀、紂，本朝靖康禍亂，考其端倪，王氏實負王、何之責，在孔、孟書，正所謂邪說詖行淫辭之不可訓者。」我們看了這段話，也就可以推想他對王安石排斥的態度了。朱子以爲林氏之書傷於繁，這說法是不錯的。今有通志堂經解本行世。

六、蔡沈：字仲默，號九峰，建陽人（今福建建陽縣），父元定，本一名儒，學者稱西山先生。尤精於洪範之數，然未及著論，曰：「成吾書者沈也。」又眞德秀九峰墓表說：「君從文公（朱子）遊，文公晚年訓傳諸經略備，獨書未及爲整，環視門生求可付者，遂以屬君。」蔡氏受父師之託，沉潛反覆數十年，然後成書集傳六卷，洪範皇極內篇五卷。他考序文之誤，訂諸家之說，以發明二帝三王群聖賢用心之要，對於洪範、洛誥、泰誓各篇，往往有先儒所沒有道及的見解。他在自序中說：「二典三謨，先生蓋嘗是正，改本已附文集中，其間亦有經承先生口授指畫，而未及盡改者，今悉更定見本篇。」又說：「集傳本先生所命，故凡引用師說，不復識別云云。」四庫提要評論此書說：「其疏通證明，較爲簡易，且淵源有自，大體終醇。元、與古注疏並立學官（註六一），而人置注疏肄此書。明、與夏僎解（註六二）並立學官（註六三），而人亦置僎書肄此書，固有由矣。」蔡氏對於今古文的見解是：「漢儒以伏生之書爲今文，而謂安國之書爲古文，以今考之，則今文多艱澀，而古文反平易，或者以爲古文自伏生女子口授鼂錯時失之，則先秦古書所引之文，皆已如此，恐其未必然也。或者以爲記錄之實語難工，而潤飾之雅詞易好，故訓誥誓命，有難易之不同，此爲近之。」（註六四）黃震說：「經解惟書最多，至蔡九峰參合諸儒要說，嘗經朱文公訂正，其釋文義，既視漢、唐爲精，其發指趣，又視諸家爲的當，書經至是而大明，如揭日月矣。」（註六五）然而是書，也並非絕無缺失，周中孚鄭堂讀書記說：「至明太祖始考驗天象與是傳不合，乃命劉三吾等撰書傳會選六卷，凡是傳之合者，存之，其不合者則改之，計所糾正，凡六十六條，而永樂中，讀書種子已絕，所修大全，以是傳爲主，竟不知太祖之已有成書，可謂數典而忘其祖矣。」言語之間，似對蔡氏集傳，有不能盡如人意者。今有世界書局本行世。

七、魏了翁：字華父，邛州蒲江人（今四川蒲江縣），年數歲，從諸兄入學，儼如成人，少長，英悟絕出，日誦千餘言，過目不再覽，鄉里稱爲神童。所著有九經要義二百六十三卷，四庫全書著錄尚書要義十七卷，序說一卷。此書乃摘取注疏的精要，並標以目次，取便檢閱。四庫提要說：「孔穎達正義，雖詮釋傳文，不肯稍立同異，而原原本本，考證粲然，故朱子語錄，亦謂尚書名物典制，當看疏文。然尚書文字既聱牙，注疏又復浩汗，學者卒業爲艱。了翁汰其冗文，使後人不病於蕪雜，而一切考證之實學，已精華畢擷，是亦讀注疏者之津梁矣。」我們看了以上的介紹，可知此書的價值甚高。今有商務景印四庫全書珍本（六集）行世。

八、胡士行：廬陵人（今江西吉安縣），著有尚書詳解十三卷。士行解經，多以孔傳爲主，如孔傳不善，則引楊時、林之奇、呂祖謙、夏僎諸說來補充；如諸說又不完備，那末就以己意解釋。立論皆能根據舊說，解經尙稱篤實。今有通志堂經解本行世。

九、金履祥：字吉父，號仁山，婺州蘭谿人。著有尚書表注二卷。據柳貫所作仁山行狀說：「早歲所著尚書，章釋句解，既成書矣，一日超然自悟，擺脫衆說，獨抱遺經，復讀玩味，則其節目明整，脈絡通貫，其間枝葉與夫訛謬，一一易見，因推本父師之意，正句畫段，提其章旨，與其義理之微，事爲之概，考正文字之誤，表諸四闌之外，曰尚書表注，而自序之。」此書前端先列孔氏序，皆在每頁黑綫欄外，以細字標誌，雖其學出自朱子，然並不偏袒蔡傳，故其引據精確，可以裨益蔡傳的地方甚多。今有通志堂經解本行世。

其他有關尚書的著述尚多，如夏僎所著的尚書詳解二十六卷，今有商務景印四庫全書珍本（九集）行世。王柏著書疑九卷，今有通志堂經解本，黃度著尚書說一卷，今有通志堂經解本，時瀾著增修東萊書說三十五卷，今有通志堂經解本等，要之以蔡沈尚書集傳爲最盛。蔡氏雖承吳棫、朱子之後，懷疑孔傳古文之僞，然而言性、言心、言學的話，宋人所據以立說施教的，其端倪無不發自古文；是以蔡氏雖曾疑孔傳之僞，而終不敢予以論定。

捌、元代

元朝起於大漠，以游牧民族統治中國，尚武輕文，本來就是他們的風習，雖在世祖至元二十四年、定國子學制讀書次讀尚書(註六六)，然而效果不彰。直到仁宗延祐二年才下詔定考試，尚書以蔡氏爲主，並兼用注疏。因此蔡傳大行。而當時學者，有關尚書的著述，也多以朱子、蔡氏爲祖述的對象。茲分述如後：

一、王天與：字立大，梅浦人，著有尚書纂傳四十六卷。據自序說：「古今傳書者之是非，至晦菴先生而遂定，晦菴先生折衷傳書者之是非，至西山先生（眞德秀）而愈明，學者不於二先生乎據將焉據？乃本二先生遺意，作尚書纂傳。其條例則先二孔氏說者，崇古也。有未當，則引諸家說評之，有未備，則引諸家說足之，說俱通者，並存之，間或以臆見按之，大要期與二先生合而已。」於此我們可以概見他撰此書的依歸和內容大要。他對蔡氏書傳，不攻其非，間亦採摭其說。納蘭成德服其「擇焉精當」。此書闡發義理特詳，於名物訓詁，時有缺略。四庫全書著錄，今有通志堂經解本行世。

二、陳櫟：字壽翁，號定宇、休寧人（今安徽休寧縣），著有尚書集傳纂疏六卷。此書因是疏通蔡沈書集傳的義蘊，所以名疏。又以纂輯諸家的解說，故名纂。復因蔡氏集傳是承朱子之意並經其訂正而成書，所以陳氏的纂疏在第一卷，特別標明「朱子訂定蔡氏集傳」。陳氏在自序中說：「朱子晚年，始命門人集傳之，惜所訂正三篇而止。科擧興行，諸經四書，壹是以朱子爲宗，書宗蔡傳，固亦宜然。櫟不揆晚學，三十年前，時科擧未興，嘗編書解折衷，將以羽翼蔡傳，亡友胡庭芳，見而許可之，又勉以卽蔡傳而纂疏之，遂加博采精究，方克成編。」這幾句話，不僅說明了他所以宗朱子、蔡傳的原因，同時也說明了他著此書的態度。此書於大序後，又附有讀尚書綱領，多爲朱子對尚書的看法和評論，很值得一讀。今有通志堂經解本行世。

三、董鼎：字季亨，鄱陽人（今江西鄱陽縣），著有蔡氏傳輯錄纂注六卷。據董氏此書凡例說：「是書以朱子爲主，故凡語錄諸書，應有與書經相關者，靡不蒐輯，倣輯略例，名曰輯錄。附蔡傳之次，或有與蔡傳不合，及先後說自相同異處，亦不敢遺，庶幾可備參考，其甚異者則略之。朱子語錄諸書，有總論一經及雜擧諸篇，難以分附各處者，別爲綱領一卷，置之帙首，亦讀是書所宜先知。增纂諸家傳注，或推蔡氏所本，或發其所未盡，或補其所不及，大約以經文爲序，訓詁居先，釋經義者次之，疏傳義及釋音又次之，己說處末，名曰纂注，以附於輯錄之後。」以上是說，雖以朱子爲主，然朱子究未著述尚書，因蔡傳爲朱子所訂定，則視蔡傳爲朱子所著無異，因此董氏纂注之例，於經文之下，照錄蔡氏釋文，然後再集朱子語錄中有關該經文的話，次於蔡傳之後，名爲輯錄，最後再增纂各家的傳注及闡補蔡氏的不足，斷以己意，全書體例大概如是。至其增纂態度，則有時節取其要語，如有文勢未能融貫，或辭旨未能條暢，就倣集注的例子，加以檃括，並用己意加以補足。是以此書可說爲會萃之作，值得一讀。今有四庫全書著錄本及通志堂經解本。

四、朱祖義：字子由，廬陵人（今江西吉安縣），著有尙書句解十三卷。因元代科舉，定經義取士制度，尙書以蔡傳爲宗，並兼用古注疏。因古注疏太繁，學習不便，而蔡傳反得獨立於學官。是以凡有志參加科舉應試的人，無不以蔡傳爲準繩，不敢稍有出入。朱氏此書，則是專爲啟迪幼學而設，故多宗蔡義。對於舊文，不再考證，對於訓詁名物制度，也很少引據。其解釋的方式，就是隨經文的句讀，予以解釋，辭簡意明，反可使詰屈聱牙的周誥殷盤，於展卷之下，了然於心，朗朗上口，其用意大概就在於所謂的「離經辨志」吧。這樣以來，就不會再有穿鑿附會、浮文繁字反足以晦蝕經義的毛病了。可以稱得上是篤實之學。今有通志堂經解本行世，四庫全書也已著錄。

五、趙孟頫：字子昂，湖州人（今浙江吳興縣），博學多聞，所能非一，世人皆知其書畫冠絕古今，却很少人知道他通經，竟著有書今古文集注，並灼然知曉古文尙書爲僞書，這不能不說是他的卓見了。此書四庫全書未著錄，清錢大昕補元史藝文志載其所著書名，然無卷數。古今圖書集成經籍典二、第一百十五卷記載他的自序說：「詩、書、禮、樂、春秋，西漢以來，諸儒復古，殷勤收拾，而作僞者出焉。學者不察，尊僞爲眞，俾得並行以售其欺，書之古文是已。嗟夫！書之爲書，二帝三王之道於是乎存，不幸而至於亡，於不幸之中，幸而有存者，忍使僞亂其間耶！又幸而覺其僞，忍無述焉以明之，使天下後世常受欺耶？余故分今文古文而爲之集注焉。嗟夫！可與知者道，難與俗人言也。噫！余恐是書之作，知之者寡，而不知之者衆也！昔子雲作法言，時無知者，後世有子雲必愛之矣。痡詎知今之世，無與我同志者哉！但天下之知我者易，知書者難也。」我們讀了他的序言，當可知其作書今古文集注的用意所在，然孟氏之意，當時僅有吳澄知道，其別孟頫詩說：「識君維揚驛，玉色天人表，伏梅千載事，疑讞一了也。」因撰書纂言四卷，專釋今文。

六、吳澄：字幼清，撫州崇仁人（今江西崇仁縣），著有書纂言四卷。注尚書者，僅言伏生所傳二十九篇，而捨東晉梅賾所上二十五篇僞古文而講的，自先生始。紀昀四庫提要說：「古文尚書，自貞觀敕作正義以後，終唐世無異說，宋吳棫作書裨傳，始稍稍掊擊，朱子語錄亦疑其僞，然言性、言心、言學之語，宋人據以立教者，其端皆發自古文，故亦無肯輕議者，其考定今文古文，自陳振孫尚書說始，其分編今古文，自趙孟頫書今古文集注始，其專釋今文，則自澄此書始。」此書採注釋、解說混合式，先列一段經文，然後再自該段經文第一句講起，先釋單字、單辭，然後總括該句大義，直至該段終結。解說尚稱清晰，惟不注出處，如有疑問，則難於查考。今有通志堂經解本行世。

此外，如黃鎮成的尚書通考，王充耘的讀書管見，胡一中的定正洪範集說等，也都值得一讀，這些書，在通志堂經解中，都可以找到。

玖、明代

明太祖朱元璋，起布衣、定天下，恢復了中國的舊觀。當干戈搶攘之際，所到之處，猶能「徵召耆儒講道德，修明治術，興起文化，煥乎成一代之宏規。而制科取士，一以經義爲先。網羅碩學，嗣世承平，文教特盛。」（註六七）在明朝初年，當時諸儒，多朱子門人的支流餘裔。師承有自，矩矱秩然。是以其制舉所考試的科目，也多以朱子所定群經爲準。如四書主朱子集注，易主易程傳，朱子本義，書主蔡氏傳及古注疏，詩亦主朱子集傳。至永樂年間，頒行四書五經大全，廢注疏不用。至此而朱子之學，在無形中就隱然成爲一尊了（註六八）。玆就明史藝文志所載，擇要介紹如次：

一、朱元璋：字國瑞，濠州鍾離人（今安徽鳳陽縣），以布衣定天下，卽位後，卽詔求四方遺書，設祕書監丞，尋改爲翰林典籍，專司掌理的責任。於洪武三年，又命令鄉試、會試，書經以蔡傳、古注疏爲主，於此也可見其尊崇經術的大概了。他就是我們所說的明太祖，注尚書洪範一卷。太祖嘗命儒臣書洪範揭於御座之右，因自爲注，書後有劉三吾後序，原文說：「皇上宵旰圖治，留心經學，以爲六經莫古於書，帝王政事，亦莫備於書，讀書弗本其行事，而徒求之於文字，非學者也。既廑睿思，發其奧義，爲書若干篇矣，輒惟洪範大法，本諸天道，體之人君，驗之民生，未易推測，則卽鑾輿日所戾止，敕寫是編，揭之座右，朝夕顧諟，一旦心領神會，有得意焉，乃撥幾冗，爲之注釋，於是九疇大範，燦然復明，大哉聖訓，於世詎小補哉！臣如孫嘗習是書，叨忝近侍，日獲與聞，敢僭序其後。」這篇後序，雖不免過於恭維，但是對於尚書及洪範篇的宏旨大用，却說得既深刻又有見解，僅此數言，我們似可窺其用心的所在了。

二、朱高熾：明成祖朱棣的長子，廟號仁宗。著有體尚書二卷。其內容爲釋尚書中皐陶謨、甘誓、盤庚等十六篇，以講解更其原文。既更代其經文，那就無異就經文來闡發義理了。

三、朱厚熜：明憲宗朱見深的孫子，廟號世宗，著有書經三要三卷。世宗以太祖有注洪範一篇，因注無逸，再注伊訓，分三册共爲一書。後來又製洪範序略一篇，復將皐陶謨、伊訓、無逸等篇，通加注釋，名曰書經三要。

以上三書，均載明史藝文志，四庫全書沒有著錄，今特輯出，就此或可以略窺明代皇帝崇尙經術的大要。

四、劉三吾：名如孫，以字行，茶陵人（今湖南茶陵縣）。三吾博學、善屬文，帝製大誥及洪範注成，皆命爲序（註六九）。敕修書傳會選六卷。太祖以蔡沈書傳，有得有失，詔劉三吾等訂正之，又集諸家之說，足其未備，書成，頒刻，然而世間竟少流行（註七〇）。顧炎武先生日知錄卷二十，於書傳會選條評論說：「洪武二十七年四月丙戌，詔徵儒臣定正宋儒蔡氏書傳，上以蔡氏書傳日月五星運行，於朱子詩傳不同，及其註說，與番陽鄒季友所論，間亦有未安者，遂詔徵天下儒臣定正之。命翰林院學士劉三吾等總其事，書成，賜名書傳會選，命禮部頒行天下。此書堯典謂天左旋，日月五星違天而右轉，主陳氏祥道。高宗肜日，謂祖庚繹於高宗之廟，主金氏履祥。西伯戡黎，謂是武王，亦主金氏。洛誥、惟周公誕保、文武受命惟七年，謂周公輔成王之七年，主張氏、陳氏櫟，皆不易之論。又如禹貢，厥賦貞，主蘇氏軾，謂賦與田正相當。涇屬渭汭，主孔傳水北曰汭。太甲、自周有終，主金氏，謂周當作君，多方、不克開于民之麗，主棐氏。陳氏櫟謂：古者治獄，以附罪爲麗，皆可從。然所采旣博，亦或失當。如金縢周公居東，謂孔氏以爲東征非是，至洛誥又取東征之說，自相牴牾。然每傳之下，繫以經文及傳音釋，於字音、字體、字義，辯之甚詳。其傳中用古人姓字，古書名目，必具出處，兼亦考證典故，蓋宋、元以來，諸儒規模猶在，而其爲此書者，皆自幼爲務本之學，非由八股發身之人，故所著之書，雖不及先儒，而尙有功於後學。」由顧氏的話，我們可以概見此書的利弊得失，紀曉嵐先生於四庫提要說：「以炎武之淹博絕倫，罕所許可，而其論如是，則是書之足貴，可略見矣。」今有商務景印四庫全書珍本（五集）行世。

五、胡廣：字光大，吉水人（今江西吉安縣）。永樂中，胡廣等奉詔修書傳大全十卷。書傳本爲六卷，大全則分爲十卷，其中大旨，一本於陳櫟所撰尙書集傳纂疏，一本於陳師凱所撰蔡傳旁通。纂疏多墨守蔡傳，旁通則於名物度數，考證特詳，雖不免有回護蔡傳的地方，然大致較劉氏（瑾）說詩，汪氏（克寬）說春秋爲有根據，所以是書在五經大全中，總算略勝一籌（註七一）。顧炎武先生對大全的纂修，極不以爲然，他說：「經學之廢，實自此始。後之君子，欲掃而更之，亦難乎其爲力矣！」又說：「至永樂中，修尙書大全，不惟刪去異說，並音義亦不存矣。愚嘗謂自宋之末造，以至有明之初年，經術人材，於斯爲盛，自八股行而古學棄，大全出而經說亡；十族誅而臣節變（案：十族誅，指方孝孺言）。洪武永樂之間，亦世道升降之一會矣！」（註七二）明代的經學，所以不能與前代齊觀，其癥結全在於「大全」的纂修，顧氏的話，洵可謂爲一針見血之言。今有商務景印四庫全書珍本（七集）行世。

六王樵：字明逸，號方麓，金壇人（今江蘇金壇縣）。著有尚書日記十六卷。此書成於神宗萬曆二十三年，並自爲序及凡例。以自驗所進，用箚記方式，日久成帙，遂加編次。此書仍以蔡傳爲宗，對於制度名物，蔡傳如有未詳，王氏則采舊說加以補充，每節各標經文起迄，字比句櫛，討論折衷，有時衆說並存，亦有時定從一家，要以至當爲歸。對於經旨，多有發明，是一本不可多得的好書。今有商務景印四庫全書珍本（三集）行世。

七、梅鷟：字致齋，旌德人（今安徽旌德縣）。明武宗正德舉人，官國子監助教，著有尚書考異五卷。此書明史藝文志不載，四庫全書著錄。紀曉嵐先生述此書說：「是書辨正古文尚書，其謂二十五篇爲皇甫謐所作，蓋據孔穎達疏引晉書皇甫謐傳，稱謐姑子外弟梁柳得古文尚書，故作帝王世紀，往往載孔傳五十八篇之書云云。然其文未明，未可據爲謐作之證。至謂孔安國序，并增多之二十五篇，悉雜取傳記中語以成文，則指摘皆有依據。又如謂纏水出谷城縣，兩漢志並同，晉始省谷城入河南，而孔傳乃云：『出河南北山』。積石山，在西南羌中，漢昭帝元始六年，始置金城郡，而孔傳乃云：『積石山在金城西南』，孔安國卒於漢武帝時，載在史記，則猶在司馬遷以前，安得知此地名乎？其爲依託，尤佐證顯然。」此書原無卷數，朱彝尊經義考作一卷，總目提要釐爲五卷。今有商務景印四庫全書珍本（九集）行世。

拾、清代

清朝起於東北邊陲，自世祖順治入主中原以後，爲了籠絡漢人，一方面下令擧博學鴻儒，一方面修纂經史，訪求遺書，輯編圖籍，稽古右文；既興學崇儒於先，又開科取士於後，在此情形下，而海內之士也就無不彬彬向風了。在學術上具體的表現，先是乾隆十七年的詔命輯修四庫全書，計繕寫七部，分藏各地，以供人民閱覽。繼之則有阮元刋刻經解一千四百十二卷，王先謙又刋續經解一千三百十五卷。而地方上的各督撫，也能廣修方志，因此郡邑典章，也隨之燦然大備。如曾國藩、張之洞等先儒，也多能設書局以刻群籍，聘儒雅以校墳典(註七三)。再加上私家輯刻日多，而叢書的繁富，也就不是前代可比了。在開科取士方面，我們都知道明代取士的科目，是以四子書、及易、書、詩、春秋、禮記五經，爲命題試士的範圍，而清代一沿明制，在兩百多年中，雖然也有用其他方法進入仕途的，但終不能與科第出身的人相比。又因尚書仍以蔡傳爲主，所以蔡氏集傳，在清朝初年，仍然盛行不衰。然清人的闡釋尚書，却能打破成說，不僅擴大了範圍，而且亦能就經文每出新意，使尚書學展現出一片蓬勃的朝氣，而著述之多，亦難盡擧，這站在學術的立場上來說，實在令人欣喜。玆僅就所及，擇要纂述如後。

一、庫勒納：姓瓜爾佳氏，滿州鑲藍旗人。康熙十九年，庫勒納等，奉命纂「日講書經解義」十三卷。此書爲在皇帝面前逐日進講所用的本子，內容大要，在「敷陳政典，以昭宰馭之綱維，闡發心源，以端愼修之根本，而名物訓詁，不復瑣瑣求詳」(註七四)。因爲所重，在於上規堯舜，下揭成、康，全爲帝王治理人民的大則大法，所以也就難爲尋章摘句、音訓解詁的講求了。今有商務景印四庫全書珍本（五集）行世。

二、王頊齡：字顓士，號瑁湖，華亭人（今江蘇松江縣）。官至武英殿大學士。康熙六十年，頊齡等奉命撰「書經傳說彙纂」二十四卷。此書計分虞書、夏書、商書各三卷，周書十二卷，書序一卷，而以引用姓氏及書傳圖列爲卷首上，另外綱領三篇列爲卷首下，所以總共爲二十四卷。復因蔡傳淵源有自，故其書自元代延祐中用以取士以來，一直不廢。明永樂中修大全，亦以蔡傳爲主，這種情形，就好比唐人正義的宗法孔傳。此書亦以蔡傳居前，集說、附錄、案語列後，並參稽得失，辨別瑕瑜，於其可從的，發明證佐，如不可從，卽辨訂其錯誤，如果可以兩通，則皆別爲附錄，表明不專從一家。此書採擷宏富，綱領清晰，凡漢唐以來諸家可以採取者，就多所折衷，堪爲說書的準繩。惟書中稱引多，斷案少，反與長編相類。今有商務景印四庫珍本（八集）行世。

三、閻若璩：字百詩，太原人（今山西太原市），後徙居山陽，自號潛邱，著有尙書古文疏證八卷。此書乃以抉摘東晉梅賾所上古文尙書之僞爲宗旨。因自唐陸德明據梅本作釋文，孔穎達又據以作正義，並用來作爲取士的標準本，是以終唐之世無異說。直到宋代，吳棫始有異議，朱子也稍稍懷疑，而元代的吳澄諸人，本朱子的說法，相繼抉摘，梅本的僞託，才更加彰明，然而並未能條分縷析，將其漏洞缺失，一一的指摘出來。明代的梅鷟，始參考諸書，證明其爲剽剟，然而見聞未廣，蒐采不周，尙不能服人之心。直到清代的閻若璩，引經據古，一一陳其矛盾之故，梅本古文的爲僞託，才大明於世。所列一百二十八條，毛奇齡作古文尙書寃詞，百計相軋，終不能以強辭奪正理，則有據之言，先立於不可敗也（註七五）。玆摘錄閻氏精要數條，以見其立言之不可敗：

1.漢書藝文志言：「魯恭王壞孔子宅，得古文尚書，孔安國以考二十九篇，得多十六篇。」楚元王傳亦云：「逸書十六篇，天漢之後，孔安國獻之。」古文篇數之見於西漢者如此，而梅賾所上，乃增多二十五篇，此篇數之不合也（註七六）。

2.杜林、馬、鄭，皆傳古文者，據鄭氏說：則增多者、舜典、汨作、九共、大禹謨、益稷、五子之歌、胤征、典寶、湯誥、咸有一德、伊訓、肆命、原命、武成、旅獒、冏命，凡十六篇，而九共九篇，故亦爲二十四篇。今晚出書無汨作、九共、典寶等，此篇名之不合也（註七七）。

3.其注泰誓：「雖有周親，不如仁人」與注論語相反。（案：注泰誓中云：周、至也，言紂至親雖多，不如周家之少仁人。論語堯曰篇何晏引孔曰：親而不賢不忠，則誅之，管、蔡是也。仁人，謂箕子、微子，來則用之。）泰誓、論語文同，而注異何也？是無解於其說也。凡此皆足以證梅賾所上之書爲僞書，佐證分明，何庸置疑（註七八）？

這些論證，確實都是無法攻破的。另外閻氏當作肯綮之論，反未加置言的是：史記、漢書所載，僅有孔安國上書的說法，並沒有受詔作傳的記載，這是僞書鑿空蹈虛的顯證，然而閻氏却不曾提及，這可能是「千慮一失」吧！閻氏此書，共八卷，每卷十六條，總計一百二十八條，其書先成四卷，黃梨洲爲之作序，後四卷，次第續成。今本卷三全缺，前九條尚存其目，後七條全湮。又卷二自第二十八條至三十條，有目無書，卷七第一百二、一百八、一百九、一百十及卷八第一百二十二至一百二十七各條，並皆無目，全書實存九十九條，今有四庫本及皇清經解本。

四、蔣廷錫：字揚孫，號西谷，常熟人（今江蘇常熟縣），著有尚書地理今釋一卷。此書是作者在內廷輪值的時日內，仰承皇上指授，以敬謹的心情，繕寫成帙的。對尚書地理的辨證，全用以今考古的方式加以釐定，於各篇的川原、山澤、州郡等名稱，均以今地解釋，欽定書經傳說彙纂，即全用其說。四庫提要亦備加稱許，謂為「考訂精核，足證往古之譌，釋後儒之惑。至於崑崙河源之說，非惟訂漢儒之謬，並證元史之非，非前代經師輾轉耳食者比矣。」今有皇清經解本行世。

五、徐文靖：字位山，當塗人（今安徽當塗縣），著有禹貢會箋十二劵。此書雖以蔡傳為主，然不為蔡傳所囿，箋釋經文，先引蔡傳，而後博采群書，再斷以己意。首冠以禹貢山水總目，次為十八圖，並各加考釋，較胡渭所著禹貢錐指更為詳盡。四庫提要評論說：「說禹貢者，宋以來棼如亂絲，至胡渭錐指出，而摧陷廓除，始有條理可案，文靖生渭之後，因渭所已言，而更推尋所未至，故較渭之書益為精密，蓋繼事者易為功也。惟信山海經、竹書紀年太過，是則僻於好古，不究眞僞之失耳。」所說非常中肯。今有商務景印四庫珍本（五集）行世。

六、惠棟：字定宇，一字松崖，元和人（今江蘇吳縣），著有尚書古義（註七九）及古文尚書考二卷。尚書古義，今載在皇清經解卷三百六十一、六十二，分為上下兩部分。以內容來看，惠氏著此書，多宗漢儒訓詁的說法，間亦有突破性的見解，如泰誓的泰，本作大，世人皆知為唐衞包所改，惠氏據隋煬帝祕書學士顧彪古文尚書義疏所說，知在此時已改為泰，非始於衞包（註八〇）。又在九經古義述首中說：

「五經出於屋壁，多古字、古言，非經師不能辨經之義，存乎訓，識字審言，乃知其義，故古訓不可改也。作九經古義一書。」這就是他作尚書古義的理由。古國順清代尚書著述考說：「清儒說書經之專採漢注者，此蓋第一家，開風氣之先河，其功亦偉矣。」所說非常有見解。至於惠氏古文尚書考二卷，此書以專辨東晉梅賾所上古文尚書中二十五篇的僞，就其僞造經文，一一陳述其所自出，有的是檃括，有的是摭拾，要之皆有可指陳。書前並載有辨正義四條，證孔氏逸書九條，辨梅氏增多古文之謬十五條等，所論多能與閻氏若璩的說法相合。精當簡約，卻爲閻氏所不及。今有皇清經解本行世。

七、江聲：本字鯨濤，後改叔澐，號艮庭，江蘇吳縣人，所著有尚書集注音疏十二卷，並附卷末、外編各一。江氏此書，前十卷分別「集注音疏今文尚書二十九篇，卷十一疏敍百篇序六十七條，卷十二疏敍逸文六十二條，又附二十條。卷末補誼九條，並附識譌字一條及尚書集注音疏述、尚書集注音疏後述各一篇。外編、爲尚書經師系表。他在尚書集注音疏述中說：「聲竊愍漢學之淪亡，傷聖經之晦蝕，于是幡閱群書，搜拾漢儒之注，惟馬、鄭、王三家僅存焉。外此則許愼之五經異誼，載有今古文家說，然其書已亡，所存僅見。它如伏生之尚書大傳，則體殊訓注，間有解詁而已。爰取馬、鄭之注及大傳、異誼，參酌而緝之，更旁釆它書之有涉于尚書者以益之。其王肅注與晚出之孔傳，本欲勿用，不得已，始謹擇其不謬于經者，間亦取焉。」這段話，不僅說明了江氏著此書的動機，同時也說明了著此書所抱持的態度及所採緝的範圍。至於江氏此書的體例，乃是承其師惠棟周易述的家法。他在尚書集注音疏後述中說：「吾師惠松崖先生周易述，融會漢儒之說以爲注，而復爲之疏，其體例固有自來矣。聲不揆擣昧，綜覈經傳之訓故，采摭諸子百家之說，與夫漢儒之解以注尚書，言必當理，不敢衒奇，誼必有徵，不敢欺世，務求愜心云爾。……敢竊比先師之周易述，晞附著述之林。」儘管江氏著此書「誼必有徵，務求愜心」，然而後來的學者，如段玉裁、周中孚、皮錫瑞、陳澧、馬宗霍諸儒（註八一），均提出了各自的看法。歸納言之，其優點有：

1.此書本源於漢儒，摭拾散佚，加以推闡考證，其所引據古義，皆有根柢，若與僞孔傳較，則勝過遠甚。

2.疏解全經，在清代說，最爲先著，因此有蓽路藍縷之功。其影響所及，使後儒多所取資，是以創始之功，實不可沒。

3.江氏讀惠棟古文尚書考及閻氏古文疏證，由於能會於心，故所作集注音疏，能補二家之所不逮。

其缺點有：

1.文字全本說文字體書寫，且誤仞讀若之字爲正字，而竟改易經文，未免泥古，致有所失。

2.以承惠氏棟之學，好以古字改經，頗信宋人所傳的古文尚書，雖說好古，此適足以爲病。

3.僞孔傳不通之處，蔡傳所釋，有非常精當的，江氏集注，多與相同，如爲暗合，則於蔡傳竟不寓目，未免輕蔑太甚，如閱讀蔡傳，並且取用其說，而竟然諱所從來，尤其不可。

4.多引說文、經子所引書古文本的字，來改正秦隸及唐開元所改易古文的謬誤，如集字改爲「△」，方字改爲「匚」，終字改爲「丸」等，這種一定改從說文、或取經傳諸子所偁尚書以改尚書的舉措，其結果，不僅不是漢人的舊觀，同時就尚書本身來說，也有體無完膚之虞，而不便學者循誦，尤爲顯然。今有皇清經解本行世。

八、王鳴盛：字鳳喈，一字禮堂，號西沚，晚號西莊，嘉定人（今江蘇嘉定縣），所著有尚書後案三十卷。王氏作此書的動機及其所宗，在後案序中說的甚爲詳細，他說：「尚書後案何爲而作也？所以發揮鄭氏康成一家之學也。……予徧觀群書，搜羅鄭注，惜已殘闕，聊取馬、王傳疏益之，又作案以釋鄭義，馬、王傳疏與鄭異者，條晰其非，折中於鄭氏。名曰後案者，言最後所存之案也。至二十五篇，則別爲後辨附焉。」我們看了他的序言，當有所了悟，不需多所辭費。此書最具參考價值的篇章，筆者以爲是卷三十以及尚書後案附。這兩部分，多爲各家序言、傳略的分析，以及二十五篇的辨曰。使我們可以了解古文尚書的眞象，雖然王氏「不敢有功於經」，而厥功亦偉矣。後人對此書評論雖多，愚以爲惟皮錫瑞的話尚稱公允，他在尚書通論中說：「王鳴盛尚書後案，主鄭氏一家之學，是爲專門之書，專主鄭，故不甚采今文，且間駮伏生，亦未盡善。」皮氏爲今文家，未免有些不以爲然。陳澧在他所著東塾讀書記卷五中說：「江（聲）王（鳴盛）段（玉裁）孫（星衍）四家之書善矣，既有四家之書，則可刪合爲一書。」其嘉許之意，甚爲明顯。然於此亦可見四家各有長短，不然又何必刪合？一書如欲盡括精要，實非易事，求全責備，那就大可不必了。今有皇清經解本行世。

九、段玉裁：字若膺，號懋堂，金壇人（今江蘇金壇縣），所著有古文尚書撰異三十二卷。此書以篇爲卷，卽將眞古文二十九篇中的盤庚，分爲三篇，再加書序一篇，計爲三十二篇。至於大誓三篇，則自注說：「三篇唐後乃亡，故存其目。」至著此書的大旨要宗，則爲：以尚書歷遭七次厄難，而古文幾於盡亡，「賈逵分別古文，劉陶是正文字，其書皆不存。今廣蒐補闕，因篇爲卷，略於義說，文字是詳，正晉、唐之妄改，存周、漢之駁文，取賈逵傳語，名曰古文尚書撰異。」（註八二）周中孚在他著的鄭堂讀書記卷九中說：「自有此書，而今古文之異同，昭昭然白黑分矣。故孫淵如師撰今古文注疏，於字之異同，一本是書，不假他求也。書成於乾隆辛亥，自爲之序。」今文家皮錫瑞在所著書經通論中也說：「段玉裁古文尚書撰異，於今古文分別具晰，惟多說文字，鮮解經義，且意在袒古文，而不信伏生之今文，亦未盡善。」我們看了這兩家的言論，也就可以略知其長短了。今有皇清經解本行世。

十、孫星衍：字淵如，陽湖人（今江蘇武進縣），所著有尚書今古文注疏三十卷。此書的作意，孫氏在凡例中說：「在網羅放失、舊聞，故錄漢魏佚說爲多。尚書古注散佚，今刺取書傳，升爲注者，五家三科之說。1.司馬氏遷，從孔安國問故，是古文說。2.書大傳伏生所傳、歐陽、大夏侯勝、小夏侯建，是今文說。3.馬氏融、鄭氏康成，雖有異同，多本衞氏宏、賈氏逵，是孔壁古文說。」孫氏所以這樣做，固然因爲他們皆有師法，實不可遺，可是除此以外，一則乃由於孔穎達正義用梅賾書、雜於二十九篇，析亂書序，以冠篇首，又作僞傳而捨棄古說。四庫全書採梅鷟、閻若璩的說法，直指梅賾書非爲眞古文。二則鑑於孔氏正義的爲書，是覽古人之傳記，質近代之異同，存其是而去其非，削其煩而增其簡。」所以依其例「徧採古人傳記之涉書義者，自漢魏迄于隋唐，不取宋以來諸人注者，以其時文籍散亡，較今代無異聞，又無師傳，恐滋臆說也。」（註八三）所以又採「近代王光祿鳴盛、江徵君聲、段大令玉裁諸君書說」者，以其「皆有古書證據，而王氏念孫父子尤精於訓詁」的緣故。孫氏又鑑於「王光祿用鄭注兼存僞傳，不載史記、大傳異說，江氏篆寫經文，又依說文改字，所注禹貢，僅有古地名，不便學者循誦，段氏撰異一書，亦僅分別今古文字」，而不及注義。以及「惠氏棟、宋氏鑒、唐氏煥，俱能辨證僞傳，莊進士述祖，畢孝廉以田，解經又多有心得，合其所長，亦孔氏云：「質近代之異同，存其是而削其煩，增其簡者也。」（註八四）我們看了以上的敘述，可知孫氏的注疏，確然已爲一部不可多得的大作。然亦不能無疵，茲就所及，引述數家如次：

1.周中孚鄭堂讀書記卷九說：「吾師實取三家之書而折其衷，定著此書，眞能集尚書之大成。雖上之朝廷，頒之學宮可也。……所微憾者，堯典僅六十八葉，而必以帝曰欽哉愼徽五典以下另分爲下卷，臯陶謨僅五十葉，而必以帝曰來禹汝亦昌言以下另分爲中卷，則仍蹈僞孔分卷之誤矣。惟以帝曰欽哉四字屬下卷，則非通古義者不知也。……今取逸書之殘篇零句，乃因段氏撰異以逸文分附於各序之下，不知彼爲考證正文，此爲復古注疏，體例各異，何可同也！且既作注疏，必須更作釋文，而此亦未及之，尚未備矣！」

2.皮錫瑞書經通論說：「孫星衍尚書今古文注疏，於今古文說搜羅略備，分析亦明，但誤執史記皆古文、致今古文家法大亂，亦有未盡善者，然大致完善，優於江、王。」

3.梁啟超在所著中國近三百年學術史十三、經學中說：「乾隆中葉的學者，費了不少的勞力，著成三部書，一是江聲的尚書集注音疏，一是王鳴盛的尚書後案，一是孫星衍的尚書今古文注疏。

……孫星衍算是三家之冠了。他的體例是『自爲注而自疏之』，注文簡括明顯，疏文纔加詳，疏出注文來歷，加以引申，就組織上論，已經壁壘森嚴，他又注意今古文學說之不同，雖他的別擇比不上後來的陳樸園的精審，但已知兩派的不可强同。」

4.近人屈萬里先生，在所著尙書釋義敍論六中說：「孫氏撰尙書今古文注疏三十卷，就伏生所傳經文，益以故書中所引之眞太誓殘文，集漢代今古文家之說以爲注而爲之疏，就經文言，旣已祛僞而存眞，就義訓言，亦遠勝於前人，實今日治尙書之所不可不讀之書也。」我們對孫氏注疏的敍述，就結束在這裏。今有皇淸經解本及中華書局四部備要本行世。

十一、魏源：字默深，邵陽人（今湖南邵陽縣），所著有書古微十二卷。此書的作意，據魏氏在序中說：「所以發明西漢尙書今古文之微言、大誼，而闢東漢馬、鄭古文之鑿空無師傳也。」魏氏對於古文持懷疑不信任態度，並列舉五條以證古文的不可信，皆古文家向壁虛構之言，而又自謂得於經者四端：一曰補亡，謂補舜典、補九共。……二曰正譌，如正典謨稽古、而並正殷高宗肜日胤嗣而非爲祭禰。三曰稽地，如考禹河而知有千秋不決之瀆。四曰象天，知黃道極爲維斗之極，旋繞乎北極。……而其書的內容，卽緣此而加以闡發，並自信「孔思周情，各呈露於噩噩渾渾之際，天其復明斯道於世，盡黜僞古文十六篇，並盡黜馬、鄭之說，而頒西漢古誼於學宮。」（註八五）其言雖不免趨於極端，然其義却往往有不可多得的新見解。現在我們就來看看後人對他是怎麼個說法。

1.皮錫瑞書經通論說：「劉逢祿尙書今古文集解，陳喬樅今文尙書經說考，魏源書古微，三家之書，皆主今文，不取古文，魏氏不取馬、鄭，並不信馬、鄭所傳逸（書）十六篇，其識優於前人，惟既不取馬、鄭古文，則當專宗伏生今文，而魏氏一切武斷改經增經，如改梓材爲魯誥，且臆增數篇，攙入尙書，從宋儒說而變亂事實，與伏生之說大背，魏氏尤多新解，皆不盡善。」

2.梁啟超先生在所著中國近三百年學術史十三、經學中說：「魏默深著書古微，提出古文尙書根本曾否存在之問題，是爲閻百詩以後第二重公案，至今未決。」皮氏乃今文家，其言論尙且如此，足見魏氏的議論，難免偏激武斷，然平心而論，其立言的縱橫開拓，而學者的思想，得以借此濬發，其功亦偉。今有續皇清經解本行世。

十二、陳喬樅：字樸園，侯官人（今福建林森縣），所著有今文尙書經說考三十二卷。此書的所以作，乃陳氏承父訓而爲，自序說：「嘗謂喬樅曰：凡古文易、書、詩、禮、論語、孝經所以得傳，悉由今文爲之先驅，今文所無輒廢。……向微伏生，則唐虞三代典謨誥命之經，煙消灰滅，萬古長夜，夫天爲斯文，篤生名德期頤之壽，以昌大道，豈偶然哉！尙書三家，今文各守師法，皆傳伏生之業者，苟能鉤考佚文，得其單辭片義，以尋三家今文，千數百年不傳之緒，使百世之下，猶知當日幸有三家今文，賴以維持聖經於不墜，則豈徒足以延絕學而廣異義云爾哉！」以上這段話，其意義又是如何的深長！於此使我們感念到古人的爲學，乃傳不朽的大業，又何嘗有一絲功名利祿之私存其間？這大概就是促使陳氏日夜不敢或忘作此書的原動力。然而陳氏又以何種態度、來完成繼志述事的？他在序中說：「喬樅敬承庭訓，識之不敢忘，曩嘗搜討群書，稽求佚義，綴緝頗具梗概，顧以宦海浮沈，日月逾邁，恆以不克繼志爲懼。今春免官，遂杜門下帷，迺錄舊稿，重複硏尋，成今文尚書經說考三十二卷。凡所采摭經、史、傳、注，及諸子百家之說，實事以求是，必溯師承，沿流以討源，務隨家法，而參詳考校，則亦有取於馬、鄭之傳注，爲之旁證而引伸之。」

此書內容，以尚書歐陽遺說考一卷列在卷首，其次是自序，在目錄的後面，附有今文尚書敍錄一卷，首輯漢書藝文志有關今文尚書的記載，次爲傳授今文的經師小傳，甚爲詳盡。正文三十二卷，經字全部改用今文，其下注明根據的典籍書名，間則加以案語，對於三家異文、則分別並列，辨識甚易。最後以案語加以說明。此書成於淸同治元年，雖然作者用力至勤，考校綦詳，仍不能盡如人意，皮錫瑞書經通論評此書說：「陳氏博采古說，有功今文，惟其書頗似長編。搜羅多而斷制少，又必引鄭君爲將伯，誤執古說爲今文，以致反疑伏生，違棄初祖（如文王受命，周公避居二事，皆詆伏生老髦，記憶不全）。亦有未盡善者。但以捃拾宏富，今文家說多存，治尚書者，先取是書與孫氏今古文注疏，悉心硏究，明通大義，篤守其說，可以不惑於歧趨。」我們認爲這種說法，非常公允，所以其他的見解，也就不再引述了。今有續皇淸經解本行世。

十三、皮錫瑞：號鹿門，善化人（今湖南長沙縣），所著有今文尚書考證三十卷。全書采用陳喬樅尚書經說考的體例、將經字改從今文。又仿孫星衍尚書今古文注疏的體例，正文用通行本字體，再以小字分別注釋今文。如堯典：「鳥獸孳尾」，注云：「今文作鳥獸字微。岳曰否德忝帝位」，注云：「今文作嶽曰鄙德忝帝位。史記作鄙、臧琳說今文尚書作鄙。」全書注釋多類此。至於皮氏著此書恉趣，則在發明西漢今文家的大義，故其所採，多爲史記、大傳等書的說法，所以他宗伏生。認爲伏生遠有師承，故其書中的說解，皆以大傳爲先。其次則宗司馬遷，認爲太史公實守歐陽家法。例如堯典：「納于大麓」的麓字，不作錄。金縢：「則罪人斯得」，乃指管蔡武庚，非周公的屬黨。再則皮氏以爲賈、馬、許、鄭的取古文爲說，是因爲今文通行，不免譌俗，並非別有定見。然古文無說解，不足爲據，仍應用三家今文互參，兼採所長爲是。所以皮氏對於鄭康成、王肅二家的取捨，完全視其與今文的異同爲斷。書中採用段玉裁尚書今古文撰異及陳喬樅今文尚書經說考的見解甚多。

清代自嘉慶、道光以後，學風爲之一變，那就是學者多半輕古文而宗今文，因此也就走上了尊崇西漢的道路。像陳壽祺的尚書大傳輯校，魏源的書古微，陳喬樅的今文尚書經說考等作，相繼出現，就是最好的說明。然而這些撰著，又不能無瑕，如魏源的改經增經，多立新解，又兼宗宋學。陳喬樅捃拾固然宏富，然却以鄭注皆今文，又時與伏書相違背，而皮氏却能針對前人的缺失，取精用宏，辨其乖訛，因此「前修未密，後出轉精」的榮譽，也就落在他的身上了。所以王先謙在序中稱讚他說：「詳密精審，兼諸大儒之長，而去其蔽，後之治今文者，得是編爲導，可不迷於所往。」眞可說是嘉許備至了。今有台北藝文印書館景印本行世。

十四、簡朝亮：字竹君，順德人（今廣東順德縣），所著有尚書集注述疏三十五卷，附讀書堂答問一卷。簡氏所以作此書，實爲辨誣。自序說：「今之爲尚書者，其誣有三焉：東晉僞古文，其誣一也。書序孔子作，其誣二也。執漢學之失、其誣三也。」我們僅觀此數語，就可知其用心所在了。同時這也無異告訴世人一條探究尚書的大道。果眞能辨東晉之僞，說孔序之非，指漢儒之失，以求合於孔子傳書之旨，使人「疏通知遠」，而「誣」不也就自然可得而明了嗎？所以他又說：「體朱子之意，求漢學之是，以明孔子之書，辯序而察之，使僞古文不得託於序也。」

至於說到其書的內容，簡氏凡例說：「凡尙書經二十九卷，逸文三卷，冠之卷首，附之卷末上下，都爲三十五卷，其明今古文之傳者，詳卷首尙書大名下焉。其大誓逸文，擇次二十九卷中，存二十九篇之略也。書序辯附卷末上，僞古文附卷末下，欲其備考也。僞逸文，則附僞古文後焉。禮曰：『毋勦說』，今之所集，皆述也。……凡要義於注登之，異文異說之要，於疏存之，徵引則取其義之著者，義同則取其言之文者，注文宜簡，疏文宜詳，其或徵引詳於注中者，以經之古言古義，非此不明，從鄭注禮之例也。」因其「所集皆述」，又「注而自疏」，並每用「述曰」加以分別，所以名曰集注述疏。

此書不僅訓釋字義，同時亦闡明義理，在一段落前，每言其大義，於段落後，往往引前賢的話，以評論得失，這是此書最不同於他書的地方。歷十五年而書始成，由此也可見其態度是如何的嚴謹了。簡氏此編，不主一家，依違之間，頗費斟酌，所以續修四庫提要江瀚評論說：「統而觀之，尙不失爲融會貫通，明白詳盡，雖間有鄰於冗長者，大體無傷。至於舊注從違，頗具斟酌。」梁啟超先生也說：「這書成於江、孫、王之後，自然收功較易，他的內容也稍嫌過繁，但採擇漢、宋各家說，很有別裁，不失爲一良著。」（註八六）這評論是很公允的。今有鼎文書局影印本行世。

十五、王先謙：字益吾，號葵園，湖南長沙人，所著有尙書孔傳參正三十六卷。此書旨在辨明尙書的今古和眞僞，王氏序例說：「自史漢、論衡、白虎通諸書，迄於熹平石經，可以發揮三家經文者，采獲略備，並輯馬、鄭傳注，旁徵諸家義訓，其有未達，間下己意，今古文說炳焉著明，以僞孔古文，家傳童習，莫敢廢也，仍用其經傳元文，附諸考證，爲尚書孔傳參正三十六卷。」是以他全書的凡例，皆先列經文，次列僞孔傳，再列參證的衆說，每句經文，皆先辨明是今文還是古文，或是今古文相同。如堯典：「欽明文思安安」，古文也。今文作「欽明文塞晏晏」，使人一目了然。在其下方，則又引今古文的出處，並集衆說而加以參正。卷三十以下，解釋書序，並附各篇佚文，將僞孔安國序，列在最後。

此書序例後，列有「書序百篇異同表」，取僞古文孔傳，馬、鄭古文、史記、大傳今文、伏生二十九篇、歐陽、大小夏侯二十九篇，以校其同異。王氏以爲晚出孔傳的僞，固爲學者所知，然而朝廷仍頒爲功令，是以家傳童習，一直不廢，所以王氏此書仍用僞孔經傳，並參以他書，像史記、漢書、論衡、白虎通，乃至熹平石經等，凡是可以用來闡明三家經文的，無不捃拾，且兼輯馬、鄭傳注，又旁徵諸家義訓，間亦斷以己意，由是而今古文的分別則就更爲明晰了。就是不輕許人的今文家皮錫瑞，也不得不說：「今人王先謙尚書孔傳參正，兼疏今古文，詳細精確，最爲善本」（註八七）了。然而此書，亦終不能無失，如續修四庫提要江瀚郎謂「惟說禹貢三江，猶沿近時風氣，遵阮元三江圖考、博引繁徵，未免辭費。……以浙江當爲南江，經說邪？漢人古義邪？後起之說邪？斯抑王氏千慮之一失歟？」王國維先生在爲楊筠如尚書覈詁所寫的序中也說：「長沙王氏，雖有成書，然網羅衆說，無所折衷，亦頗以繁博爲病。」此書有光緒三十年王氏虛受堂自刋本。

我們前文說過，淸代著述的宏富，邁越前朝，除以上介紹的十五部著作外，其他如：莊存與撰尚書說一卷，專論「書」中史事，戴震撰尙書義考二卷，意主發明經義，莊述祖撰尙書今古文考證七卷，正經義以及經文字句訓詁異同，程廷祚撰晚書訂疑，歷言晚書的不可信，吳汝綸撰尙書故，一以史記爲斷，劉逢祿撰尙書今古文集解，折衷之說，甚爲簡明，朱駿聲撰尙書古注便讀，明漢宋源流，最易研讀，孫詒讓撰尙書駢枝，就經文發一己之所見。都是值得一讀的書，在這裏，我們就不一一作詳細的介紹了，請讀者自案吧。

拾壹、結　論

尙書雖不自孔子開始，但却從孔子纂書以敎之後，流傳始廣，這是不爭的事實。可惜由於史籍的闕如，以致使我們無法得知，在春秋、戰國以至於秦代，這一段時間內，尙書是怎樣流傳下來的。雖然也有些蛛絲馬跡可尋，可是我們如欲找出一條脈絡相連，確實可信的系統，也不是一件容易的事。無已，我們也只好服膺孔老夫子所說的「吾猶及史之闕文」（註八八）那句話了。至漢統一天下以後，先有伏生傳今文，繼有孔安國傳古文，其流傳利弊得失，已分別說明在「應有的體認」節中。到了鄭氏康成，由於他的博學多聞，古今兼採，綜合了各家的說法，以及「如有不合，便下己意」（註八九）的融通，而今古文的爭端始息。曹魏的王肅，雖處心積慮的想壓倒鄭氏，甚至不惜造假作僞，以售其欺，雖也能逞顯一時，然終不能取代鄭氏的學術地位，反而暴露了一己的不正心術，因之其說不傳，這也可說是罪有應得。然其解經，却能簡明切要，往往有獨到之處，就是清代的漢學家，雖極惡其行，然亦間引用其說，這大概是「不以人廢言」吧！

晉代初年，雖傳王學，而鄭氏學亦行。後來經過了一次永嘉大亂，經籍蕩然無存，這眞可說是我民族文化的一次大浩刼。從此南北分疆畫界，互不相屬。東晉元帝時，豫章內史梅賾，始獻古文尙書，時尙缺舜典一篇，齊建武中，吳興姚方興，采馬、王之注，造孔傳舜典一篇，於是始列國學，自此以後，南朝講尙書者，卽以此書爲主，北朝則以鄭注爲宗。

到了隋代，雖然梅書與鄭氏注並行，可是鄭氏甚爲微弱，不能與梅書分庭抗禮，平分秋色。至唐，孔穎達奉敕撰尙書正義，雖採各家，而仍以梅書爲主，且終唐之世無異說。宋爲理學的闡揚時代，因此表現在尙書上的特色，也以說理擅長，像魏了翁專以纂集古注疏來解經的人，實在不多。一時雖也名家輩出，但均不敵蔡氏集傳的流行。所以到了元朝仁宗延祐二年，定開科取士之目，尙書卽以蔡傳爲主。至此而蔡傳大盛，歷明迄清，在官學方面，一直奉行不廢，雖然也有會選、大全、彙纂之類的綜合性作品出現，儘管也以博採各家爲名，但究其實，却仍以蔡傳爲主，其他各家，僅能站在次要以補不足的地位。這種情形，必待閻若璩、惠棟著書立說以後，才逐漸改觀。尙書傳至清代，境界始寬，無論是單篇抑是大部頭的著作，均有不平凡的成就，這情形就像盛唐的近體詩一樣，眞是琳瑯滿目，各有千秋。乾隆以前，爲宗蔡傳時代，乾隆以後，漢學逐漸興起，先有惠棟九經古義的撰述，次有江聲、王鳴盛的繼起，他們所宗，皆爲東漢古文，多以馬、鄭爲闡述的對象。次有戴東原的崛起士林，造詣多方，而尤長於小學，注經由聲音、文字、訓詁以求經義。段氏玉裁，固一代文字大家，他所撰的一部古文尚書撰異，卽是以辨文字爲主。嘉慶、道光以後，學風又有轉變，那就是漢學由東漢的古文，轉移到西漢的今文。首倡其說的是莊存與，相繼而來的有莊述祖，魏源、陳喬樅，皮錫瑞可說是講今文的一位殿軍了。然而九江大儒朱次琦，學宗程朱，其高足簡朝亮著尚書集注述疏，却又頗主朱子、蔡傳，訓釋、義理兼顧，已不再斷斷於今古文了。

民國以來，多承前緒，然而由於地下資料的不斷發現，而研究的方向又有不同。過去研究尚書的學者，不主古文，卽主今文，再不然就是辨古文的眞僞。民國以來，却轉移到今文的上面，如顧頡剛先生，就是開風氣之先的人（註九二）。其後如李泰棻著今文尚書正僞（註九二），闡發尤爲詳盡。至於王國維先生，則是由研究甲骨、彝器而治尚書最有成就的人，他的一部觀堂集林，就是證明。其他如于省吾先生的雙劍誃尚書新證，楊筠如的尚書覈詁等，也成就不凡。在態度上，大家不再有門戶之見，意氣之爭，一本眞是眞非，來從事這部古文化的探討，這不能不說是一件可喜的事。最後，所不憚煩言的，那就是想從流衍的敍述中，提出我們不成熟的看法：

一、尚書的價值：尚書是一部政書，不僅「二帝三王之道在焉」，同時亦爲「七經之冠，百代之襟袖」（註九三），單就這兩項來說，價值就無法估計了，更何況除此之外，舉凡行政事務上所涉及的，都與它有關？別的不說，我們放眼當今著作之林，凡是與我國故有文化史有關連的，也都會涉及到它，如研究歷史的人說：「六經皆史」，研究地理的人說：「尚書禹貢，爲地理之祖」，研究政治的人說：「尚書爲政治史之嚆矢」，研究教育的人說：「尚書舜命契爲司徒，敎以人倫」，研究經學的人說：「尚書爲六經之一」，研究文學的人說：「尚書爲散文之始」，研究天文的人說：「尚書已有觀象授時之言」，研究經濟的人說：「賦稅在禹貢中，已有綦詳之載」，研究工程的人說：「大禹爲工程師之祖」，以上所舉，都有事實的記載，絕不是附會，而且如果繼續舉下去的話，尚不知凡幾。僅此亦足可見其價值的所在了。更何況它寓有二帝三王之道，爲宋人言心、言性、言理的所自出？像這樣一部有價值的書，難道還不值得我們去研究？

二、尚書之厄：由前文的敍述，我們當然可以體察出尚書所遭的厄難，關於這一點，前賢已經給我們作了歸納，玆引述如下：孫星衍先生輯馬、鄭古文尚書注序說：「尚書一厄于秦火，則百篇爲二十九篇，再厄于建武，而亡武成，三厄于永嘉，則衆書家及古文盡亡，四厄于梅賾，則以僞亂眞而鄭學微，五厄于孔穎達，則以是爲非，而馬、鄭之注亡於宋，六厄于唐開元時，詔衞包改古文從今文，則幷僞孔傳中所存二十九篇本文失其眞，七厄于宋開寶中，李鄂刪定釋文，則幷陸德明音義俱非其舊矣。」(註九四)段氏玉裁在所著古文尚書撰異序中，也提出與孫氏同樣的見解。尚書雖遭如許的災難，而今經過了前賢的搜討、整理、校讎與闡發，才有今天這個局面，我們一方面固然慶幸生在這個文化易於闡揚的時代，同時更不可忘了我們所肩負的責任，也比往昔任何一個時代都來得重大。

三、聚訟紛紜的逐漸消弭：在歷代研究尚書的過程中，最爲聚訟紛紜的，自漢代以來，莫過於洪範五行。自宋以降，則莫過於禹貢山川，從明代以後，莫過於今古文的眞僞。漢代的洪範五行說，因有其時代背景，雖盛極一時，而今已經隨着時代的進步而不攻自破了。至於禹貢山水，以前因輿地學的不夠發達，以致影響了研究的正確性，然自胡渭、蔣廷錫、徐文靖諸儒的大著出現以後，已能廓清衆說，尤其在今天地理學大明之後，大部分的地理山川，已經可以使我們就古籍所載，「案圖索驥」了，有關尚書的眞僞問題，經過宋吳棫、朱子，元吳澄，明梅鷟、清朱彝尊、閻若璩、惠棟諸儒的鉤深致遠、多方的探索證明、亦能像涇、渭一樣、很清楚地擺在我們的面前。說到這裏，我們心中也許會感到無限的快慰，但是快慰歸快慰，却不能停止我們的研究工作，因此要確定我們研究的方向，那就是要運用前人研究的成果，以民生日常的應用爲前提，提出我們的見解和主張，所謂「通經致用」是也。如不能與民生需要密切配合，那就難免流於空疏、不切實際，因此也就失去了尚書應有的價值，這是每一位治尚書的人，所不可忽視的。

四、學術的崇尚：學術崇尚自由，不尚拘檢。學術一定要在自由的環境中，才能生根、萌芽、茁壯、而開放出美麗的花朵。春秋戰國時代的放一異彩，這是任人皆知道的事實，漢代經學的大昌，因素雖多，然而能得以自由的發展，不能不說是一個主因。所以才能有輝煌的成就。而尤其是古文「雖不合時務」，而竟能超越今文，不就是顯例？所以顧炎武先生在所著日知錄卷十七兩漢風俗條說：「三代以下，風俗之美，無尚於東京者！」我們再看看唐代，因五經正義的頒行，而經學反一蹶不振。

明代大全出，而經學竟亡，顧先生早已言及（註九五），在學術的流衍上，這幾乎成了不變的公例。

五、珍惜固有文化：我國為一文明古國，建國迄今，一歷五千年，一文物，一制度，都是從我們民族的生活需要中所產生，絕不是憑空揑造出來的，因此它最實用，也最有價值。其間雖也曾遭到外來的沖擊，然而每遭一次的沖擊，却能使我們的文化愈行壯大，從這一點上正可以看出我們文化的優越性。在沖擊的情勢下，我們為了適應當前的需要，自會加以適度的調整，並吸收外來的文化加以融合，而使我固有的文物制度，更加充實、完美。因此我們敢予斷言，中國的文化，將永遠適合於我們的民族，也將永遠地代表着我國固有傳統精神。所以我們要不遺餘力地來發揚、光大才是。政風淳厚，泱泱其國，彬彬其俗，難道不是我們每一位中國人所企盼的？

【附註】

註一：史記孔子世家：「孔子以詩、書、禮、樂教。」又云：「孔子之時，周室微而禮樂廢，詩、書缺，追迹三代之禮，序書傳，上紀唐虞之際，下至秦穆，編次其事…故書傳、禮記自孔氏。」

註二：史記仲尼弟子列傳、集解、正義並引家語云：「漆彫開習尚書，不樂仕。」案：漆彫開之後無聞。又：後漢書卷四十四徐防傳，防上疏曰：「詩、書、禮、樂，定自孔子，發明章句始於子夏。」後之荀子，雖傳子夏之學，然未聞傳書。又：馬宗霍先生中國經學史第四篇云：「惟尚書則授受之迹不詳，漢興言尚書者，自濟南伏生、伏生故秦博士，郭子橫洞冥記稱，有李克者，自言三百歲，少而好學，為秦博士，門徒萬人，伏生時十歲，就克石壁山中受尚書，乃以口傳授伏子，四代之事，略無遺脫，伏子因而誦之。此則言不雅馴，未可信矣。」

註三：漢書藝文志，論語者，…孔子應答弟子…。

註四：見許錟輝博士論文—先秦典籍引尚書考。其中左傳引書計有六十八條為最多，其次為墨子，引書文計有四十四條，再其次爲孟子，計有三十五條，第四就是國語，引書文計有二十九條，第五爲荀子，計有二十七條，第六爲呂氏春秋，計有三十四條，第七是戰國策，計有九條。

註　五：見姜亮夫歷代人物年里通譜。
註　六：見漢書儒林傳與藝文志。
註　七：見漢書兒寬傳。
註　八：見漢書平當傳。
註　九：見後漢書桓榮傳。
註一〇：見漢書兩夏侯傳。
註一一：唐陸德明經典釋文敍錄：「秦禁學，孔子之末孫惠壁藏之。注：家語云：孔騰字子襄，畏秦法峻急，藏尚書、孝經、論語，於夫子舊堂壁中。漢紀尹敏傳：以爲孔鮒所藏。」案：以上三說，未知孰是。
註一二：見史記孔子世家及漢書藝文志、儒林傳。
註一三：見漢書儒林傳。
註一四：見漢書儒林傳。
註一五：見漢書藝文志。
註一六：今古文源一流百。王國維觀堂集林古文說，有更進一步之論析，可參。
註一七：見漢書惠帝紀。
註一八：見漢書兩夏侯傳。
註一九：司馬談論六家要旨—史記自序。
註二〇：漢書藝文志。
註二一：注云：「黃帝曰雲門，堯曰咸池，舜曰大韶，禹曰大夏，湯曰大護，周曰大武。」
註二二：自歐陽歙至楊倫，並見後漢書儒林傳。
註二三～二五：並見漢書儒林傳。

註二六：見馬宗霍中國經學史第六篇頁五十九。
註二七：見後漢書儒林傳。
註二八：見後漢書桓榮傳。
註二九：見後漢書張奐傳。
註三〇：見後漢書儒林傳論曰。
註三一：同註三〇。
註三二：揚雄法言文。
註三三：後漢書儒林傳論曰。
註三四：後漢書鄭玄傳。馬宗霍中國經學史第六篇兩漢之經學。
註三五：後漢書鄭玄傳。
註三六：見皮錫瑞著經學歷史五、經學中衰時代。頁124、130、131。
註三七：見漢書李尋傳。
註三八：注云：「四七二十八也，自高祖至光武初起，合二百二十八年，即四七之際。漢火德，故火為主也。」
註三九：見龔自珍泰誓答問。
註四〇：見史記孔子世家。
註四一：見漢書儒林傳。
註四二：馬宗霍中國經學史第六篇兩漢之經學頁46。
註四三：見隋書經籍志。
註四四：見古文尚書疏證。
註四五：見古文尚書考。
註四六：王肅之經學。
註四七：東塾讀書記。

註四八：孔孟學報第一期。
註四九：見北史儒林傳序。
註五〇：武平，爲北齊溫公高緯年號。
註五一：見隋書經籍志。
註五二：所言二劉，參隋書儒林傳爲說。
註五三：參兩唐書儒學傳爲說。
註五四：見舊唐書儒學傳及貞觀政要。
註五五：見新唐書孔穎達傳。
註五六：①蔡大寶有尚書義疏三十卷。②巢猗有尚書百釋三卷，義疏十卷。③費甝有尚書義疏十卷。④顧彪有古文尚書音義五卷，外義五卷。⑤劉焯有尚書義疏二十卷。⑥劉炫有尚書述義二十卷，並見新唐書藝文志。
註五七：見僞孔序，尚書百篇之義，世莫得聞疏後頁10下。
註五八：參劉申叔先生論正義之得失。河洛圖書出版社，羣經概論第一章第三節引爲說。
註五九：參宋史藝文志爲說。
註六〇：見四庫提要。
註六一：原注：見元史選擧志。
註六二：夏僎有尚書詳解二十六卷，四庫全書有著錄。
註六三：原注：見楊愼丹鉛錄。
註六四：古今圖書集成經典二、書經部總論六古今私評頁 1333。
註六五：古今圖書集成，經典二、書經部彙考十經義考頁 1278。
註六六：見元史選擧志。
註六七：見明史儒林傳。
註六八：見明史選擧志二。

註六九：見明史卷一百三十七。

註七〇：見明史藝文志。

註七一：見四庫提要卷十二頁 284 及日知錄卷二十四書五經大全條。

註七二：見日知錄卷十二書傳會選條。

註七三：曾國藩倡設金陵、蘇州、揚州、杭州、武昌官書局。張之洞設廣雅書局。見清史卷一百四十六，藝文志序。

註七四：見四庫提要卷十二頁 288。

註七五：參四庫提要爲說。

註七六：見續經解尚書古文疏證一第一。

註七七：見古文疏證一第三。

註七八：見古文疏證二第十九。

註七九：惠氏有九經古義，尚書古義乃其中之一。

註八〇：見尚書古義下。皇清經解卷三百六十二。

註八一：段玉裁評，見尚書撰異序。周中孚評，見鄭堂讀書記卷九。皮錫瑞評，見經學通論書經部分，頁 103。馬宗霍評，見中國經學史第十二篇清之經學頁 145。陳澧評，見東塾讀書記卷五。

註八二：見古文尚書撰異自序。

註八三：見尚書今古文注疏序。

註八四：同註八三。

註八五：見書古微自序。

註八六：見中國近三百年學術史十三、經學。

註八七：見經學通論書經部分最後一則。

註八八：見論語衛靈公篇。

註八九：見陸德明經典釋文引鄭氏六藝論。

註九〇：東晉梅賾奏上僞孔傳，以爲鄭沖所僞者爲章太炎，見與吳承仕論尚書古今文書第二書，今收入文光出版社尚書論文集中。以爲皇甫謐所僞造者，爲王鳴盛，見尚書後案序。今收入皇清經解中。

註九一：見古史辨第一冊下編。論今文尚書著成時代書。

註九二：今文尚書正僞，李泰棻著，民國二十年萊薰閣刻本，今有台北力行書局印行本。近人言今文的著成時代，多本此書。

註九三：見蔡傳序及史通卷四斷限第十二。

註九四：孫星衍輯古文尚書馬、鄭注。今有藝文印書館景印百部叢書本，在岱南閣叢書第一函中。

註九五：見日知錄卷二十、四書五經大全條。

（原載於孔孟學報第四十一期。民、70、4）

第二章　尚書大、小序辨疑

談到尚書所載資料的豐富與完整，恐怕要數今傳十三經注疏中的尚書正義了。這部書，爲唐代孔穎達奉敕所撰，前有僞託孔安國所作的一篇序言，通常被稱爲大序，又把自東漢以來，馬融、鄭玄所注而輯爲一篇的所謂百篇書序，分別冠在各篇的前端，因此也就有人稱之爲小序了。關於大、小序的眞僞，以及作序的時代，洵可謂爲言人人殊，難有定說，茲所辨者，雖知不免有「狗尾續貂」之譏，然仍欲一吐所見之言，借此就教於方家。

壹、大序

大序的可疑有二：

一、假如我們撇開僞不僞這個問題不談，僅就文章而論，大序可以稱得上是一篇好文章。無論是其行文的語氣，用字的技巧，遣辭的得法，表義的明晰，以及其段落的結構，全文的布局，乃至起承轉合的運用等，都已到達相當精微熟練的程度，決非西漢人的文章所有。這一點，南宋大儒朱子（熹），最爲明察，所以他說：

(一)大序不是孔安國作，只怕是撰孔叢子底人作。文字軟善，西漢文字則麤（粗）大。

(二)漢文章重厚有力量，今大序格致極輕，疑是晉、宋間文章，況孔書至東晉方出，前此諸儒，皆不曾見，可疑之甚。

(三)安國序，亦非西漢文章，向來語人，人多不解，惟陳同父聞之不疑，要是渠識得文字體製意度耳。

(四)今觀序文，亦不類漢文章，漢時文章粗，魏晉間文字細。

(五)孔傳並序，皆不類西京文字氣象，……蓋其言多切表裏，而訓詁亦多出於小爾雅也。（以上所引並見朱子語類卷七十八。）

就大序所表現的氣象、格致、軟善、細微、多切表裏言，朱子的話，非常中肯，所見也非常眞切，我們願意舉雙手贊同。因爲一個人的背景、環境、所受的教育、乃至思想、觀念，是很難跳脫那個時代的，我們只要拿西漢文章，與魏、晉文章一比，馬上就可看出它們的不同，假如我們拿魏、晉文章，和唐、宋文章相較，也可以馬上分辨出它們的差異，所以我們說朱子的話，非常中肯可信。

二、大序乃以第一人稱方式行文，換句話說，也就是孔安國用自己的口氣，說出作傳的理由和見解。因此，要證明大序之僞，最簡明有力的方式，就是用「以子之矛，攻子之盾」的辦法。

㈠大序說：「承詔爲五十九篇作傳」。這句話，簡直就是「鑿空蹈虛」毫不足信。也正由於它的不足信，反而給我們留下了致疑的根據。「承詔」，乃何等大事！爲什麼史記、漢書竟然沒有片言隻字的記載？更何況著史記的司馬遷，曾問故於孔安國，如其師承詔作傳，當爲何等光榮之事，然而何以竟無一言提及？確實「可疑之甚」。

㈡大序又說：「會國有巫蠱事，經籍道息。」考巫蠱之事，起於漢武帝征和元年十一月，至次年七月太子自殺，才算結束，這已是武帝的晚年了。假如這時孔安國還健在的話，或有作序的可能，問題是此時孔安國已經不在人間很久了。又何能知有巫蠱之事？我們都知道，司馬遷嘗從安國問故（見漢書儒林傳），然而太史公在孔子世家中却說：「安國爲今皇帝（武帝）博士，至臨淮太守，早卒。」在自序中又說：「余述歷黃帝以來，至太初而訖。」是安國之死，決不能超過太初乃可斷言。考太初爲武帝第七次改元的年號，太初元年，爲西元前一〇四年。征和爲武帝第十次改元的年號。征和元年，爲西元前九十二年。卽便安國在太初四年死（案：太初共計四年），到征和元年，也已有九年了。一個死去九年的人，又何能以自己的語氣，來述說九年後所發生的巫蠱之事？僅此一點，就足可以使尚書大序之僞定讞了，更何需他求？至於作大序的時代，我們贊同朱子的說法，應該是晉、宋間人所作。

貳、小序

關於小序的作者及時代問題，說法比較紛歧，茲僅就顯著爲人所知者，論析如次：

一、爲孔子所作：首先說小序爲孔子所作者是班固。他在漢書藝文志中說：「易曰：『河出圖，洛出書，聖人則之。』故書之所起遠矣，至孔子纂焉，上斷於堯，下訖於秦，凡百篇，而爲之序，言其作意。」在儒林傳中又說：「孔子曰：『周監於二代，郁郁乎文哉！吾從周。』於是敍書，則斷堯典。」之後的馬融、鄭玄、王肅諸儒，無不以此說爲是。然而我們有以下幾個理由，可以推翻這種見解。

第一，首先否認此種說法的是朱子。他說：「小序斷不是孔子作，只是周、秦間低手人作。」其所持的理由是：「堯典一篇，自說堯一代爲治之次序，至讓于舜方止，今却說是讓于舜後方作。舜典亦是見一代政事之終始，却說歷試諸難，是爲受讓時作也。至後諸篇皆然。」（朱子語類卷七十八）這是說，小序所言，與堯典、舜典的內容不符，甚至還有乖背違理的地方。爲使朱子的話，得到充分的證明，現在就再作進一步的探討：

堯典序說：「昔在帝堯，聰明文思，光宅天下，將遜于位，讓于虞舜，作堯典。」就序意言，作堯典的時間，是在讓于舜後當時。可是堯典一開始卽言：「曰若稽古帝堯。」這不很顯然地是後人在述說古代的口氣嗎？因此我們認爲朱子所指責「今却說是讓于舜後方作」的話是對的。舜典序說：「虞舜側微，堯聞之聰明，將使嗣位，歷試諸難，作舜典。」簡朝亮評論此序說：「序言側微，卽經言側陋也。堯聞之者，豈惟聰明乎？何不以孝德言乎？況孟子引放勳乃徂落，明稱堯典，而歷試諸難，明在放勳徂落之前，何得爲舜典乎？此其作僞之迹，顯然矣。」（尚書集注述疏）而最可笑的是舜典一開始，也是來上一句「曰若稽古帝舜」，有這種乖謬的記載存在其間，又怎能不使朱子說「小序斷不是孔子作」呢？又如典寶序說：「夏師敗績，湯遂從之，遂伐三朡，俘厥寶玉，誼伯、仲伯作典寶。」程廷祚晚書訂疑評論說：「案桀自鳴條奔三朡，湯師追之，而桀復奔南巢，序云俘厥寶玉，蓋桀載寶以行，而爲湯師所獲，因獻俘以爲亡國之戒可矣，書名典寶，則重之辭也，豈聖王而重寶玉乎？可謂名實不相符矣。」再如周書無逸、立政篇的序文，均說「周公作無逸，作立政。」然而如一察看內容，就馬上可以發現這兩篇都有「周公曰」的記載。周公，聖人也，應有謙德，如爲其所作，又怎能自稱爲公？這種爲後人稱述的迹象，不很顯然？至於朱子所說小序「只是周、秦間低手人作。」也可找出充分的證明。顧炎武先生日知錄卷二引益都孫寶侗仲愚的話說：「書序爲後人僞作，逸書之名，亦多不典。至如左氏傳定四年，祝陀告萇弘，其言魯也，曰命以伯禽，而封於少皞之虛。其言衞也，曰命以康誥，而封於殷虛。其言晉也，曰命以唐誥，而封於夏虛。是則伯禽之命、康誥、唐誥，周書之三篇，而孔子所必錄也。今獨康誥存而二書亡，爲書序者，不知其篇名，而不列於百篇之內，疏漏顯然。是則不但書序可疑，並百篇之名，亦未可信矣。」顧氏緊接著以稱許的口吻說：「其解命以伯禽爲書名伯禽之命，尤爲切當。」類此情形者尚多，玆不一一備舉。總之，小序所以有如許漏洞、破綻，全是由於僞作書序的人，不夠博約明察。復因古時書籍，磨滅散亡的又多，而作僞序的人，又未能掌握全局，洞悉事理，難免百密一疏，以致留人以口實。朱子以「低手人」相譏，誠不爲過。

第二，就小序說，不僅言作意，同時也擧篇名。可是在孔子之時，尚書的篇名，還沒有產生，作序又何從說起？不錯，孔子以書敎弟子，也是事實（見史記孔子世家），可是當他引用「書」文的時候，總是說「書曰」如何、如何，而絕無提及「書」的篇名的。在論語中曾有兩次引用書文，一在爲政篇，一在憲問篇，但均未提到篇名。假如此時已有篇名，以循循善誘的孔子，決不可能不明指篇名而僅言書曰，故意的來打啞謎，折騰學生。必待孟子、荀子、國語、國策、左傳這些著作出現以後，不僅引「書」文言篇名，而且次數也遠較論語爲多（詳情請參許錟輝撰先秦典籍引尚書考）。由這一事實，使我們可以領悟尚書篇名的出現，當在孔子之後，孟子之前的一百年間。

第三，近人唐文治尚書大義引其門人陳氏柱的話說：「書序（小序）既非孔子所作，將爲何人作耶？蓋孔子以後，周、秦之間，傳尚書者之所爲也。太史公知之，故嘗用其說而不言孔子作書序。其三代世表云：『孔子次春秋，序尚書。』孔子世家云：『追蹤三代之禮，序書傳。』崔述以爲史文之序，當讀作次序之序，非序跋之序，是也。班志以爲伏生古文既有序，遂誤會史記序字以爲孔子序書，故云孔子序書，明其作意，此馬、鄭之所本也。」此說考覈明確，足以羽翼朱子。

二、爲劉歆所僞造：主張這種說法的人爲康有爲。他說：「尚書古文經四十六卷，二十九卷外，並得多十六篇計之，尚缺一卷，必合序數之乃足。然則序與十六篇同出無疑。歐陽大小夏侯皆不言序，

後漢古文大行，注尚書者，遂皆注序，則序出於歆之僞古文明矣。」（見新學僞經考卷十三）

康氏的話，恐怕不能成立。理由是遠在唐代的孔穎達，就已經否認了。他說：「此序鄭玄、馬融、王肅並云孔子作。……鄭知孔子作者，依緯文而知也。」（尚書堯典小序下正義）考緯文的起源甚古，其說法亦不一致，然而最保守的說法應該是「起於鄒衍，而讖緯的造作，則昉於方士。而緯書的配經，則緣漢武帝崇儒術而行方士。」（見呂凱撰鄭玄之讖緯學第一章第一節）後漢書張衡傳也說：「劉向父子，領校秘書，閱定九流，亦無讖錄。成、哀之後，乃始聞之。」

當然，緯書的謊誕不足信，是任人皆知情的事，所以小序絕不是孔子作，前文已加明辨。然而緯書「昉於方士，而緯書的配經，則緣漢武帝崇儒術而行方士。」且「劉向父子，亦無讖錄」，這些記載，說的又是何等清楚？因此，我們說小序不是劉歆僞造。況且劉歆移書太常博士說：「其古文舊書，皆有徵驗，外內相應，豈苟而已哉！」既有「徵驗，外內相應」，他又豈敢僞造？更何況當時與其一同校書的，尚有一位丞相史尹咸（楚元王傳）他又如何上下其手？在五經博士衆目睽睽之下，如其作僞，難道不會被人發現？有了這些客觀的條件，足以使我們相信，古文不是劉歆僞造，小序也不是他無中生有。康氏所說小序爲劉歆僞作的話，雖不可信，然而所言「後漢古文大行，序與十六篇同出無疑」的話，確實不誣。就是因爲小序與十六篇古文同出，司馬遷「問故」於孔安國，所以才能據以作史記。由這一點也可證明，小序不是劉歆僞作。或謂康氏所以言小序爲劉歆僞造者，那是由於書序抄襲史記，並非史記采擇書序。關於這種說法的不能成立，黎建寰撰尚書周書考釋在「書序之作成時代」節中，已予具駁，玆不復贅。

至於小序作成的時代，朱子以爲是在周、秦之間。話雖不錯，不過我們却嫌這個範圍太大了。於此，我們認爲今人屈萬里先生的見解，甚爲可取。他說：「至於書序著成的時代，大抵不能早於戰國末葉。蓋毛詩之序，其著成時代，不得前乎毛公，周易序卦之著成，亦不能前乎戰國晚年。書序蓋亦此種風氣下之產物，觀乎湯征及太甲兩序，皆襲孟子爲說，則其著成時代，不得上至戰國中葉，可以斷言」（尙書釋義敍論二）

最後，仍要不憚煩言者，那就是我們既然揭發了書序的僞託，以及其僞託的時代，就應該表示一點對它的看法，看看它對後世是否有什麼影響。如有價值可言的話，也應該談談它的價值。

根據梁啟超先生的說法，不辨僞，則有下列結果：

甲：史蹟方面：1.進化系統紊亂。2.社會背景混淆。3.事實是非倒置。4.由事實影響於道德及政治。

乙：思想方面：1.時代思想紊亂。2.學術源流混淆。3.個人主張矛盾。4.學者枉費精神。

丙：文學方面：1.時代思想紊亂，進化源流混淆。2.個人價值矛盾，學者枉費精神（見古書之眞僞及其年代）。我們的斷斷於此，也就是這個道理。

其次，我們認爲，百篇尙書的盛傳，乃由序而起：大家都知道，古文尙書，不止百篇。這只要一查先秦典籍引「書」的篇名，就可以了然。（許錟輝的先秦典籍引尙書考，在這方面，給我們作了一個很好的整理工作。）就是到了司馬遷引書序作史記的時候，所涉及「書」的篇名，也間有超出百篇以外的。如殷本紀說：「巫咸治王家有成，作咸艾，作太戊。」而「太戊」一篇，卽不在百篇之內。同時更由於書序不僅「言其作意」，亦且「言其篇名」，而漢繼秦火之後，禁書之令既解，而獻書之路遂開。至成帝時，而「秘中」則已藏有百篇書序，然而却無百篇之文以應，是以成帝下召徵書，致有張霸百兩尙書之僞造。我們只要看看兩漢著述的記載，就可知道百篇尙書的盛傳了。

一、緯書璇璣鈐說：「孔子求書，得黃帝玄孫帝魁之書，迄於秦穆公，凡三千二百四十篇，斷遠取近，定其可爲世法者百二十篇，以百二篇爲尙書，十八篇爲中候。」（尙書大序正義引）

二、漢書藝文志說：「孔子纂書，上斷於堯，下訖於秦，凡百篇。」

三、漢書儒林傳說：「世所傳百兩篇者，出東萊張霸，分析合二十九篇以爲數十，又采左氏傳、書敍爲作首尾，凡百二篇。」

四、揚雄法言問神篇說：「古之談書者序以百，而酒誥之篇俄空焉，今亡矣夫。」

五、王充論衡正說篇說：「說尙書者，言本百兩篇者妄也。蓋尙書本百篇，至孝景帝時，魯共王壞孔子教授堂以爲殿，得百篇尙書。」

以上所引五則言論，雖不盡可信，然而由此却可見當時盛傳尙書百篇之說。後由於賈逵作訓，馬融作傳、鄭玄作注，古文尙書之說，於焉大備，而其間的功、過、得、失，也似可由此看出。

臨了，我們不能不提者，就是書序雖僞，然而往往却可借以考書篇之名以及分合的情狀。小序有助於篇名的考查，固不需再加說明，就大序而言，亦有如是的功用。就尚書文體言，向來說尚書者，均以典、謨、誓、命、訓、誥六體爲言，雖有唐孔穎達的擴充爲十體（除六體外，又增貢、歌、征、範四體），然而後人採用其說的，並不多見，大家仍舊沿用六體的說法。其他如大序說：「伏生又以舜典合於堯典，益稷合於皐陶謨，盤庚三篇合爲一，康王之誥，合於顧命，復出此篇幷序，凡五十九篇。」凡此，皆可使我們了然於伏生所傳今文尚書篇名分合的情狀，其中除康王之誥合於顧命爲一篇不確外（見王先謙著孔傳參正序例），其餘均正確無誤。程廷祚晚書訂疑二書序節說：「案序於經，不足輕重，而二十八篇之外，群逸書賴以垂其篇名，若爲稽古之一助，然前而百兩之淺陋，後而二十五篇之補綴，又莫不由之而起，嗚呼！秦火以後，聖經之得喪安危，豈人所能爲哉！」話雖然說的很簡約，却道出了書序的功過得失。

（原載於孔孟月刊十九卷三期。民69、11）

第三章　尚書文體的商榷

今傳十三經注疏中的僞古文尙書大序說：「先君孔子，生於周末，覩史籍之煩文，懼覽之者不一，遂乃定禮樂，明舊章，……討論墳典，……芟夷煩亂，翦截浮辭，舉其宏綱，撮其機要，足以垂世立教，典、謨、訓、誥、誓、命之文，凡百篇。」這裏所說的「典、謨、訓、誥、誓、命之文」，是我們在古籍中，最早見到的尙書文體分類。唐代硏究尙書的學者，都以爲東晉梅賾所上的古文尙書，就是漢代孔安國所傳在孔壁中發現的古文尙書，所以也就認爲今傳僞古文尙書最前面的一篇大序，是孔安國的作品。其實孔安國並沒有「承詔作傳」（大序語），我們卽使翻徧史記、兩漢書，也找不到這樣的記載。孔安國旣然沒有爲孔壁古文尙書作傳，那末是否作大序，當然也就不言可喩了。因此後人以爲孔安國「又依文體分爲典、謨、訓、誥、誓、命六類」或「孔安國氏分典、謨、訓、誥、誓、命六體」的說法，是不確的。應該說爲魏晉間人僞託孔安國所作。

據今所見，首先承襲僞孔序六體說法的是陸德明，他是唐代的經學家，一向被國學界所重視的「經典釋文」，就是他著的。他在該書序錄中說：「書者，本王之號令，右史所記，孔子刪錄，斷自唐、虞，下訖秦穆，典、謨、訓、誥、誓、命之文，凡百篇。」這分明是承襲大序的說法。他又在該書卷三尚書音義上六體下，分別注明正若干篇，攝若干篇。所謂「正」，就是尚書中原以某字名篇的，如「誥」體中的「召誥」，「大誥」等爲「正」，而不以「誥」名篇，其實爲「誥」體的，如「盤庚」、「多方」、「多士」等爲攝。其次是孔穎達，他除承襲此六體外，又增加貢、歌、征、範四體，共十類。他說：

> 書體爲例有十：堯典、舜典二篇，典也。大禹謨、皐陶謨二篇，謨也。禹貢一篇，貢也。五子之歌一篇，歌也。甘誓、泰誓三篇、湯誓、牧誓、費誓、秦誓八篇，誓也。仲虺之誥、湯誥、大誥、康誥、酒誥、召誥、洛誥、康王之誥八篇，誥也。伊訓一篇，訓也。說命三篇、微子之命、蔡仲之命、顧命、畢命、冏命、文侯之命九篇，命也。胤征一篇，征也。洪範一篇，範也。此各隨事而言。益稷、亦謨也，因其人稱言以別之。其太甲、咸有一德、伊尹訓道王，亦訓之類。盤庚，亦誥也，故王肅云：不言誥何也？取其徙而立功，非但錄其誥。高宗肜日與訓序連文，亦訓辭可知也。西伯戡黎云：祖伊恐，奔告于受，亦誥也。武成云：識其政事，亦誥也。旅獒戒王，亦訓也。金縢自爲一體，祝亦誥辭也。梓材、酒誥分出，亦誥也。多士以王命誥、自然誥也。無逸戒王，亦訓也。君奭、周公誥召公，亦誥也。多方、周官，上誥於下，亦誥也。君陳、君牙與畢命之類，亦命也。呂刑陳刑告王，亦誥也。書篇之名，因事而立，既無體例，隨便爲文。（堯典疏）

孔穎達的話，最值得注意的，是「此各隨事而言，……書篇之名，因事而立，既無體例，隨便爲文」數語。他一方面把尚書中的篇名，各予歸類；一方面又說明尚書中的篇名，本不足重視；其所以有篇名，也只不過是「因事而立」，「隨便爲文」罷了。要歸類的話，可以十類概括。這種立意，非常正確。然而他畢竟還是分了類，這種分類，是否適當？宋人鄭樵，在他所著的六經奧論中，就有所說明。他說：

典、謨、訓、誥、誓、命，孔安國以爲書之六體。由今觀之，有一篇備數篇之體；如大禹謨曰（案：此篇僞），禹乃會群后誓師。則是謨亦有誓也。說命曰（案：此篇僞），王庸作書以誥。則是命亦有誥也。以至益稷（案：此篇僞孔自臯陶謨分出）、洪範，本謨而不言謨；旅獒（案：此篇僞）、無逸，本訓而不言訓，盤庚、梓材，本誥而不言誥；胤征（案：此篇僞）不言誓，君陳、君牙（案：此二篇僞）不言命。大抵五十八篇之中，聖人取予之意，各有所主，有取於治亂興廢之所由者，如典、謨、訓、誥、湯誓之類是也。有世不得以爲治，而有取其言以傳遠者，如五子之歌（案：此篇僞），君牙，冏命（案：此篇僞）是也。有取其事者，胤征是也。有取其意者，呂刑是也。有特記其時者，文侯之命是也。有以示戒勸者，費誓、秦誓是也。與三百篇之美刺，二百四十二年之褒貶，無以異也。

鄭樵對於僞大序六體的說法，尚且認爲無此必要，而於孔穎達的十分法，當然也就不會同意了。到了元代，董鼎、陳櫟二儒出，他們一返僞大序的說法，認爲六體已可盡括尚書中的體類。董鼎在他所著「書傳輯錄纂註」中說：

陸德明以六體分正攝，蓋以典、謨、訓、誥、誓、命名篇者爲正，不以名篇而在六體之類者爲攝。然古之爲書者，隨時書事，因事成言，取辭之達意而已，豈如後之作文者，求必合體制也？孔氏以體言，大概已畢，雖不以六字名篇，合其類則是亦正也，何以攝爲？

陳櫟在他所著「書集傳纂疏」中也說：

書體有六，典、謨、訓、誥、誓、命是也。今篇名元有此六者，固不待言矣，其無此六字，如太甲，咸有一德、旅獒、無逸、立政，訓體也。盤庚、西伯戡黎、微子、多士、多方、君奭、周官、誥體也。胤征，誓體也。君陳、君牙、呂刑、命體也。雖其間不無簡編之殘斷，字語之舛訛，然上自堯、舜之盛，下逮東周之初，二千餘年之事，猶賴此可考焉。

董、陳二氏的話，固然均以六體爲已足，不需再行立體分類，只要就着「隨時書事，因事成言，取辭之達意」的篇目，加以歸類派入六體之中就可以了。既以六體爲已足，那就應該將尚書中所有的篇目，都有所歸屬才對。可是他們說來說去，就不曾涉及禹貢，究竟應屬於何類何體，這能不說是百密的一疏嗎？於此，近人吳康先生，在其所著「尚書大綱」中，却表示了他的高見。他說：

尚書體例，孔氏正義論之詳矣。僞大序典、謨、訓、誥、誓、命之文云云，自是行文略語則然，言此六者而其他可知，非謂書之體例止於六也。後儒不明此義，寶僞序以爲經，而言體惟六，而於其篇名無此六字者，則輾轉傅會而內入於此六者之中，抑一何可笑也？且禹貢一篇，於六者皆不入，則置而不言，可謂知類乎？（案：僞大序原文如易爲典謨訓誥誓命……之文云云，則無事矣。此亦可見標點符號之不可少也。）

顧予以正義所論，爲類則無遺矣，而不免失之煩瑣，今依伏生二十八篇之目，約而歸之，可得左列三類：

㈠典謨：堯典、臯陶謨、洪範（謨）屬之。

㈡貢：禹貢。

㈢訓誥誓命歌：五子之歌、允征（誓）典寶（訓？）湯誥、咸有一德（訓）、伊訓、肆命（訓）、原命、武成（誥）、旅獒（訓）、畢命。

凡右所列，略盡其義。典謨者，晚世之紀傳也；貢者，晚世之志也；訓誥誓命者，晚世之詔令書奏也；歌者，晚世之辭賦也。今爲更易名號而條其類如左：

㈠紀傳：典謨及舊無所歸類之金縢屬之。

㈡志：貢屬之。

㈢文彙：訓誥誓命歌屬之。

吳氏的話，確有不可易者，如「非謂書之體例止於六也。……且禹貢一篇，於六者皆不入，則置而不言，可謂知類乎」之言，不能不說是一種創見。然而繼之則又以晚世所演進的文體，來範圍尚書的文體爲三類，也不能算是「知類」，因爲「文彙」一辭，實可包羅一切文體，不僅訓誥誓命歌，纔能算是文，而典謨，又何嘗不是文？不僅是文，而且是千古的至文。同時這樣分類，不但不明確，反而會失去尙書原有的風格。而今我們如果爲尙書「更易名號」，那末典謨訓誥誓命深入人心的含義，後人就很難體會了，起碼也會大打折扣。依吳氏之意，尙書的體例，尙不止六類，這種見解是對的，無如我們沿用旣久，似乎用不着大肆更張，僅就其中稍加變易也就可以了。如就孔氏穎達的說法分爲十類，誠然「不免失之煩瑣」，然而應如何變動，方能盡包伏生所傳二十九篇的體類？愚意以爲只要將現有六類中的訓誥二體合一，另外再將「貢體」加入卽可。因爲訓誥二體，就尙書篇目內容來說，其差別很難分辨。在古代，君臣上下在言辭上，似乎不太講求形式，所以在訓誥方面，有的上對下，也有的下對上，不像後世臣對君稱奏疏，君對臣稱詔命，分辨得淸淸楚楚，不可混淆。如西伯戡黎，就是臣下誥君之辭；召誥，是同事相誥之辭；多士，爲君誥臣下之辭；無逸，爲臣下訓王之辭。再就字義上說，二字可說無異，實在說起來，訓戒與誥戒，應爲一事。可是後人以爲書旣有此分類，不可不加區別，於是就說「二體很相似，大抵誥是事先戒勉，訓則已成之事，勸令改革者」。旣然「很相似」，那又何必强行分類？其他特殊的篇目，尙有金縢、洪範、胤征，歌，禹貢等。就是因爲特殊，所以孔穎達才把它們各分一類，使之獨立。然而我們細察其內容，金縢乃周公爲武王祈禱之祝辭，歷來說尙書者，均把它歸入誥體。洪範乃箕子爲武王陳述治國的大法，當然是謨。胤征乃胤侯承仲康之命以伐無道，自應歸入誓體。這是「因事而立，隨事而言」名篇的絕無異議者。至於五子之歌，就體裁言，則有類於詩經中的國風。詩大序說：「風、風也；上以風化下，下以風刺上」，而五子之歌的內容，爲太康失國，其弟五人，述大禹之遺訓，以資警戒，正爲下以風刺上，自可歸入訓體。至於禹貢一篇，確實很特殊，前述六類，無任何一體與之相似或相近。它的內容，可分成四個層次說明：第一，記述九州的疆界；第二，記述名山；第三，記述大川；第四，記述定賦封國。因其特殊，所以使之獨立，併前述五類合而爲六。如此分類，也不過是「隨事立言」與「因便爲文」而已。既可免「煩瑣」之弊，亦可不破六體的傳統分類，同時仍可保持古代文體的樸實面貌，不使人再有「訓」「誥」到底有何不同之疑，而貢體也取得了應有的地位。不再游離不定，無所歸屬了。

最後，所不憚煩言者，就是尚書的文體，流衍到後世，是否有變化？換句話說，它對後世的影響，又是怎樣的？關於這一點，歷代論文的學者專家，多以爲「文體」源於五經。例如北齊顏之推，在他的顏氏家訓文章篇中，就有這樣的記載：「夫文章者，原出五經，詔、命、策、檄，生於書者也。」南朝梁劉勰在他的文心雕龍宗經篇中也說：「詔、策、章、奏，則書發其原。」自此以後，這種說法，似乎成了定論。到了清代的曾國藩，更在經史百家雜鈔中，將文體分爲三門十一類，尤其難得的，他竟保留了尚書中「典」的名稱。而姚姬傳（鼐）氏，每論文體，亦多喜上溯其源，他對奏議類的看法是：「奏議類者，蓋唐、虞、三代聖賢陳說其君之辭，尚書具之矣。」對書說類的看法是：「書說類者，昔周公之告召公，有君奭之篇，春秋之世，列國士大夫，或面相告語，或爲書相遺，其義一也。」對於詔令類的看法是：「詔令類者，原於尚書之誓、誥。」我們前面說過，唐、虞三代的文體，具有樸實的面貌，約略分之，本不足以盡其情，而後世之論文體者，卻每喜追述其起源，來證明他的說法，是有根據的，這也就是我們爲什麼要提出這個問題來商榷的用意了。

（原載於孔孟月刊十八卷六期。民、69、2）

下篇　尚書大義探討

第一章　尚書堯典大義探討

堯典所載，爲堯、舜時事（註一）。將堯、舜的法天、知人、仁民、愛物、以及施政布德的行事，用簡約樸質的文字，描繪得秩然有序。細玩其文，使我們對於先聖帝王的修爲、形像，不僅油然而起敬慕之心，同時更使我們覺得，也惟有如此，才是最爲適中、最爲當行、而心安理得的舉措。這也就難怪歷代研讀堯典的人，大家都異口同聲地說：「帝王之學，盡在於斯矣」了。數千年來，不只是形成了我國文化的重心，而且更爲有國有家的人，樹立了一個永遠無法改變的典型。於此，不僅可以窺探我國文化的淵源，同時更表現了一個當然之理的王道思想。孔子的祖述堯舜，孟子的言必稱堯舜，固爲我們耳熟能詳，即使先秦各派各家，亦無不以堯舜是稱。凡此記載，可使我們了解到：往大處說，治國平天下，固然要以此爲典範；往小處說，就是日常處人、應物、行事，又何嘗能不講求此「當然之理」的行爲？基於這個理由，是以不揣淺陋，敢將一愚之私，冒昧地提出來，就敎於方家。

壹、堯的形像

古籍所載，文字雖然簡質，可是如論其描繪技巧，我們細加玩味之餘，覺得實不讓於今人。現在就讓我們來看看古人是如何的刻畫。經文說：

曰若稽古帝堯，曰放勳。欽、明、文、思、安安。允恭克讓，光被四表，格于上下。

僅僅用了二十七個字，就將堯的修爲、形像，和盤托出，使我們如見其人，如聞其聲。我們現在所以不覺得文字生動、傳神，甚至還有隔膜、不能體會的感覺，這是因爲語言的轉變所致，現在、如果把原文寫成：

當古代的時，有一位帝堯、名放勳；他、敬事節用，就像日月一樣，照臨四方，洞察人情；治理人民，完全效法天地自然的文理，敏於通達的思考，態度寬容、溫和可親，同時又能誠心誠意地爲人民犧牲、奉獻而不懈於位，更能讓賢推德；因此他的德澤，能廣被四海，感通上天下民。

而對原文的隔膜，不就馬上可以消除了嗎？不僅隔膜可以消除，同時堯的形像，也就立刻出現在我們的面前。這不也就是論語泰伯篇、孔子所說：「巍巍乎！唯天爲大，唯堯則之；蕩蕩乎！民無能名焉；巍巍乎！其有成功也，煥乎其有文章」嗎？由這段話，更可進而使我們體察到、堯的盛德，已經到了高不可及的地步。這又叫人民如何能名？一位帝王，有德若是，還不能導國家於正途，得到人民的擁護、愛戴？這種形像的建立，對後世的影響，實在太大了，其價值又豈是我們可以估計的？這使得歷代的帝王們，不但知所修德，同時還要知所愛民。凡不修德、不愛民的君主，均為人民所共棄。而中庸所說：「大德者必得其位。」大學所載：「有德此有人，有人此有土」的見解，應當是從此產生的。我們中國的文化特色，在這裏似乎也可以看出一點端倪。而「仲尼的祖述堯舜」，孟子的「言必稱堯舜」，乃至形成儒家思想的中心，當非偶然。這種完全出於領悟、自覺的德治主張，不也符合於現在的民主政治？起碼並無衝突、違背的地方。

貳、堯的治化

堯的治國化民，主張由明德而親民。這種主張，為孔子所承。論語為政篇說：「為政以德，譬如北辰，居其所而衆星共之。」不正是對堯德治的闡發？既講德治，首先要做到的就是修身。所謂修身，簡言之，就是正己。亦卽孔子所說「己身正不令而行」之意。而修身之要，在於明德。能明德，方可親民、化民，而使四海歸心。是以經文說：

克明俊德，以親九族，九族既睦，平章百姓，百姓昭明，協和萬邦，黎民於變時雍。

這種由修身而親民、由近及遠、逐次推展的為政措施，顯然為儒家所承。而大學所說：「明德、親民、修身、齊家、治國、平天下的主張，不就正是這段文字的說明？經文中的克明俊德，就是修身，親九族就是親民，協和萬邦，就是平天下，黎民於變時雍，是寫堯平天下之後的和睦太平景象。堯典僅用了三十個字，就能把修身，齊家、治國、平天下的大道理，渾然賅括，這的確不能不使我們贊歎其描繪技巧的高明。尤其是在行文層次上的推展，更可見其已經到達了爐火純青的地步。在這種逐漸推展的過程中，帶給我們的啟示，那就是先聖帝王，不僅貴德，而尤其貴行。也只有在行中，方可愈見其德的可貴。大學所說「自天子以至於庶人，壹是皆以修身爲本」的訓示，豈是虛言？只是我們未加深考詳察罷了。

叁、堯的作爲

文化是隨着生活的需要而產生。換句話說，有什麼樣的生活方式，就會產生什麼樣的文化，在堯、舜的那個時代，生活文明，究竟到達何種程度，現在我們雖無無法肯定，但是觀象授時，經近人董作賓先生的考證，應該相信是確切不誤的（註二）。由於觀象授時的確定，這可使我們想像到，當堯舜時代，很可能已經是各部落定居下來，從事開墾、農、牧、漁兼有的時代。因爲有此需要，所以才有此作爲。天文學家高平子先生說：「我們先民爲什麼對於天象曆數有這樣濃厚的興趣呢？第一是中國民族在黃河流域，很早就建立起一種農業社會。而對於季節來臨的預推，是農業社會最迫切的要求。第二是在中國傳統的宗教觀念裏，宇宙的最高統治者——不論其名爲『上帝』（多見於詩經），爲『眞宰』（見於莊子），爲『天』（各古籍普通應用）——和有形的蒼蒼者天，是一而二、二而一者也。因此觀象敬天，成爲『天子』的一件政治上和宗教上的雙重任務。」（註三）又說：「所謂曆法者，其要在於順應天行，制爲年月日時配合之規定，以預期天象之回復，節候之來臨，俾人類社會之活動，如耕種、漁牧、狩獵、航行、營建、修繕一切民生日用之作息，皆可納入於一定週期之中，凡事有所準備。」（註四）這種見解和說法，我們是樂意舉雙手贊同的。因此，堯典中的「敬授民時」，是完全爲了生活上的迫切需要，而不得不有的措施。這也可說是我先民向天空發展的第一步，是値一提的大事。經文說：

乃命羲和，欽若昊天，厤象日月星辰，敬授民時。

經文中所說的「乃命羲和」，是概括的說法，包含自下文「分命」以後的羲仲、羲叔、和仲、和叔四子，命他們分別掌理春、夏、秋、多四時的工作。鄭氏康成認爲羲、和乃重黎之後，掌天地之官。又疑羲和爲羲伯和伯（註五）。這種見解，可能是受了周官六卿所列天地四時，各有所掌，遂以爲羲和爲羲伯、和伯掌天地，再以下文羲仲、羲叔、和仲、和叔分掌四時，這樣才能與周官六卿的說法相合。其不知周官六卿之制，在唐虞之世，可能尚未形成，是以羲和四子，不可以爲六人。漢書百官公卿表，仍以爲是命羲和四子。這說法，我們認爲才是正確的。

經文所言，一方面道出了堯的法天以授民時，同時也是堯用人的開始。他首先任命羲、和四子，敬順天道，取法自然，觀測日月星辰的運轉，以求得季節上的契合，然後再將時令，敬謹地傳授給人民。因此在堯典中，也確實能分明地將春、夏、秋、冬四季不同的景象，展現在我們的眼前。您看，他寫春天的景象，是多麼地明晰，經文說：

分命羲仲，宅嵎夷，曰暘谷。寅賓出日，平秩東作，日中星鳥，以殷仲春，厥民析，鳥獸孳尾。

總命以後，再分別地予以指派，使職有所專，所以就再特別指命羲仲爲春官，居住在東海附近的嵎夷一帶、有一個叫暘谷的地方，每天恭敬地迎接初昇的朝陽，並指導人民治理春耕。等到日夜的長度相等，在傍晚朱雀星宿全部出現的時候，就依此種景象，把這天定爲春分。這時人民在白天已分散在田野展開春天的各項工作，鳥獸也開始交尾乳化而生了。這樣的描述，雖然很簡略，但因能掌握季節的特徵，所以春天的景象，却能很清楚地展現在我們的面前。春天寫完之後，接着就描述夏天。經文說：

申命羲叔，宅南交，平秩南訛、敬致、日永星火、以正仲夏，厥民因，鳥獸希革。

首先在這裏必需提出解說的，第一爲「申令」的申字，作「重」解，這是在總命之後，又以專職分命而加重申之意，與前文「分命」的分字是互文。就意義說是相同的。第二爲「宅南交」這一句，根據王引之經義述聞卷二說：「宅南交，當以宅南爲句，交上當有曰大二字，宅南、猶言宅西、宅朔方也。曰大交，猶言曰暘谷、曰昧谷、曰幽都也。」第三爲「南訛」，僞孔說：「訛、化也。平敍南方化育之事。」孫星衍說：「訛、俗字，當爲譌。」史記作南爲。索隱說：「爲、依字讀，春言東作，夏言南爲，皆是耕作營爲、勸農之事。」關於「南訛」的解說，我們認爲索隱的說法爲優。第四爲「

厥民因」的因字。孫星衍以爲：「釋詁謂儴、因也。說文云：漢令、解衣耕謂之襄。蓋以襄通儴也。」因氣溫上升而解衣耕作，非常合於時宜。我們對以上的字辭，先作分析了解，然後再來欣賞經文，就容易多了。那是說：再特別指任羲叔爲夏官，居住在南方的大交山，勸導農民耕作，並敬謹地祭日以測量其影的長度，等到白天最長、夜晚最短、而且在黃昏大火心星出現在南方的時候，就定這天爲夏至。這時人民也因氣溫的上升而解衣耕作，而鳥獸的毛，也稀疏得可以看到皮膚。夏天的景象既是如此，而秋天又是怎樣的呢？經文說：

分命和仲，宅西，曰昧谷，寅餞納日，平秩西成，宵中星虛，以殷仲秋，厥民夷，鳥獸毛毨。

這段經文比較平易，要不着在文字上多作解釋，就可看出它的含意。那是說：又特別指派和仲爲秋官，居住在西土一個叫昧谷的地方，每天敬謹地送別西下的夕陽，並勸導人民從事秋收的工作，等到夜間和白天一樣長，並在傍晚虛星出現在正南方的時候，就依此種景象，把這天定爲秋分。這時人民和易可親（秋收的喜悅），鳥獸也都生出了整齊潔淨的新毛。到了冬天，景象又有所不同，經文也有同樣明晰的描繪。經文說：

申命和叔，宅朔方，曰幽都，平在朔易，日短星昴，以正仲冬，厥民隩，鳥獸氄毛。

這是說：又特別任命和叔爲冬官，居住在北方一個叫幽都的地方，勸導人民謹愼蓋藏，小心門戶。冬天日短夜長，等到昴星傍晚出現在正南方的時候，就依此種景象，定這天爲冬至。這時人民家家都躲在屋內生火取暖，鳥獸也生長出厚厚的細毛。

這種畫龍點睛的描述，確實能帶給我們一個明晰的概念。尤其是居住在黃河流域的人民，會覺得格外親切而眞實。卽使是熱帶的人民，看了之後，也會有分明的感覺。現在仍然在流行着的所謂「春耕、夏耘、秋收、冬藏」的農諺，大概就是我國農業社會，隨着季節的轉移，而所作的實際的適應行爲吧。這種固定的分派任命，目的在使職有所專，而所謂的勸導人民耕作蓋藏，也只不過是依時令的來臨，告訴人民應作的準備（案：正義云：「因春位在東，因治於東方。其實本主四方春政。」其他各官，當可由此推知。），其主要任務，乃在觀測日月的運轉，氣溫的升降，以及動植物的生態變化，統計出一個大原則，來作爲製訂曆法的主要參考。詳細情形，而今我們無從得知，不過這種做事的方法，却是非常有條理、有次序、有規則的，套句現在的話說，那也是十分科學的。

關於四宅（宅嵎夷、宅南、宅西、宅朔方）的說法，先儒多就經文所載爲釋，總希望能找出一個實在的地方，故不惜多方探賾、引申，然而古文幽邈，終難詳悉，是以所說不一，比較之下，愚以爲三國曹魏王肅的說法，較爲可取。他說：「（四宅）皆居京師而統之，亦有時述職。」（註六）這意思是說：負責觀測春、夏、秋、冬天象的官署，均設在帝都，而測候所則設在四方經文所指載之地，將他們所觀測的實際資料，不時的向官署報告，而各官署加以整理後，再向國家元首報告，然後再根據四方實際觀測的眞實紀錄，而製成曆法，這當然需要一段相當長的時日，近人丁山於其所著羲和四宅說一文中說：「此四方所指，竊又疑其皆京師近郊之地。……蓋因羲和所居之地，立土圭，測日景，造爲官府，猶後世觀象臺，天文臺之因其職而名其官府焉。觀象天文，每世之設，皆在京師，是知暘谷、幽都，必不出平陽之野（帝王世紀：堯都平陽）。後之學者，不知于平陽四郊求羲和四宅，以九夷當『嵎夷』，以交趾當『南交』，以山海經神話之『幽都』，當虞書之『幽都』，亦見其枘鑿矣。總之，虞書四宅，其制度蓋猶晉之靈臺，隋之秘書省，唐之司天臺，宋之太史局，元之太史院，明之欽天監，蓋觀象者所居官府之名。」（註七）這說法，我們是同意的。

根據以上的分析，我們知道堯的觀象授時，確實是一件大事，而歷時亦長，由經文的記載，也可以使我們體驗得出。經文說：

帝曰：咨！汝羲暨和，朞，三百有六旬、有六日，以閏月定四時成歲。允釐百工，庶績咸熙。

這是觀測天象的總成績，它在當時明顯的價值是「允釐百工，庶績咸熙。」儘管古人以爲太陽繞地而行，然而其得日數，却與現在所用的陽曆（地球繞日一周所需日數）相同，均爲三百六十五日又四分之一日。經文所說三百六十六日的原因，是舉的成數，這在古籍的注解中，可以看的很清楚。至於月繞地球一周所需的時間，是二十九日多一些，所以月有大盡（三十日）小盡（二十九日）的分別，合大小盡以每年十二個月計算，全年僅有三百五十四、五日，較地球繞太陽實際所需的時間（日數），相差十餘日，故必需閏月以補足其相差的日數。所以才有三年一閏，五年二閏，十九年七閏的出現。這是古人一個很大的發明，如不置閏，就難以穩定的控制季節，若干年之後，那就要春秋倒置，而冬行夏令了。由於我們的祖先，很早就發明了這樣完善的曆法以「授民時」，並借以釐定百官的職掌，使依時而行，所以各種事功，才能在分、至、啟、閉不失其常的狀態下，而分別的盛興起來。

一件事功的完成，當然要仰賴於眞知灼見，以及完整的計劃和正確的領導。而知人善任，尤不可少。讀經至此，我們應該得到很大的啟示才對。茲附欽定書經傳說彙纂所製有關觀象授時圖如次：

林氏之奇曰日行一度月行十三度十九分度之七星者四方之中星也角亢氐房心尾箕凡七十五度斗牛女虛危室壁凡九十八度四分度之一奎婁胃昴畢觜參凡八十度井鬼柳星張翼軫凡百一十二度共爲三百六十五度四分度之一辰則日月所會也正月會亥辰爲娵訾二月會戌辰爲降婁三月會酉辰爲大梁四月會申辰爲實沈五月會未辰爲鶉首六月會午辰爲鶉火七月會巳辰爲鶉尾八月會辰辰爲壽星九月會卯辰爲大火十月會寅辰爲析木十一月會丑辰爲星紀十二月會子辰爲玄枵○蔡氏沈曰歷所以紀數之書象所以觀天之器如下篇璣衡之屬是也日陽精一日而繞地一周月陰精一月而與日一會星二十八宿衆星爲經金木水火土五星爲緯皆是也辰以日月所會分周天之度爲十二次也

堯典歷象授時之圖

圖一。此圖取自欽定書經傳說彙纂卷首上，插此聊供參考。

圖二。出處：見圖一說明。

堯典四仲中星圖上

春分日在昴初昏　（仲春）

鶉鳥正七宿之中　（星鳥）

夏至日在星初昏　（仲夏）

大火正七宿之中　（星火）

堯典四仲中星圖下

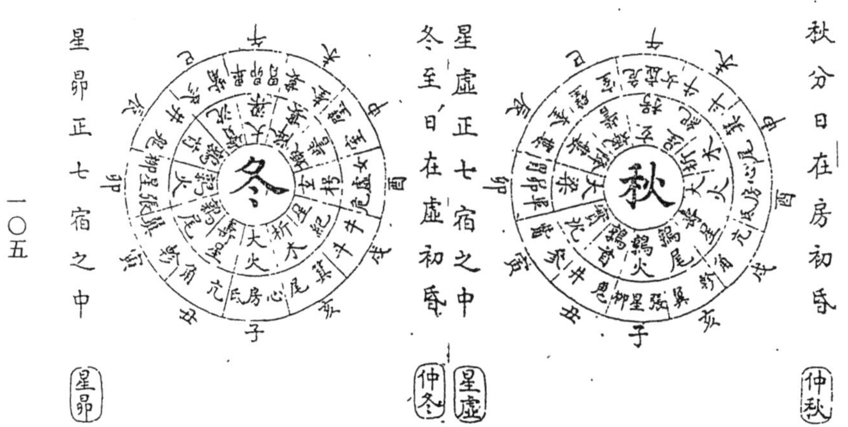

秋分日在房初昏　（仲秋）

星虛正七宿之中　（星虛）

冬至日在虛初昏　（仲冬）

星昴正七宿之中　（星昴）

鄭氏伯熊曰二十八宿環列於四方隨天而西轉東方七宿自角至箕是爲蒼龍以次舍而言則房心爲大火之中南方七宿自井至軫是爲鶉鳥以形而言則有朱鳥之象虛者北方七宿之中星也昴者西方七宿之中星也星本不移附天而移天傾西北極居天之中二十八宿半隱半見各以其時所以必於南方而考之仲春之月星火在東星鳥在南星昴在西星虛在北至仲夏則鳥轉而西火轉而南虛轉而東昴轉而北仲秋則火轉而西虛轉而南昴轉而東鳥轉而北至仲冬則虛轉而西昴轉而南鳥轉而東火轉而北來歲仲春鳥復轉而南矣循環無窮此堯典考中星以正四時甚簡而明異乎呂令之星舉月本也然聖人南面視四星之中豈徒然哉凡以授民時扶民事而已

圖三。出處：見圖一說明。

閏月定時成歲之圖

陳氏祥道曰考諸傳記五日爲候三候爲氣六氣爲時四時爲歲歲之氣二十有四而候七十有二然則一月之內六候二氣朔氣常在前中氣常在後朔氣在晦則後月閏中氣在朔則前月閏朔氣有入前月而中氣常在是月中數周則爲歲朔數周則爲年是年不必具四時而歲必具十二月也二十四氣措於十二月之中中朔大小不齊則氣有十六日者有十五日七分者是以三十三月已後中氣在晦不置閏則中氣入後月矣

歲法三百五十四日三百四十八分

日法計九百四十分

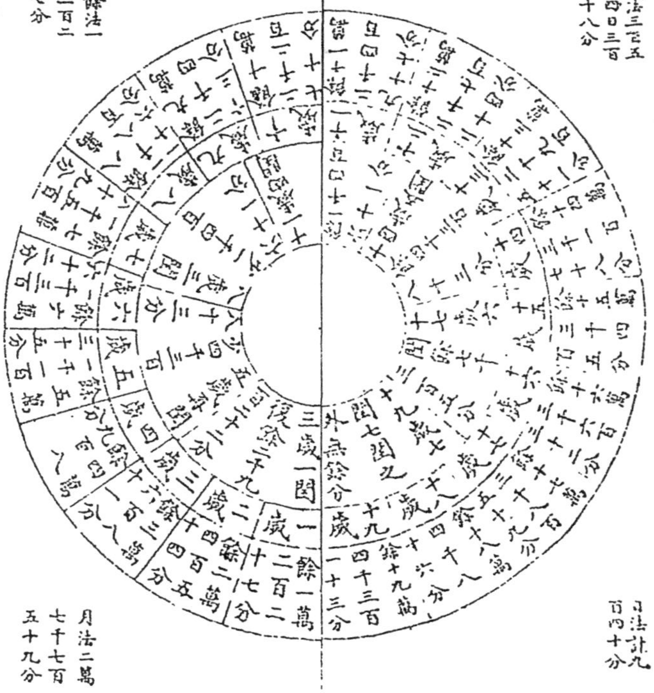

歲餘法一萬二百二十七分

月法二萬七千七百五十九分

袁氏俊翁曰案一歲閏率餘十日八百二十七分十九年共餘一百九十日一萬五千七百一十三分得全日二百六日六百七十三分前後通置七閏四小三大則二百六日盡矣尚餘六百七十三分自此以下每章七閏通前餘分不滿全日則四小三大通前餘分已過全日則三小四大餘分通而積焉所謂十九年七閏而氣朔分齊若不過取其全日得齊而餘分竟不能齊焉若使朔日子初初刻冬至則氣朔之餘分齊矣才差一二刻則尚有未盡之餘分若矣

肆、堯的求賢

我們遍觀中外古今，凡有道之君，明哲之主，未有不求賢若渴，以治其國的。以一人的知能有限，而衆人的才力無窮，是以欲有所作爲，必借衆賢人的力量，方克有濟，捨此而期於國治，那無異於緣木求魚。堯、本來就是一位聖君，不僅有見於此，而且也爲後世立下了典範，玆就其任事、讓國二端，分別言之於後：

一、求賢任事：才難之歎，無世無之。而當堯之時，求賢任事，尤見不易。由以下經文的記載，足可以支持我們的這種看法。經文一則說：

帝曰：疇咨若時登庸？放齊曰：胤子朱啟明。帝曰：吁！嚚訟可乎！

堯有感於求賢的不易，而一人之所見有限，所以才發出「誰能順應時勢爲我登用賢才」的慨歎。這是一個最基本的問題，如這個問題能得圓滿的解決，其他問題，均可迎刃而解，根本也就要不着多事徵求了。大臣放齊，馬上就向帝堯推荐說：「您的胤子丹朱，有知人之明，他一定可以把這個工作做的很好。」帝堯以很驚異的口吻說：「丹朱、他口不道忠信之言，又好逞口舌之爭。如何可以！」再則說：

帝曰：疇咨若予采？驩兜曰：都！共工，方鳩僝功。帝曰：吁！靜言庸違，象恭滔天。

當堯之時，所面臨的問題，就經文所言，是百事待舉。在這種情況下，焉有聖君在位，而不積極的從事於各種建設、而謀求增進人民福祉的？統籌運用人才的人既不可得，因而只有退而求其次，所以他也就於不知不覺間，發出了「誰能順利地爲我完成國家各種建設」的嗟歎。由此也就可以看出堯的無時不以國事爲憂，不以民生爲懷的心胸了。四凶之一的驩兜向帝堯推荐說：「共工可以，而今他正在聚集人民、從事各種建設呢！」帝堯聽了之後，馬上長歎一聲說：「噢！他說話非常動聽，可是當他實際從事的時候，却往往違背命令，在表面看來似很恭順，其實却沒有比他再傲慢的了，因爲他最善於陽奉陰違。」三則說：

帝曰：咨！四岳，湯湯洪水方割，蕩蕩懷山襄陵，浩浩滔天。下民其咨，有能俾乂？僉曰：於！鯀哉。帝曰：吁！咈哉！方命圮族。岳曰：异哉！試可乃已。帝曰：往，欽哉！九載，績用弗成。

高重源說：「近代地質學家，就冰山、冰川所存留的古代遺跡，證明歐、美各洲，在洪荒之世，均有洪水的跡象。我國江河發源的地方，今尚存有雪山冰川不少，可知古代洪水之患，並非我國特有的事情。（註八）」驗諸我國古籍所載，這說法是不錯的。既然堯時有洪水爲害，而堯又是一位聖君，治理洪水，應爲當務之急，這也是不容置疑的。所以當堯目睹「滾滾大水，無邊無際，圍繞着大山，淹沒了丘陵，浩浩滔天，正在爲害着地方，人民也無不在歎息」的情況下，也就不自覺的發出「有沒有能治水的人呢」悲憫之言。當時諸侯之長的四岳及在朝的衆大臣同聲回答說：「鯀可以。」那知帝堯對鯀早已有所察知，立卽說：「不可以，他違抗命令，處事不合常理，不能與同事和睦相處。」四岳向堯建議說：「就請先舉用他吧！試用可以的話，再正式任命好了。」在這種不得已的情形下，堯也只好勉强以爲了。所以就接着說：「那就讓他去治水吧！不過要敬愼從事啊！」後來經過九年的漫長歲月，鯀，並沒有完成治水的功績。

從以上三段經文的敍述中，我們不僅可以深切地了解堯有知人之明。而更重要的是他那大公無私的風範，以及不遮掩其「教子無方」的家醜。這都是常人所做不到的。由於堯能知其子的「嚚訟」之惡，故能不以一人病天下。驩兜、共工，爲四凶之二，互相推荐，堯深知其「靜言庸違，象恭滔天」，是以不用。而最後的用鯀，實因當時「未得能者故也」（註九）。因此，雖然明知其「方命圮族」，可是面對「湯湯洪流」，耳聞「下民嗟歎之聲」，又如何能不姑且一試，以寄望人民的痛苦，早日得以解除呢？後以事實證明，堯的觀察，是絲毫不爽的。這不就是堯有知人之明的確證？

二、推德讓國。

研究古史的人，都承認在堯、舜那個時代，還是氏族部落時代，而堯，就是那個時代的共主。由堯典經文開頭那一段的記載，再加上歷史演進的眞象，這是可使我們想像到堯不但有其人，而且也確實是一位明哲的聖君。就時代來說，共主的推舉與禪讓，也是時代的要求，這與後世的世襲制，當然不可同日而語，但也不如後人所說的那樣崇高而不可及。這一點時代的要求，我們是應該了解的。由於帝堯本身道德修養好，再加上時代的要求，所以當他年老的時候，就不能不預作繼承人的安排，或是讓位的打算了。所以經文說：

帝曰：咨！四岳，朕在位七十載，汝能庸命，巽朕位。岳曰：否德，忝帝位。曰：明明揚側陋。師錫曰：有鰥在下，曰虞舜。帝曰：俞，予聞，如何？岳曰：瞽子，父頑，母嚚，象傲，克諧，以孝烝烝，乂不格姦。帝曰：我其試哉！

根據堯的考察，以四岳能用命盡職，是理想的繼承人選，所以當他在位七十年的時候，就打算把帝位讓給他。然而四岳不僅是一位有德的人，同時也是一位有自知之明的人，所以他立刻回答說：「我無懿德，那將會沾辱帝位的。」（註一〇）四岳既不願接受，當然堯也無法勉强。於是說：「既然您四岳不願接受，那就請明舉現在官位的賢哲、或是無職在野而有美德的人吧！」於是衆官員就向帝堯推荐說：「在虞地方，有一位叫舜的人，可以擔當大任。」堯說：「是的，我曾有耳聞，然而此人的實情究竟如何？是否可以說得具體些？」四岳回答說：「他是盲人的兒子，父親做事，不循德義的常規，母親是一位口不道忠信之言的人，弟弟叫象，又傲慢不友善，可是舜處在這樣的家庭環境中，反而能使家庭和諧，用孝來感動家人。由於舜的修身自治，才使得象不至於成爲一個大姦惡的人。」堯聽後說：「既然如此，我就先試試他吧！」

在這段君臣對話中，使我們感念到的是：堯不僅能對在朝的大臣，察深了切，同時對於在野的人民，也能注意其修爲善行。雖然四岳把舜的作爲形像，描述得這樣具體詳悉，可是堯仍要對他作各方面的試驗，看他是否眞能擔當大任。這種敬愼不苟的作爲，是值得我們後人效法的。這並不是不信任，而讓國又是何等重大之事，萬一有所不當，則國脉民命，將遭無可彌補的災殃，又焉可不愼！因此必須「試可乃已」。現在我們就循着經文的記載，來看看堯對舜是如何的試驗。

第一，以二女嫁舜，以觀其「刑于寡妻」（註一一）。經文說：

女于時，觀厥刑于二女。釐降二女于嬀汭，嬪于虞。帝曰：欽哉！

王天與尚書纂傳卷一引朱子的話說：「女于時，觀厥刑于二女，皆堯言也。釐降二女于嬀汭，嬪于虞，乃史臣紀堯治裝、而下嫁二女于嬀汭，使爲舜婦于虞也。」這說法，可以去後人將「女于時」的「女」字視爲衍文之疑（註一二）。堯的所以這樣做，不外「以治家觀治國」（註一三），因爲「家難而天下易，家親而天下疏也。家人離，必起於婦人，故睽次家人（註一四），以二女同居而志不同也。堯所以釐降二女于嬀汭，舜可禪乎？吾玆試矣。是治天下觀於家，治家觀身而已矣。」（註一五）宋、時瀾增修書說卷一說：「堯之試舜於家庭之事而觀之，可以見身修而後家齊、家齊而後國治、國治而後天下平之理。雖然舜已居父母兄弟之難，堯又擧而置之天下至難之地，何則？仰事之工夫方純一而烝烝，加之以俯育，亦或足以分其力。頑嚚之父母，一毫不至，則怨隨之，天子之女，一毫不滿，則怨隨之。致頑嚚於其前，致貴驕於其後，左右前後皆陷阱也。盡力於父母，則妻子之間容有未盡；垂情於妻子，則父母之間，必有不滿，此人情之至難。舜能使二女行婦道相與以致其孝，而事父母之道益至，所居愈難，功用愈到，姦者可乂，貴者可降，堯觀之詳矣。」時氏所言，可謂盡情盡理，不需再加辭費。至此，我們對於經文的蘊義，也就可以洞悉無礙了。

第二，使布五教，而人民無違之者。經文說：

愼徽五典，五典克從。

史記五帝本紀說：「堯試舜五典百官，皆治。」鄭氏康成說：「五典，五教也。蓋試以司徒之職。」（註一六）五典，就是我們後人所說的五倫、五品、五常的意思。左氏文公十八年傳解爲：「父義、母慈、兄友、弟恭、子孝。」而孟子滕文公上篇則說：「父子有親，君臣有義，夫婦有別，長幼有序，朋友有信。」後人以孟子所說義爲完備，故多從之。這種舉措，可能是我國典籍中最早有關教育措施的記載，而且這種措施，是極其必要的。所以舜繼堯而天下之後，馬上就派契爲司徒，擔負起「敬敷五教」的工作。因之孟子亦大加發揮其義說：「飽食煖衣，逸居而無教，則近於禽獸，聖人有憂之，使契爲司徒，教以人倫。」（註一七）因此，後世談教育的人，無不推本於舜的敬敷五教。就現有資料所及，我們實亦可說，這是我國有教育措施的開始。

第三，使掌百揆，官務皆修。經文說：

納于百揆，百揆時敍。

百揆，史公作百官，這是說，使之徧歷百官之事，結果，莫不秩然有序。左氏文公十八年傳說：「使主后土，（地官）以揆百事，莫不時敍。」又說：「百揆時敍，無廢事也。」以及孟子所說：「使之主事而事治。」（註一八）都是指此而言。這種揆度百事的工作，不就是內政嗎？

第四，使掌儐導接待，諸侯皆敬。經文說：

賓于四門，四門穆穆。

賓、當讀如儐，作導字解。指迎導諸侯群臣而言。這是說，四方朝覲的諸侯，全由舜來負責導迎，結果使得各方諸侯，無不具有美德。左氏文公十八年傳說：「四門穆穆，無凶人也。」史記說：「諸侯遠方賓客皆敬。」這種儐迎的工作，以今言之，有似於外交。

第五，使處非常，以觀其行。經文說：

納于大麓，烈風當雨弗迷。

史記說：「堯使舜入山林川澤，暴風雷雨，舜行不迷。」宋、蔡沈書經集傳亦師此義說：「遇非常之變，而不失常。」這是說，舜處於大自然的惡劣環境中，雖經不尋常的烈風雷雨之變，而仍然鎮靜如恒，安然而處，且無所迷惘。於此，亦可證其足擔大任，是以太史公說：「堯以爲聖。」不過後世對此句經文，尚有異說，如劉逢祿尚書今古文集解說：「納于大麓，孟子所謂：『使之主祭而百神享之，是天受也。』(註一九)烈風雷雨弗迷，謂風雨時節，百穀順成也，乃神享之徵。」近人曾運乾尚書正讀也說：「此即禮所云：因吉土以饗帝于郊，而風雨節，寒暑時也。」(註二〇)我們如就古人的觀念推之，這種說法，亦甚合理。因自堯以女妻舜，至四門穆穆，所言皆爲人事，人事和洽，然後荐之於天，而天亦受之，此爲天與人歸之驗，故孟子說：「天子不能以天下與人。」(註二一)

以上爲堯對舜考驗的歷程，舜通過五種嚴格考驗後，堯始放心將國家大事交付掌理，是以經文說：

帝曰：格汝舜，詢事考言，乃言底可績，三載，汝陟帝位。舜讓于德，弗嗣。

經過三年的試驗，以之謀事而事成，以之所言可致功。堯的知舜，可謂審矣。所以帝堯說：舜啊！你是可以卽帝位了。然而舜却謙而不受，欲將帝位讓於有德的人。這一切的進行，又是多麼地自然與和順，其間沒有絲毫勉强的成份，完全就着事理的法則，而表露出情理的常態，是以宋人時瀾增修書說卷三說：「詢其事，考其言，誠可底績，至三載之久，方命以位者，蓋位非堯之位，乃天位也。堯雖知舜，節次經歷，皆不可少，時到理到以及於用，堯順之而已。舜歷試氣象，如春氣所至，隨其枝葉脉絡，自然生意發越也。」這見解非常正確。

至於經文所說的「汝陟帝位」之意，我們認爲只是讓舜執行天子之事，代行其職務，並不是使舜卽位爲天子，這只是堯決心讓位的話。因堯老而不堪執行繁重的事務，是以使舜先行攝政，最後使之「陟位」，並不是堯在而使舜陟位。我們所以作這樣的論斷，由以下經文「舜受終于文祖」，可以得到充分的證明。太史公在五帝本紀中，也支持我們的這種看法。必到經文所說「舜格于文祖」以下，才是記載舜的卽位。至於舜的「讓德、弗嗣」，由此正可看出舜有做大事不做大官的胸襟。國父中山先生的思想，不正是淵源於此？除此之外，更可以使我們體會得出、聖人「將任天地萬物之責」，其心「自有惕然如不勝之意」（註二二）的情懷。準此以論，而「讓德、弗嗣」，又是何等眞誠的自然舉措！

伍、舜的攝政

經過三年各方面的試驗，由於舜的舉措、言動，皆可「致績」，堯乃決心使舜攝行政事。是以經文說：

正月上日，舜受終于文祖。

這是說：堯於是就在正月上旬，選了一個好日子（註二三），在文祖廟中（註二四），舉行受終事予舜的大典，從此以後，國家大事，就由舜來全權處理了。太史公說：「帝堯老，命舜攝行天子之政，以觀天命。」簡朝亮尚書集注述疏也說：「蔡氏以舜爲攝位，謂堯終帝位之事，而舜受之，非也。孟子曰：『堯老而舜攝也。』又稱孔子曰：『天無二日，民無二王。』由是推之，苟攝位也，是二天子矣。堯崩三年喪畢，舜爲避堯之子，不即踐位，孟子稱之，攝位則奚避乎？雖避亦僞也。朱子曰：『舜之攝，蓋行其事也，不居其位。』」我們反覆於孟子萬章上篇所言，認爲太史公、簡氏的話，甚爲合理。以下就讓我們來看看舜攝位後的舉措吧！

一、觀天象、以定軌則。經文說：

在璿璣玉衡，以齊七政。

璣、一作機。齊、作定字解。這是說：舜首先用觀測天象的器具——璿璣玉衡，來觀察天象，來訂定日月星辰運行的法則。前文我們曾言，堯的大措施，就是觀象授時。而舜攝政，第一件事、亦如堯之所爲，於此可見古人對天文氣象的重視。既重天時，當有迫切需要。然而在何種情形下，始有此迫切需要？這是不難想像的。如漁、牧、農墾等，都需要這方面的知識，而尤以農業爲最。

二、類上帝、禋望群神。經文說：

肆類于上帝，禋于六宗，望于山川，徧于群神。

祭告的名稱，於上帝（天）稱類；於六宗——四時、寒暑、日、月、星、水旱名禋；於山川叫望。這種徧告天地山川群神的祭典，在古代，幾為必然。即使在後世專制帝王時代，亦不可免。其用心不外祈求衆神明護祐「國泰民安，風調雨順」，以及其本人的身體康强等。在古代，則著重於報答天地生育萬物之恩，其意義甚為深遠，不可全以迷信視之。

三、明政情、以覲岳牧。經文說：

輯五瑞，既月乃日，覲四岳群牧，班瑞于群后。

舜既攝政，為齊一政治的水準，使天下所有的人民，皆得蒙其恩澤，而最直截的辦法，當為先行接見四岳群牧，垂詢其政情，以了解民生的休戚，風俗的利病，以及政治上的得失。如認為四方的群牧、諸侯、皆能稱職，則將瑞信之物（即官印）頒還其君，使歸國治民。如有過失，則收其璧，待改過後，再行頒發。所謂「輯五瑞」，史記集解引馬融的話說：「揖，斂也。五瑞，公侯伯子男所執，以為瑞信也。堯將禪舜，使群牧斂之，使舜親往班之。」馬氏的話，除最後一語「使舜親往班之」有待商榷外，其他所說，都能與經義相符。至於「既月乃日」一語，史公作「擇吉月日」，意思是：選定適當的時間。如就全段經文來看，我們現在可以說成：舜攝政後，為了齊一政治水準，所以選定最適當的時間，接見四岳群牧，並將堯事先令群牧收集來的五瑞，再頒發給他們。

四、巡所守，以協制度。經文說：

歲二月，東巡守，至于岱宗，柴。望秩于山川，肆覲東后，協時、月、正日，同律度量衡。修五禮、五玉、三帛、二生、一死、贄。如五器、卒、乃復。五月、南巡守、至于南岳、如岱禮。八月西巡守、至于西岳，如初。十有一月，朔巡守，至于北岳，如初。歸。格于藝祖，用特。

前文所言，覲見四岳群牧，僅爲當面垂詢，以明政情。而今又巡守於天下，就無異於實地考察了。其主要任務，爲召見地方諸侯，協調、確定四時的月份及日數，統一法制、尺寸、升斗、斤兩的標準，並修明五禮的儀節，規定五玉的大小尺寸、三帛的顏色、以及二生（羔、雁）、一死（雉）的見面禮，使得行禮的五器，各如其當。此等事情完畢之後，就馬上派人將辦理的經過情形，向堯報告（回復）。直到徧巡四方，才回到京師，到藝祖廟祭告，至此，巡守始告結束。

五、定巡守朝覲之制，以察吏治民。經文說：

五載一巡守，群后四朝，敷奏以言，明試以功，車服以庸。

前文我們說明了舜的巡行天下，其意在作實地的考察，以作垂詢的驗證。這種舉措，可能使舜不僅大有所感，亦更大有所得，所以才有天子五年一巡守四方諸侯、並於其間四年，分別來朝京師的制訂。所謂「敷奏以言」，就是述職。而「明試以功」，就是考績。「車服以庸」，就是酬功。所言與行事相符，而又著有功績，那就當然要賞以「車服」了。這是行政上的不二法門，捨此，又將何以激勸？

六、復行經略，俾便治理。經文說：

肇十有二州，封十有二山，濬川。

相傳、古本有九州的說法，其名爲：冀、兗、青、徐、荆、揚、豫、梁、雍，禹貢因其舊。舜以冀、青二州土地遼濶，所以始分冀東爲幷州，東北爲幽州。分青州東北爲營州。孫星衍尚書今古文注疏引鄭氏康成的話說：「新置三州，幷舊爲十二州，更爲之定界。」並且於每州中，擇取大山作爲祭祀的主山，這就是經文所說封的含義了。據周禮職方氏所說，九州皆有山鎭，「揚州會稽、荆州衡山，豫州華山，青州沂山，兗州岱山，雍州嶽山，幽州醫巫閭，冀州霍山，幷州恒山。」凡九，其餘的山鎭，就無文可考了。所謂濬川，乃指深通十二州的河川，興修水利以養民的意思。舜攝政所以能着眼於此，這與他的巡守天下，不無直接關係。

七、愼刑罰，以懲不悛。經文說：

象以典刑，流宥五刑，鞭作官刑，扑作敎刑，金作贖刑，眚災肆赦，怙終賊刑。欽哉！欽哉！惟刑之恤哉！

刑罰之設，爲聖人所不得已。寧可不用，然不能不設而預爲之防，否則將何以懲元凶而勸向善？是以時瀾增修書說卷二說：「舜有肉刑之制，乃所以深愛天下後世也。」這話說的確實有見解。經文之義是說：舜攝政當國，爲使人民免於誤觸法網，所以示民以常刑，使知所警惕。至於對那些犯了墨、劓、剕、宮、大辟五刑的人，則以流放的方法，來從寬處理。另外在官府中，則有鞭刑，在學官則有榎楚之刑，以懲罰那些不率教而犯禮的人。然而這些懲罰，是可以出錢贖罪的。至於無心的過失，則可以赦免其罪，對於怙惡不知悔改的人，就加重處罰。在執行的時候，不管對那一種刑責，都要特別小心愼謹，公正無私，使刑期無刑。事實上，當舜之時，肉刑不曾使用，以下經文所述，可以支持我們的這種見解。

八、流四凶，天下咸服。經文說：

流共工于幽州，放驩兜于崇山，竄三苗于三危，殛鯀于羽山，四罪而天下咸服。

在孟子梁惠王下篇，有這樣一段記載：「左右皆曰可殺，勿聽；諸大夫皆曰可殺，勿聽；國人皆曰可殺，然後察之，見可殺焉，然後殺之。故曰國人殺之也。」一個人作惡，一旦到了爲法理所難容、爲國人所痛惡，在這種時候，仍不能作斷然大快人心的處理，這就執法者來說，不是包庇就是不明察；對國家元首來說，不是昏瞶無識，就是懦弱無能。這當然會造成大衆的群起效尤，一旦大勢形成，欲國之不亡，豈又可得？舜的此種舉措，可使我們想見他確實是一位有作爲的人，不僅有胆有識，而且有勇氣有擔當。何以知之？因爲四惡之三的共工、驩兜和鯀，堯嘗用之爲臣，雖然帝堯已知他們有時「靖言庸違」，「醜類惡物」，「方命圮族」，但亦未嘗無勞，是以終能「寬而容之」。而對三苗的不馴，總希望能自動悔改，故亦未加之罰。今舜流放四凶，足見其有死罪之實，已經到了不可寬恕的地步，故舜流放四凶，而天下咸服。這不又可證明舜的愼刑嗎？

簡朝亮尚書集注述疏說：「以上九節言之（案：自正月上日，舜受終于文祖。至四罪而天下咸服。），祭告之禮，朝見之章，巡守之制，曆象而觀天，山川而察地，賞功刑罪而治人，此萬世之文也。文者、敬明所發，其思無窮焉。皆放勳之德，格于上下，堯老舜攝而終其事也。」簡氏的話，無異給我們作了一個系統的歸納、整理，使我們得以對前述經文，能有明確的見解與更深一層的認識，我們非常感謝他。

其次在這裏尚需一提的，那就是鄭氏康成對經文「四罪、而天下咸服」所下的注腳。他說：「禹治水事畢，乃流四凶。舜不刑此四人者，以爲堯臣，不忍刑之。」（註二六）鄭氏所說「舜不忍刑堯臣」的話，是對的。如說禹治水事畢始流放四凶，這話恐怕就不對了。三國魏之王肅說：「若待禹治水功成，而後以鯀爲無功而殛之，是爲舜用人子之功，而流放其父，則爲禹之勤勞，適足使父致殛，舜失五典克從之義，禹陷三千莫大之罪，進退無據，亦甚迂哉！」（註二七）清、劉逢祿尚書今古文集解說：「舜流四凶，蓋在詢事考言、三載之中。左氏所謂四門穆穆，無凶人也。史臣類紀在攝位之末，所謂先德教而後刑罰，非順時事。洪範亦言：鯀則殛死，禹乃嗣興。鄭氏之誤，王肅駁之當矣。」劉氏的話，我們認爲除「攝位」一詞，應改爲「攝政」外，其餘所言，均能深具見解。

以上所述，皆舜在攝政期間重要的舉措且最具績效者，我們從這些舉措中，不僅可見舜的大才，同時更可見舜的大德。這看法可在經文中，得到證明。經文說：

二十有八載，帝乃殂落，百姓如喪考妣。三載，四海遏密八音。

舜攝行政事，二十有八年而堯崩，當時百姓之哀痛，如喪考妣，且「三年四方莫舉樂以思堯」。

由此可見百姓感戴堯恩德之深。二十八年，爲時亦不能算短，而百姓猶以堯爲念，足見舜所推行的，皆爲堯的政令，所有的舉措，皆爲堯的德意，無一言一行有違於堯。非有大德的人，誰又能做到這種地步？後漢書李固傳說：「昔堯殂之後，舜仰慕三年，坐則見堯於牆，食則見堯於羹，言不忘也。」如堯不能有德於舜，舜又何能如是不忘？這不正顯示出堯的偉大，而舜所推行的，全爲堯的德政嗎？所以堯崩，而天下的百姓，才能如喪考妣，而永遠不能忘其恩德啊！

陸、舜的即位

堯崩後，舜在「天與人歸」的情形下即天子位。有關這方面的記載，我們認爲以孟子所言最切。他一則說：「使之主祭而百神享之，是天受之。使之主事而事治，是民受之也。」再則說：「舜相堯二十有八載，非人之所能爲也，天也。堯崩，三年之喪畢，舜避堯之子於南河之南，天下諸侯，朝覲者、不之堯之子而之舜；訟獄者、不之堯之子而之舜；謳歌者、不謳歌堯之子而謳歌舜；故曰天也。夫然後之中國，踐天子位焉。而居堯之宮，逼堯之子，是篡也，非天與也。太誓曰：『天視自我民視，天聽自我民聽。』此之謂也。」（註二八）是以經文說：

月正元日，舜格于文祖。

舜於堯崩三年後，在正月擇一吉日即天子位，並到文祖廟祭告。舜於攝政之始祭告，此又祭告，足見其有決心承繼堯的意旨，以著其德於無窮。聖人之德，於其舉手投足之間，均足以示人以規範，這就要看我們用什麼樣的心情去體會了。現在、就讓我們來看看他卽位後的施政方針吧！

一、納賢人、廣視聽以決壅塞。經文說：

詢于四岳，闢四門，明四目，達四聰。

國父中山先生說：「政就是衆人的事，治就是管理，管理衆人的事，便是政治。」（註二九）帝舜卽位，治理人民，其所作爲，當然是政治。然而他採取什麼態度，以作爲他一切施政的張本？在民主時代，國家元首的一切措施，均需咨詢於國會，依憲法而作爲，在遠古的帝王時代，雖不必如此，然而我們看了帝舜的作爲，民主思想的意識，確然已蘊寓其中了。您看，他卽位之初，首先謀詢於總理諸侯之事的四岳，聽取他的高見。然後就廣開納賢之門，明通四方的耳目。能廣納賢人，卽可做到野無遺賢，能明通四方耳目，卽可做到民無隱痛，能野無遺賢、民無隱痛，那當然就可達到「四門穆穆、無凶人」的和樂景象了。劉向新序說：「天子不出襜幄而知天下者，以有賢左右也。故獨視不如與衆視之明也，獨聽不如與衆聽之聰也。」其所指雖有不同，所言治理，當無二致。民主政治的可貴，不就在此？

二、任命十二牧，使治理地方。經文說：

咨十有二牧，曰：食哉！惟時！柔遠能邇，惇德允元，而難任人，蠻夷率服。

咨，史公作命。前經文曾說「肇十有二州」，所以這裏說命十二州牧。牧爲一州的長官，負有安民養民的責任。國以民爲本，民不得養而安，而國治者無之。是以任命州牧治理地方，實爲政治的根本。然民以食爲天，故又特別告戒說：「食哉，惟時！」洪範八政，首言食，以其「所以養民也。」宋、蔡沈書經集傳也說：「王政以食爲首，農事以時爲先，足食之道，惟在不違農時。」不管時代如何進步，科技如何發達，對於食物的追求，其方法、手段，容或有異，而其於食物的充足不虞匱乏，以達養民的基本立場，則將永遠無法改變。其次則告以「柔遠能邇」的治人方法。王肅解釋說：「能安遠者，先能安近。」（註三〇）這不就是儒家「由近及遠、由親及疏、由卑而高」的切情盡理的做事方法嗎？再其次，則戒以「惇德允元、而難任人」的修己處人法則。這是說：要厚修一己之德，相信仁人，而遠離姦惡的人。能做到這一步，當然也就可以「安近」了。既能安近，推而大之，不就是「柔遠」？而蠻夷的順服，也是極其自然的事了。中國的王道精神，不就淵源於此嗎？

三、命禹爲百揆，總司百務。經文說：

舜曰：咨四岳，有能奮庸熙帝之載，使宅百揆，亮采惠疇。僉曰：伯禹作司空。帝曰：俞，咨禹。汝平水土，惟時懋哉。

百揆，就是後世所說的宰相，當然也可以說成百官的事務。堯曾以此官試舜。今舜既即天子位，是以詢於四岳，想物色一位能日起有功、且以惠愛爲懷、並能完成光大帝堯事業的人，使居其職。衆人皆一致推荐當時任司空的伯禹。帝舜聽了之後，不僅以爲衆舉得人，且借此機會嘉許伯禹過去平定洪水的大功，並以百揆的新職是勉。由於禹的奮力以爲，全力以赴，不僅未辜負舜的期望，並能繼舜而有天下，使聖聖相傳的道統，得以發揚光大。

四、命棄主稷官，以播種百穀。經文說：

帝曰：棄，黎民阻飢，汝作后稷，播時百穀。

棄，后稷名，是周朝的先祖。自幼卽喜好耕種，農民皆以爲法則。因而堯舉以爲農師，使教人民稼穡。舜卽位、命棄主稷官，固爲舊職重加申命，但也未嘗不可說是任用專家。這對後世任用官員來說：是否能有一點啟示作用？愚以爲讀經書的人，心思應該分一部分在這上面，使經書的實用性，更加顯著。

五、命契爲司徒，敬敷五教。經文說：

帝曰：契，百姓不親，五品不遜，汝作司徒，敬敷五教，在寬。

契，史記以爲高辛氏之子，殷朝的先祖。本爲帝堯的司徒，掌理教化，是舜卽位命契爲司徒，乃爲舊職重加申命。孟子說：「舜使契爲司徒，教以人倫，父子有親，君臣有義，夫婦有別，長幼有序，朋友有信。」這就是敬敷五教的內容。又敍堯的治民說：「勞之、來之、匡之、直之、輔之、翼之，使自得之，又從而振德之。」（註三〇）這無異說，施行五倫的教化，應抱有此種態度、方法和精神，使人在不知不覺中，而能潛移默化，這也就是布教在寬的意義了。

六、命皐陶爲刑官，惟明克允。經文說：

帝曰：皐陶，蠻夷猾夏，寇賊姦宄，汝作士，五刑有服，五服三就；五流有宅，五宅三居，惟明克允。

審斷刑獄，惟在明允。能明方可畢知情僞，不明則不足以盡人心。克允方能輕重適當，不允則不足以當人罪。是舜命皐陶，以「惟明克允」爲戒。程子說：「聖人爲治，修刑罰以齊衆，明教化以善俗，刑罰立，則教化行矣。教化行，而刑措矣。雖曰尚德而不尙刑，顧豈偏廢哉！」（註三二）此話最爲明通。孫星衍尚書今古文注疏引鄭氏康成的話說：「猾夏，侵亂中國也。强取爲寇，殺人爲賊。由內爲姦，起外爲宄。」至於「五刑有服」的解釋，服，是用的意思，這是說：五刑要用得其時，用得適中，公平、盡情、勿枉勿縱，各有用刑的時機。而「三就」，是指野、朝、市而說。國語魯語臧文仲說：「大刑用甲兵，其次用斧鉞；中刑用刀鋸，其次用笮鑽；薄刑用鞭扑，以威民也。故大刑陳之原野，小者致之市朝。」賈逵注說：「用甲兵者，諸侯逆命征討之刑。大夫以上於朝，士以下於市。」（註三三）五流，是以流放、寬宥五刑的措施。宅，作居講。三居，馬融說：「大罪投四裔，次九州之外，次中國之外。」這是說：五流各有其居，而五流之居，只有三處。

簡朝亮尚書集注述疏說：「蠻夷猾夏，外患也；寇賊姦宄，內患也；二者內外通患也。去患有道，不修其治術，不可以去患。將何修而可乎？舜咨十有二牧，自近而遠，國無任人，以德之術也。舜命皐陶，自內而外，明刑知兵，以刑之術也。德刑不怠，治術之神。於是乎舜之天下無患矣。雖及百世，有天下者，宜何修焉！」這話值得我們三思。

七、命垂掌百工技藝，以利民用。經文說：

帝曰：疇若予工？僉曰：垂哉。帝曰：俞，咨垂，汝共工。垂拜稽首，讓于殳、斨、暨伯與。

帝曰：俞，往哉，汝諧。

蔡沈書經集傳說：「若、順其理而治之也。曲禮六工有：土工、金工、石工、木工、獸工、草工。周禮有：攻木之工，攻金之工，攻皮之工，設色之工，搏埴之工，皆是也。」在舜時，雖不致有此名稱，然此處所指的「工」，當與曲禮、周禮所載，不會相去太遠，最低限度，應是同一性質，這是我們可以確定的。因此我們認爲蔡氏的見解是對的。經文中的「共工」，就是掌理各種工技的長官。而殳、斨、伯與，爲三人名，與垂爲同事，或爲垂之佐。垂雖欲讓，而舜却以其爲能最得人緣，故終命之爲共工，並促其前往合和衆職以治事。

八、命益掌山澤，以蓄民財。經文說：

帝曰：疇若予上下草木鳥獸。僉曰：益哉。帝曰：俞，咨益，汝作朕虞。益拜稽首，讓于朱、虎、熊、羆。帝曰：俞，往哉，汝諧。

這是舜卽位後，設專官（虞）以掌山林川澤的措施，使草木、鳥獸、蟲魚各得其孳長，然後以時取之，「所以順物性也」。孟子梁惠王上篇所說：「數罟不入洿池，魚鼈不可勝食也；斧斤以時入山林，材木不可勝用也。」當爲此經義的引申。至於經文中所言朱、虎、熊、羆，爲四臣名，史公以爲益之佐。以此推之，前文所載，殳、斨、伯與三人，當爲垂之佐。

九、命伯夷典三禮，以範民行。經文說：

帝曰：咨四岳，有能典朕三禮？僉曰：伯夷。帝曰：俞，咨伯，汝作秩宗，夙夜惟寅，直哉惟清。伯拜稽首，讓于夔、龍。帝曰：俞，往欽哉！

伯夷，爲堯時老臣，此時年最尊。舜謀於四岳以之掌三禮，足見既重禮又重其人。所以當舜命他作「秩宗」的時候，却特別提出「不論日夜早晚，都要格外敬謹，而且尤其要正直明心靜潔爲懷」相告勉。這也可能是「秩宗」的基本責任，起碼要做到的，所以舜才有這樣的提示。以禮本主敬，不敬何以成禮？故舜以「寅、欽」相示。舜的卽位命官，至此始言及禮，這是因爲人物既得以治，而禮不可或缺啊！禮記樂記所說：「治定制禮」，就是此意。而漢高祖的命叔孫通定朝儀，應該是我們大家所熟知的了，僅此一事，亦可見禮是如何的重要。經文所說的「三禮」，馬融以爲是「天神、地祇、人鬼之禮」。蔡沈從其說。鄭氏康成以爲是「天事、地事、人事之禮。」（註三四）就範圍來說，我們認爲鄭氏所言較廣，也較切於實用。

十、命夔典樂，以和民志。經文說：

帝曰：夔，命汝典樂，教胄子。直而溫，寬而栗，剛而無虐，簡而無傲。詩言志，歌永言，聲依永，律和聲；八音克諧，無相奪倫，神人以和。

樂以發和，最能陶養人的情志，因此舜命夔典樂，其所期盼的結果，就是最先要使那些自天子到卿大夫士的適子，在樂教的陶養下，能達到「正直而色溫和，寬大而敬謹，剛毅而不虐害，簡約而不傲慢」的目標。因爲凡人之性，直、就不及於溫，寬、則難及於栗，過於剛則虐，過於簡則傲。周官大司樂、所以主用樂來教國子，必曰中和者，就是爲了要除去其太過與不及啊！至於樂所要達到的條件，就是要把表達情志的歌詞（詩），用長、短、高、低、清、濁不同的聲調，配合律呂唱出來，務使「匏、土、革、木、石、金、絲、竹八音，不失其倫」，最後達到「神人以和」的境界。舜卽位命官，至此始言及樂的原因，如以敎化來說，就是論語所謂「成於樂」的意思。如以政事來說，那就有如樂記所載「功成作樂」的意味了。

十一、命龍作納言，以出納王命。經文說：

帝曰：龍，朕堲讒說殄行，震驚朕師。命汝作納言，夙夜出納朕命，惟允。

凡人正人君子，沒有不憎恨、畏忌讒言、絕君子之行的人。而明君在位，尤當如此。因其所言，奸邪不經，變白爲黑、以是爲非、使人眞假莫辨、以驚駭衆聽啊！納言、官名。詩、大雅烝民所說：「出納王命，王之喉舌。」卽指此官而言。然而何以要置納言？蔡沈書經集傳說：「命令政敎，必使審之，既允而後出，則讒說不得行，而矯僞無所託矣。敷奏復逆（案：復是報白之義，逆謂上書），必使審之，既允而後入，則邪僻無自進，而功緒有所稽矣。周之內史，漢之尙書，魏、晉以來，所謂中書門下者，皆此職也。」欽定書經傳說彙纂引傳元初的話說：「帝舜之時，明目達聰，絕去壅蔽，而慮及讒說殄行者何？蓋讒說之人，反是爲非，倒白爲黑，或假綸綍之傳宣，或托敷奏而進說。方善君子，相與匡扶國是，翊贊皇猷，而讒說一出，大則移易主意，次則阻撓事機，人心動搖惶惑，所關匪細，謹喉舌，正所以防壅蔽、養聰明。」二氏一言納言之利，一明讒說之害，眞可說是互爲表裏，相得而益彰，使我們不僅了悟到「納言」的重要，同時更可於此體會出舜之所以致聖功的所由了。

命官完畢以後，緊接着就以敬其職、相天事是勉。經文說：

帝曰：咨，汝二十有二人，欽哉！惟時亮天功。

經文所說「二十有二人」，乃指四岳、九官、十二牧而言。史記集解引馬融的話說：「稷、契、皐陶，皆居官久，有成功，但述而美之，無所復勅。禹及垂以下皆初命，凡六人，與上十二牧、四岳，凡二十二人。」蔡沈亦主是說。凡此，皆爲「月正元日，格于文祖」所任命，所以最後才有這樣總命的話。於此，更可見舜的命官，雖能明決速斷，然實有賴於平日的預作精審詳察所致啊！

十二、明黜陟，以興庶績。經文說：

三載考績，三考，黜陟幽明，庶績咸熙。分北三苗。

所謂考績，就是考察各級官員的政績。黜，是貶、降的意思。陟，作升、進解。幽，指昏暗的官員。明，指明達的官吏。考績法明確公允，人人各自勉勵，所以衆功皆能興起，政治的良窳，端在於斯。伏生尚書大傳說：「三歲而小考者，正職而行事也。九歲而大考者，紬無職而賞有功也。積不善至於幽，六極類降，故黜之。積善至於明，五福以類相升，故陟之。」三載九歲，以時而論，不能說不久，依此而行「黜、陟」，當能了無憾事，在這裏，也就可以看出舜的氣量了。

至於經文在「庶績咸熙」之後，又綴上「分北三苗」一語，確實有畫龍點睛之妙。這分明在說，天下已經承平、「庶績咸熙」了，此時惟有三苗不服教化，背理作亂，是以舜、也只有對於那些不率教的苗民，分別予以流放了。所以欽定書經傳說引呂祖謙的話說：「史官載分北三苗，見萬國皆順軌也。」從這簡略的記載中，可使我們作：我國第一次的大一統之功，應該歸之於舜的推想。可惜典籍缺如，以致使我們無法稽考，這實在不能不說是一件憾事。最後，我們還想一提的，那就是關於舜的命官，在次序上，是否有義可說？關於這一點，宋代的王炎，已為我們作了詳盡的解答，他說：「百揆，百官之首，故先命禹。養民、治之先務，故次命稷。富、然後教，故次命契。刑以弼教，故次命皐陶。工立成器，以為天下利，人治之末，故次命垂。如此治人者略備矣，然後及草木、鳥獸，故次命益。民物如此，則隆禮、樂之時也，故次命夷、夔。禮先樂後，故先夷後夔。樂作則治功成矣，群賢雖盛，治功雖成，苟讒間得行，則賢者不安，前功遂廢；故命龍於末，所以防讒間、衞群賢、以成其終。（註三五）」王氏所說，皆能入理，附此權供參考。

柒、結語

以上是我們就着堯典經文，所作的一廂情願的分析，並提出了我們的看法與見解。現在仍欲就着全文，作一歸納性的說明，希望借此說明，帶給讀者一些明晰的印象。

一、在文字方面。

1.厚重有力，質中有文：這種情形，篇中所言，可說無不皆然。如舜攝政之初，觀象祭告說：「

在璿璣玉衡，以齊七政。肆類于上帝，禋于六宗，望于山川，徧于群神。」所表示的意念，是多麼地肯定有力？就文句結構說，一共六句，表現了兩個完整的意念：一爲觀天象，一爲祭群神。每個意念，除第一句的第一個字外，其餘各句均爲四字，而且齊頭並列，讀起來，氣勢格外雄渾。

其次如對有關刑罰的規定則說：「象以典刑，流宥五刑，鞭作官刑，扑作教刑，金作贖刑。眚災肆赦，怙終賊刑。欽哉！欽哉！惟刑之恤哉！」這幾句經文，又是多麼地簡要明確？第一句說明常刑的公布，要大家遵守。第二句是說明如犯了五刑之罪，可以流放的方式來作寬宥的處罰。第三句是規定官府的刑罰。第四句是規定學官的刑罰。第五句是對於無心過失赦免的規定。第六句是對怙惡不悛人的刑罰。最後，則以再三欽敬謹愼、千萬不可大意，致使受刑人寃枉相勉。就用字說，確實已經簡到不能再簡，可是於意念的表達說，又是這樣地完整無缺、層次井然、語氣肯定而渾厚。就句型說，又是這樣的整齊有序。我們有什麼理由否定它不是好文章？

2.繁簡有度，運用精熟：如舜攝政後，覲見四岳群牧、頒發瑞信、巡守四方一段的描述，就使我們有這種感覺。經文首先說明巡守東方的歷程，那是多麼地有順序？所做的事情，又相當多。使我們感覺到、有這麼多地事項要統一、要規定，要協同，不巡守那怎麼可以呢？可是到南巡守、西巡守、北巡守的時候，僅說如岱禮、如初、如西禮。這又是如何的簡達？這不正表示了文字運用的精熟？

3.排句韻語，相對成趣：如描述流放四凶則說：「流共工于幽州，放驩兜于崇山，竄三苗于三危，殛鯀于羽山。」就句式說，爲齊頭並列的排句，就詞性說，是動詞相對，名詞相對，而且四句一律，又是多麼地工整？如描繪舜制度五年一巡守說：「敷奏以言，明試以功，車服以庸。」描述命夔典樂說：「詩言志，歌永言，聲依永，律和聲。」這不是韻語嗎？像這些文句的運用，又帶給後世如何的影響？

4.掌握重點，情景橫生：如寫仲春的景象說：「厥民析，鳥獸孳尾。」寫仲夏的景象說：「厥民因，鳥獸希革。」寫秋天則說：「厥民夷，鳥獸毛毨。」寫冬天則說：「厥民隩，鳥獸氄毛。」在我國黃河流域，當仲春之時，天氣溫和，萬物發舒，人民都散布在田野間工作，鳥獸也在此時交尾孳生。還有什麼寫法比這更眞切、更令人有實感？當仲夏之時，南風陣陣，濃蔭處處，人民解衣而耕，鳥獸、毛稀薄得可以看到皮膚。當仲秋之時，金風送爽，桂子飄香，人民於秋收之後，格外顯得悅易，鳥獸這時也生出了新毛，特別俊俏。當仲冬之時，寒風刺骨，雪地冰天，人民都躲進屋內圍爐取煖，鳥獸也都生出了厚厚的柔細氄毛。這種描述，雖然單調，可是凡是生長在黃河流域、或是有過這個地區生活經驗的人，當看到這種簡單文句的勾畫時，是否也可以馬上帶給您一個鮮明的景象？我想，答案應該是肯定的吧！

5.布局謀篇，層次儼然：我們如就全篇文字來看，由帝堯形像的刻畫、作爲、求賢，到舜的攝政、即位、命官，直到「陟方乃死」，其間情節的發展，又是多麼地自然有層次？行文雖然簡古，而在敍述上來說，却是秩然有序。我們只要稍加分析，所謂上下文不相銜接的感覺，馬上就可以消除。

二、在述堯方面。

經文中、顯現了堯的自然偉大。過去讀論語，對於孔子讚美堯的言論（註三六），總覺得有些空泛，掌握不住實際的具體內容。而今讀了堯典，再來回味孔子的話，不僅具體，而且覺得孔老夫子的言論，堯足以當之而無愧。現在就歸納數端，略述如次：

1.法天：所謂天，說穿了就是自然。而天理就是宇宙運轉而生生不息之理。堯、他自然聖明，一切皆循天理而為。經文一開始，就用「欽、明、文、思、安安」來形容他的自然偉大。緊接着再以「允恭克讓、光被四表、格于上下」，來說明他法天的實際行為和成效。這種描述，不就是孔子所說的「唯唯天為大，唯堯則之」嗎？

2.明德：德的解釋不一，比較之下，我們以為說文「內得於己、外得於人」的說法，最能含蘊其義。所謂「內得於己」，那必定是自己的行為與自性相得。所謂「外得於人」，那必定是自己的行為與人相得。不論是自得或是與人相得，必不可少的要件，就是修身。因此明德的正解，捨修身將失去其眞實的意義。孔子說：「有德者必有言，有言者不必有德。」這不正是針對着修身而所發的言論？除此之外，我們對德字含義，還要有一層認識，那就是在堯、舜時代所謂之德，包括才能在內，不似後世的才、德各屬，我們讀了堯典之後，再回味一下堯、舜的作為，無德固然不足以親民愛民，可是如無才，又如何知人任使？所以經文說：「克明俊德，以親九族，九族既睦，平章百姓，百姓昭明，協和萬邦，黎民於變是雍。」這不正是修、齊、治、平的歷程？孔子所言「煥乎其有文章」，「蕩蕩乎民無能名焉」，應該是指此而說的吧！

3.觀象：觀測天象以授民時，這對堯來說，是創舉，也是一件曠古未有的大事。由觀象而製曆、而授時，其間必然需要一段長時間的觀察和經驗積累。由於「朞、三百有六旬有六日，以閏月定四時成歲」的確定，所以才能夠「允釐百工，庶績咸熙」，這種成就與貢獻，又是如何值得我們後人效法與敬仰？孔子以「蕩蕩乎，民無能名焉」稱之，當不為過。再者，這種觀象授時的作為，又何嘗不是法天？人生天地之間，仰觀俯察而悟其理，是以名之為春、為夏、為秋、為冬。天本無名而人名之，天本無言而人言之。是以孔子說：「天何言哉！四時行焉，百物生焉！」（註三七）這不就是對天地運轉道理的體悟？

4.讓國：讓國必先知人，知人乃由於觀察，任使乃觀察的最佳途徑。據經文所載，堯對其子的評論是：「嚚訟」。對共工的評論是：「靜言庸違」。對鯀的評論是：「方命圮族」。最後舉舜以試之，結果為：「汝舜！詢事考言，乃言可底績」，「汝陟帝位」。是以先使舜攝政，而終讓國。這種風範，將永為後世法。

5.欽敬：我們常說：「善始者實繁，而克終者蓋寡」這句話。詩經大雅、蕩篇也說：「靡不有初，鮮克有終。」這說明有始有終的不易做到。堯的所以為堯，正是因為他能既慎始又敬終。我們推本於堯的所以能有如此的成就，端在於欽敬而已。經文一開始就說他「欽、明、文、思、安安」，之後的「允恭克讓」，「欽若昊天」，「敬授民時」，「寅賓出日」，「敬致」，「欽哉」，……這不可以看出他的以欽敬始和以欽敬終嗎？

三、在述舜方面。

孟子滕文公上篇說：「君哉！舜也。」這是說，舜、他是一位最能盡君道的國君啊！現在讓我們就着經文的記載，來看看他如何盡君道。

1.盡孝：孝爲一切的根本，人如不孝，所有作爲，皆無意義。爲君、爲天子，尤其要以孝爲兢兢，如是方能教化群倫而恩加四海。因此我們將孝列爲做國君、天子的基本要件，是有其深遠意義的。經文記載舜的盡孝說：「瞽子、父頑、母嚚、象傲，克諧、以孝烝烝，乂不格姦。」舜、處在這樣的一個家庭環境中，他不但不頹喪、不氣餒、不懊惱、不抱怨，……反而以無比的毅力與決心，以奮進不已的信心與孝心，始終如一的孝敬父母、友愛其弟，最後，頑父，嚚母，傲弟，均爲其所感，而使得家庭和諧融洽。這豈是常人所能做到的？具備這種孝心的人，還不足以「推恩保四海」嗎？

2.攝政：孟子說：「舜相堯，二十有八載。」當指此而言。在這一段時日中，舜所表現的政績，據經文所載，有：

第一，齊七政，修訂曆法。

第二，祭享天地神祇，爲民祈福。

第三，頒瑞信，以統一事權。

第四，巡守四方，協同制度。

第五，釐定巡守、朝覲制度，適時作深入考察，由述職以明政情，由考績以酬庸車服。

第六，重畫兆域，以便治理，修水利以養民。

第七，公布刑典，使人民有所遵循，俾達刑期無刑之目的。

第八，懲姦惡，以警不軌，流四凶，天下咸服。

3.即位：舜在「天與人歸」的情形下即天子位，之後，在這方面所表現的政績，尤可爲後世有國有家者的典範，後人每以垂拱而治譽之，絕非溢美。

第一，謀於四岳，廣視聽，使野無遺賢，政無壅蔽。

第二，重視地方，以「食哉、惟時」爲先，而以「蠻夷率服」爲終極目標。

第三，任禹爲百揆，以總理全國政事，足見其睿智明察，知人善任。

第四，任棄掌農政，以教民稼穡，使民足食。

第五，命契爲司徒，教人倫以厚風俗，使人民相親相睦，化暴戾於無形。

第六，使皐陶掌刑政，以明察克允是勉。

第七，使垂掌工技，以利民用。

第八，任益掌虞政，以足民財。

第九，命伯夷典三禮，以樹規範。

第十，命夔掌樂政，教以中和，以陶養心志。

第十一，使龍作納言，以絕「讒說殄行」，使政風永遠保持清明。

第十二，建考績之法，以辨君子小人。借收「舉直錯諸枉，能使枉者直」的效果。

由以上分析看來，舜的所以能垂拱而治，全在於他的任用得人。而任用得人，如非明察大智的人，又何能「因材器使」？孔子說：「舜有臣五人，而天下治。」（註三八）又說：「無爲而治者，其舜也與？夫何爲哉，恭己正南面而已矣。」（註三九）這不正可見舜所任命的大臣，皆爲聖賢？否則，他又何能終身「恭己而無爲」呢？

【附註】

註一：今傳十三經注疏本（即東晉梅賾所獻本），將堯典自「愼徽五典」以下，析爲舜典。可是孟子萬章上篇云：「堯典曰：二十有八載，放勳乃殂落……四海遏密八音。」考此數語，載於注疏本舜典中，是知注疏本舜典，本爲堯典。西晉武帝初年，尚未離析爲二，詳請參焦循孟子正義。至於堯典經文在尚書中較爲平易，宋、朱子即已疑之。近人屈萬里先生，於其所著尚書釋義中，復舉十條，以證明今本堯典，著成於孔子之後，孟子之前。今人徐復觀先生，却認爲尚書中的堯典、臯陶謨、禹貢，於「開始並無原始文獻，而只有許多口頭傳說；這些傳說，到了文化發展到更高的階段時，即由史宮加以整理、編纂，把口傳的材料，寫成文化的材料。」並舉出「屈先生認爲『堯典顯然地受了儒家思想的影響』，所以堯典是戰國時代的作品」，加以辨駁。吾人如以歷史演進法則觀之，當以徐先生所言爲是。徐說見其所著中國人性論史附錄三，頁五八九—五九二。因此，我們認爲：堯典所載，爲堯時事。

註二：見董作賓先生著「堯典天文曆法新證」。民國四十五年九月十九日寫訖於香港大學東方文化研究所。發表於清華學報新一卷二期頁一七—三八。

註三：見高平子先生著「學曆叢論」中國授時制度略論節，頁一五七。

註四：見高平子先生著「學曆叢論」曆法約說上篇。頁一八七。

註 五：見孫星衍尚書今古文注疏引、注。

註 六：孔穎達尚書正義引。

註 七：見近人丁山先生著「羲和四宅說」。

註 八：見近人高重源先生著「中國古史上禹治洪水的辯證」一文。

註 九：簡朝亮語。見尚書集注述疏。

註一〇：關四岳之釋，有不同之二解：一爲四岳乃指四方諸侯而言，指多數。一爲方岳之長，即方岳諸侯共推舉之人，指一人而言。以此段經文記載觀之，應爲一人。

註一一：見詩、大雅、思齊篇。

註一二：見楊筠如尚書覈詁。屈萬里先生從之。

註一三：見僞孔傳。即今傳十三經注疏本。

註一四：睽、家人，均爲易經卦名。睽象云：「二女同居，其志不同行。」家人彖云：「家人、女正位乎內，男正位乎外，男女正，天地之大義也。」

註一五：見陳櫟著書集傳纂疏卷一引周子曰。

註一六：見孫星衍尚書今古文注疏引。

註一七：見孟子滕文公上篇。

註一八：見孟子萬章上篇。

註一九：同註一八。

註二〇：見禮記卷二十四禮器。頁四七〇。

註二一：見孟子萬章上篇。

註二二：見時瀾增修書說卷二。

註二三：正月上日，乃正月上旬之吉日也。見王引之經義述聞。

註二四：文祖：史記：文祖者，堯太祖也。後儒多從之。唐、陸德明經典釋文：馬云：文祖、天也。天爲文，萬物之祖，故曰文祖。

註二五：孟子萬章上篇：「堯崩三年之喪畢，舜避堯之子於南河之南，天下諸侯朝覲者，不之堯之子而之舜，謳歌者，不謳歌堯之子而謳歌舜，故曰天與也。夫然後之中國踐天子位焉。而居堯之宮，逼堯之子，是篡也，非天與也。

註二六：見孫星衍尚書今古文注疏引。

註二七：見孔穎達尚書正義。今有馬國翰玉函山房輯遺書輯本。

註二八：並見孟子萬章上篇。

註二九：見民權主義第一講。

註三〇：王肅說，見孔穎達尚書正義引。

註三一：見孟子滕文公上篇。

註三二：見欽定書經傳說彙纂卷二引。

註三三：同註三二。

註三四：馬、鄭於三禮之釋，俱見孫星衍尚書今古文注疏引。

註三五：見欽定書經傳說彙纂卷二引。

註三六：論語泰伯篇：子曰：大哉堯之爲君也！巍巍乎！唯天爲大，唯堯則之；蕩蕩乎！民無能名焉；巍巍乎！其有成功也，煥乎其有文章。

註三七：見論語陽貨篇。

註三八：見論語泰伯篇。

註三九：見論語衛靈公篇。

（原載於孔孟學報第四十三期。民、71、4）

附錄一　堯典「象以典刑」辨

李振興

一、前提的確定

堯典的成書年代，近人屈萬里先生以爲：「當在孔子歿後，孟子之前。蓋戰國初年，儒家者流，據傳說而筆之於書者也。」（見尚書釋義）現在我們所要確定的是：傳說之言，是否可靠？是不是可以代表所傳說的那個時代？假如這個問題不能澄清，那末堯典的記載，還有什麼歷史價值？

研究古史的人，都承認在堯、舜那個時代，還是氏族部落時代。既然如此，那末部落的林立，勢必要互相爭奪，以決雌雄。而結果呢，那也一定是强者的土地日益擴張，其組織也會日加嚴密，其所需要的統治工具與方法，乃至教化、制度等，更會在不知不覺中，隨着需要而產生。而弱者呢？則土地日削，即使不被滅亡，也會變作强者的附庸。在這種情況下，而所謂的共主或君王，也就隨之出現了。因此，我們似乎應該確認，古籍中的傳說記載，目前雖未必皆有實據可尋，然而其事之究出有因，怎可全部視爲「空穴來風」，而一概抹煞？當然，無可否認的，在那些所謂的「共主」中，有的殘暴，有的聖明，在人心趨善避惡的情勢下，殘暴者，因衆叛親離而滅亡，而聖明者，不僅可得到各部落的擁戴，而且其事蹟，亦會不脛而走，永爲後世所歌誦。

孔子的慨歎「史之闕文」，「文獻不足」，這正可說明其言有據。在論語中，他對堯、舜的稱讚，可說已經到了無以覆加的地步。之後的儒家，亦無不如是稱說。這無異告訴我們後人，堯、舜不僅確有其人，而且也是當時聖哲的共主，永垂典範於後世的明王。所以他們當時的政教措施，無不以敬天愛民為其要義。其主要事功，也都建立在順天應人上面，也因此深獲群衆的歡欣與愛戴，同時也為後世打下了穩固的立國基礎。是以後世「雖有專制之君，暴虐之王，剛愎自用之大臣，間亦違反此信條，然大多數之人，誦習典謨，認其為立國唯一要義，反復引申，以制暴君污吏之毒焰。於是柄政者，賢、固益以自勉，不肖者、亦有所懲。即異族入主中國，亦不能不本斯義以臨民。故制度可變，方法可變，而此立國之基礎不可變。」（見柳詒徵編著中國文化史十一章）堯典說：「欽若昊天。」皐陶謨說：「在知人，在安民。知人則哲，能官人。安民則惠，黎民懷之。」又說：「天聰明，自我民聰明，天明畏，自我民明畏。」這種「天工人其代之」的立政施教觀點與做法，就是將「天」與「民」合而為一，順民心以達天意的行為。聖王既然法天而行，而天有四時，所謂春生夏長，秋收冬藏，循其序而萬物各遂其生，各得其所，而宋代歐陽修氏之賦秋聲，義其在斯乎？是以治民之政，又怎可無刑？刑以輔政，雖聖君明王，亦不能廢，此亦自然之法則。明乎此，堯典之有刑，又何足怪？又何損於堯、舜之為聖君、明王？前提既已確定，現在我們就可以進一步的討論本體了。

二、本體的探討

尚書家對此一問題的解釋，甚為紛歧，大致言之，有以下數說：

㈠、主張堯、舜無肉刑說：所謂無肉刑，僅畫衣冠，異章服，爲象刑；犯何等刑，即以何等衣物當之。主此說者，以戰國趙人愼到爲最早（筆者所見如此）。太平御覽卷六百四十五、刑法部十一、象刑節引愼子的話說：「有虞之誅，以幪巾當墨，以草纓當劓，以非屨當刖，以艾韠當宮，布衣無領當大辟，此有虞之誅也。斬人支體，鑿人肌膚，謂之刑，畫衣冠，異章服，謂之戮，上世用戮，而民不犯，當世用刑，而民不從。」

其次爲漢代的伏生，其在尚書大傳中一則說：「唐虞之象刑，上刑赭衣不純（案：純、緣也），中刑雜屨，下刑墨幪（案：幪、巾也）以居州里，而民恥之，而反于禮。」二則說：「唐虞之象刑，犯墨者蒙皁巾，犯劓者赭其衣，犯臏（臏、即剕刑，一作刖，說文作跀，云：斷足也）者，以墨幪其臏處而畫之，犯大辟者，布衣無領。」

以上愼到發其端，伏生衍其流，其說遂大。後世揚其波，以堯、舜無肉刑爲說者有：

1.宋代的胡士行。他說：「荀子云：『治古無肉刑而有象法。』世俗謂畫衣冠，易章服，而民不犯是也。」（尚書詳解）

2.清代的陳喬樅。其說同尚書大傳（今文尚書經說考）。

3.清代的孫星衍。他說：「象者畫象，典者、釋詁云：『常也。』漢書武帝紀元光元年詔曰：『昔在唐虞，畫象而民不犯。』周禮司圜疏引孝經緯云：『三皇無文，五常畫象。』」又引大傳、荀子以及漢書刑法志，來證明唐虞無肉刑。（尚書今古文注疏）

4.清代的簡朝亮。他說：「易曰：『象也者，象此者也。』」以下引大傳、愼到語作結，是亦主張無肉刑也。（尙書集注述疏）

5.近人楊筠如。他說：「象、刑名，皐陶謨：方施象刑可證。荀子：古無肉刑，而有象刑。墨子：畫衣冠而民不犯。」以下又引愼到、大傳的話，說明古無肉刑。（尙書覈詁）

㈡、主張堯、舜有肉刑說：所謂肉刑，乃指加於犯罪者肢體上的刑罰，如墨、劓、剕、宮、大辟之類。在漢代的經學家中，首推馬融。他說：「咎繇（即皐陶）制五常之刑，無犯之者，但有其象，無其人也。」（史記集解）推馬氏之意，乃言堯、舜以德化民，未曾用刑，然而未曾用刑，並不是無刑，因人民「無犯之者」，所以未用。這種情形，就像周代的「成、康」之世，「刑措四十餘年」是一樣的。

其次爲鄭康成。他以爲「象以典刑」，乃五種正刑。所以他說：「五刑，墨、劓、剕、宮、大辟，正刑五，加之流宥、鞭、扑、贖刑，此之謂九刑，其輕者或流放之，四罪之也。」（周禮司刑疏）其「輕者或流放之」，其重者，當以五刑刑之，則自不待言。之後，以此義說「象刑」者有以下諸儒：

1.東晉的梅賾。在其所上的僞古文尙書傳中說：「象、法也。法用常刑，用不越法。」

2.宋代的林之奇。他說：「此又言舜明愼用刑之道也。王氏云：『象者，垂以示人之謂，若周官垂法象魏是也。』此說比先儒爲長。蓋王者之法如江河，必使易避而難犯，故必垂以示之，使知避之，苟不垂以示之，使知所避，及陷於罪，然後從而刑之，是罔民也。」（林氏尙書解）

3.宋代的時瀾。他說：「象、非畫象之象，乃象示之象，蓋布象其法以示民，使曉然可見也。」（增修東萊書說）

4.宋代的蔡沈。他說：「象、如天之垂象以示人，而典者、常也。示人以常刑，所謂墨、劓、剕、宮、大辟，五刑之正也。」（書經集傳）

5.元代的陳櫟。其說與蔡沈同。（書集傳纂疏）

其後，像清代的王鳴盛（尚書後案），劉逢祿（尚書今古文集解），江聲（尚書集注音疏），朱駿聲（尚書古注便讀），以及民國以來的吳闓生（尚書大義），曾運乾（尚書正讀），屈萬里（尚書釋義）等，皆以爲當堯、舜之時，卽有五刑（肉刑）之設。

以上主張無肉刑的理由是：第一，上古之時，「苗民制五刑」以威虐，殺戮無辜。（見呂刑）堯舜爲賢聖之君，絕不會再用五刑以殘虐人民。如堯典歌頌堯之德說：「欽明文思安安，允恭克讓，光被四表，格于上下。」歌頌舜之德說：「愼徽五典，五典克從。」又能使「百揆時敍，四門穆穆。」具備這種大德的人，當然不會再用酷刑來殘民以逞了。第二，孔、孟以來，對堯、舜的稱讚，爲我們所熟知，論語、孟子中的言論，固不必再提，卽如單就孝經說所云：「孔子曰：三皇設言民不違，五帝畫象世順機」（江聲尚書集音疏引）以及伏生尚書大傳所說：「唐虞象刑而民不敢犯，苗民用刑而民興犯漸」的這些言論，也是可使「尚古」的人，信以爲眞了。第三，後世人君往往爲發一時的恤憫，引古說以制詔，亦可獲得當時的美譽。如漢書刑法志卽有這樣的記載：「蓋聞有虞氏之時，畫衣冠，異章服以爲戮，而民弗犯，何治之至也。今法有肉刑，而姦不止，其咎安在？非乃朕德之薄，而教之不明與？吾甚自愧。故夫訓道不純而愚民陷焉。詩曰：『愷弟君子，民之父母。』今人有過，教未施而刑已加焉，或欲改行爲善，而道亡繇至，朕甚憐之。」這是漢代的孝文帝，即位十三年，因齊太倉令淳于公有罪當刑，其幼女緹縈上書欲爲其父贖罪的結果。後人所以這樣提倡、渲染唐虞的無肉刑，一方面是基於悲憫之心，另一方面，也是想借古以勵今，其用心至爲良善。

關於無肉刑的說法，我們認爲荀子的話，却別具意味。他不但認爲古代無肉刑，就是「象刑」也是沒有的。所以他斥責在唐虞之世，畫衣冠、異章服說法的荒謬。他說：「世俗之爲說者曰：治古（古之治世）無肉刑，有象刑。……是不然。以爲治邪？則人固莫觸罪，非獨不用肉刑，亦不用象刑矣！以爲人或觸罪矣，而直輕其刑，然則是殺人者不死，傷人者不刑也。罪至重而刑至輕，庸人不知惡矣。亂莫大焉。凡刑人之本，禁暴惡惡，且徵（懲）其未也。殺人者不死，而傷人者不刑，是謂惠暴而寬賊也，非惡惡也，故象刑殆非生於治，並起於亂今也。」推荀子之意，既然唐虞之世，天下太平，又無犯法的人，幹麼一定非制「象以典刑」不可？連「象刑」都沒有，而肉刑也就無從說起了。所以漢書刑法志引如淳的話說：「古無象刑也，所以有象刑之言者，近起於今人，惡刑之重，故遂推言古之聖君，但以象刑，天下治。」這也就是借古勵今的意思。

而主張有肉刑的理由是：第一，白虎通說：「聖人治天下，必有刑罰何？所以助治、順天之度也。故懸爵賞者，示有所勸也，設刑罰者，明有所懼也。傳曰：三王肉刑。」（太平御覽卷六百四十五刑法部十一引）第二，蔡沈說：「象，如天之垂象以示人，而典者，常也，示人以常刑，所謂墨、劓、剕、宮、大辟，五刑之正也。所以待夫元惡大憝、殺傷人、穿窬淫放，凡罪之不可宥者也。」（書經集傳）第三，董鼎說：「象以典刑，此一句乃五句之綱領，諸刑之總括，猶今之刑，皆結於笞、杖、徒、流、絞、斬也。以舜命皐陶之辭考之，士官所掌，惟象、流二法而已。其曰惟明克允，則或刑或宥，亦惟其當，而無以加矣。又豈一於宥而無刑哉！今必曰堯舜之世有宥而無刑，則是殺人者不死，而傷人者不刑也。是聖人之心，不忍於元惡大憝，而反忍於銜寃抱痛之良民也。是所謂怙終賊刑。刑故無小者，皆爲空言，以誤後世也，其必不然也，亦明矣。」又說：「刑雖非先王所恃以爲治，然以刑弼教，禁民爲非，則所謂傷肌膚以懲惡者，亦既竭心思，而繼之以不忍人之政之一端也。」（書傳纂注）這話說的非常有見解。縱容惡人，就是殘害好人，此決非聖人所忍者，聖人固然主張教民，先禮後刑。然而我們放眼社會，就一般人們的作爲而言，似亦不外乎善惡二途。如果說，聖人在世，卽無惡人，那麼舜卽不當流放四凶了，孔子又何爲而誅少正卯？是其凶頑者，洵爲禮之難以收效，所以說，聖人之用刑乃不得已則可，說聖人之不用刑，則不可也。其他如孔穎達、陳櫟，乃至近人曾連乾等，無不主張於怙惡不悛的人，分別處以「五刑」的。

除此兩派不同的主張外，尚有兩種說法，其一爲朱子，其二爲焦循。首先言朱子，他說：「象者、像其人所犯之罪，而加之以所犯之刑。」（沈彤尚書小疏引）衍其說者有董鼎，他說：「象者，象其人所犯之罪，而加之以所犯之刑。典，常也，卽墨、劓、剕、宮、大辟之常刑也。」（書傳纂注）有王耕野，他說：「象，非如天之垂象以示人，蓋罪有大小，故刑有輕重，刑所以倣象其罪而加之耳。」（讀書管見）有簡朝亮，他說：「典，常也，象其罪以常刑。言有此罪著此刑。朱子謂象其人之罪是也。」（尚書集注述疏）關於朱子的話，沈彤以為「此說最確」，若就量刑來說，就其所犯之罪，而處以應得之刑，這確實是刑罰的極則。若就經文「象以典刑」的本義說，似有「倒果為因」之嫌。因為此處所强調的，乃以刑示人，使知所警惕，不致觸犯，如萬一不慎觸犯了法網，然後再以「刑之輕重，倣象其罪而加之」方為合理。因此，朱子的見解，很容易使人有事先不知所以，一旦人民觸犯法網，然後再稱情衡理而加之以罪的誤會。所以即使他的高足蔡沈，亦並未採取他的這種說法。（見後）

其次為焦循，他說：「傳云（指偽孔傳）：『象，法也。法用常刑，用不越法。』廣雅云：『象，效也。』法與效同義，有所效法，則謂之象。易繫辭傳云：『象者，像此者也。』像，似也。有所效法，則有所似續，象刑者，古所傳之五刑，舜似續之者也。對下三「作」字而言（案：三作，即鞭作官刑，扑作教刑，金作贖刑三句中的作字），「作」者，古所無，舜創始之也。墨、劓、剕、宮、大辟之刑，自古傳之，舜不廢之，故曰象刑。流宥五刑，亦自古傳之，舜象之而不廢者也。……說者不知「象」字、「作」字之義，造為蒙巾當墨，草纓當劓，非履當刖，艾韠當宮之說，已為荀卿所斥，聖人制作之神，詎書生之見所能測哉！」焦氏就字作解，其想像力之高，識力之深，我們非常佩服。若說五刑、流宥之刑，為古所傳，亦未必然。世本說：「伯夷作五刑。」（太平御覽卷六百三十六刑部引）周書呂刑篇也說：「伯夷降典，折民惟刑。」伏生尚書大傳說：「伯夷降典禮，折民以刑，謂有禮然後有刑也。」是皆可證五刑非古所傳也。或云：呂刑篇中不也說：「苗民弗用靈，制以刑，惟作五虐之刑曰法，殺戮無辜，爰始淫爲劓、刵、椓、黥」嗎？不錯，有這種記載。然而我們要知道，這種情形，是由於苗族酋長「弗用其政令」，所以才制作慘酷的刑罰，來威虐人民，因之也就不旋踵而亡。堯、舜乃聖君明王，豈肯師法其「淫刑」？以理推之，知不然也。退一步說，如果師苗民之刑，那末又爲什麼使伯夷降典？如果說成「經過帝堯的改革，伯夷的整理，方纔成爲正式的法律」（見孔孟月刊二一五期，從尙書中所看到的古代法制）的話，這是可以令人接受的，不過這絕不是效法，而是經過改革、整理的新法，它的基本精神，已全然不同了。至於「流宥」之刑，這正是舜的權變之法，爲不忍驟殺，用流放來予以寬假，如再不知悔改，那就要「怙終賊刑」了。僅此一點，就可以看出與「苗刑」的大異其趣，又如何能說效法？既不能說效法，當然也就無傳統可言了。

三、結　語

根據前文的分析，我們可以確定，堯、舜不僅確有其人，而且是當時各部落所共同擁戴的聖君。當時已有五刑之制，如再加上流宥、鞭、扑、贖刑，那就是完整的九刑了（據鄭氏康成說），而且當時的五刑，爲五種肉刑，多以「流宥」代之，如怙惡不悛，知迷不悟，那就要加以應得的刑罰。至於後世所傳「畫衣冠、異章服」，以代五刑的說法，我們則抱持懷疑的態度，未便置信。那只不過是借古勵今而已。至於朱子、焦氏的見解，我們佩服其獨到之處，如就全文作解，則未使苟同。臨了，筆者願意將自己認為正確的見解——象以典刑，不憚煩地作一複述、借以就教於博雅君子。

宋、林之奇尚書解說：「此言舜明愼用刑之道也。王氏云：『象者、垂以示人之謂，若周官垂法象魏是也。』」（案：此云王氏，未知何人，疑為王安石，因其有三經新義，今已不傳）此說比先儒為長。蓋王者之法如江河，必使易避而難犯，故必垂以示之，使知避之，苟不垂以示之，使知所避，及陷於罪，然後從而刑之，是罔民也。」此說一出，後之研尚書者，多能從之。雖言辭不同，其義殆無二致。如宋之蔡沈、時瀾，元之董鼎、陳櫟，皆能相沿為說。（見前引）近人曾運乾氏，亦有相似之見解，他說：「象、刻畫也。蓋刻畫墨、劓、剕、宮、大辟之刑於器物，使民知所懲戒。如九鼎象物之比。俗說乃畫衣冠、異章服為象刑，蓋傳說之失其眞也。」（尚書正讀）屈萬里先生說：「象、猶示也。典，常也。謂示民以常刑也。自注云：本蔡傳說。」刻畫五刑於九鼎，使民知所懲戒，就是示民以常刑之意，其義甚明。

歸納先儒近賢的見解，所謂「象以典刑」，就是示人民以常刑，使有所警惕、遵循。同時亦「所以待夫元惡大憝、殺傷人、穿窬、淫放，凡罪之不可宥者也。」（蔡沈語）這也就是呂刑所說「用刑以教人民敬謹其德，以刑弼政的意思。刑，固為凶器，示民以常，終至「刑而無刑」，這才是「象以典刑」的精義所在。

（原載於孔孟月刊十九卷二期。民、69、10）

附錄二　尚書堯典中的民主意識

李振興

堯典成書於春秋戰國雄霸互爭的時代，作者有意塑造像堯這樣的一位聖君，作爲當代有國者的典型，使其悔悟縱慾逞强的非是，進而使他們知所好德修身，勤政愛民，憂民之憂，樂民之樂。甚至像堯一樣的把天下視爲公有，把治理國家看作一種義務和責任。孟子敍述堯讓舜，舜讓禹的情形後，緊接着就引泰誓（古文尙書）的話讚美說：「天視自我民視，天聽自我民聽。」（萬章上）又說：「君輕民貴。」（盡心下）孟子的話，使我意識到堯典中所隱藏的民主思想。

然而堯典中如何敍述堯、舜的賢能事蹟呢？堯聖哲法天，大公無私，選賢任能，而舜則能光大堯德，其德亦足以配堯。玆申述如次：

聖哲法天

據堯典所記，當古代的時候，有一位帝堯，他的名字叫放勳。他能敬事節用，就像日月一樣，照臨四方，洞察人情，完全效法天地自然的文理，敏於通達的思考，態度寬容溫和，能實實在在的爲民不懈，又能讓賢推德。他的德惠，能廣被四海之外，並能感於上天下民，他更能發揚偉大的美德，使九族親睦、團結、融洽。九族既已融洽和敬，那就進一步的來辨明百官的職守，等到百官既已辨明各自的職掌，於是天下的諸侯，也就自然的協合和順起來，民衆在這樣的教化陶冶之下，就都變得和順了。這段話，不僅把堯勾畫成一位聖君，簡直把他神化了。他就像天地一樣，冥冥中滋養着萬物。假如我們再把大學中的「修身、齊家、治國、平天下」的內聖外王之學，拿來與之對照，簡直就像符節一樣的密合，因此我們又可體會到儒家的思想，就彷彿是堯的化身。

大公無私

能有上述的聖哲，自然是大公無私，不過堯典中更有一則實例，足可與上述修養相輝映。一天堯請問說：「誰可（爲我）順時升用賢才？」大臣放齊回答道：「您的嗣子丹朱有知人之明。」於是堯馬上接着說：「那裏！他（丹朱）口不道忠義之言，又狂妄好爭論，是絕對不可以的。」由這段記載，我們足可以證明堯的大公無私。

選賢任能

我們都知道：堯的所以偉大，所以能被尊爲聖君，是由於他能將天下讓給舜。當堯在位七十年的時候，就請大臣們推舉朝野間有賢德的人，作爲繼位的人選。這時在朝的衆官員都異口同聲的推薦舜，並說舜能以孝德感動頑父、嚚母、傲弟。堯聽了之後，接納其說。經過許多次試驗，舜皆能無負使命，故堯避位，使舜攝行政事。這樣經過了廿八年，堯不幸崩殂，百姓就好像死了父母一樣的哀痛，在堯崩三年之內，舉國上下，沒有一個人演奏音樂。於此亦可見百姓對堯的愛戴。舜既相堯攝政二十八年，現在堯既崩殂，照道理說，就應該順理成章的卽位，然而舜却沒有這樣做。孟子萬章篇中說：「舜相堯二十有八載，……堯崩，三年之喪畢，舜避堯之子於南河之南，天下諸侯朝覲者，不之堯之子而之舜，訟獄者，不之堯之子而之舜，謳歌者，不謳歌堯之子而之舜。……夫然後之中國踐天子位焉。」是舜的卽天子位，乃順應民情，天與人歸的舉措。

舜的光大堯德

舜卽位後，首先所採取的步驟，就是「詢于四岳，闢四門，明四目，達四聰。」所謂詢四岳，卽謀於四岳，以求尋治國的方策。所謂闢四門，卽大開四方之門，（案：四門言廣納賢人之門，非實指）以來天下之賢人。所謂明四目四聰，卽明通四方之耳目，亦卽廣視聽以去除上下意見壅蔽之意。能闢四門，明四目，達四聰，而國內當然不會再有遺賢，能四門穆穆，國家又那裏會再有凶人？劉向新序說：「天子不出襜幄而知天下者，以有賢左右也，故獨視不如與衆視之明也，獨聽不如與衆聽之聰也。」這大概就是舜的所以爲舜吧！至於舜的官人之明，憂勤之思，以及君恭而臣讓，其敬德，沒有不符合堯的期望，是以有舜的繼堯，而堯德始得以益顯，由堯德之彰顯，亦從而可知舜德的足以配堯。

（原載於中央日報文史專刊第六期。民、67、6、6）

第二章　尚書五誓大義探討

漢伏生尚書大傳說：「六誓可以觀義。」（註一）很可惜，而今我們在尚書中，所能看到的，只有五誓了。而其中的泰誓，現已無法見其全貌（註二），與其一鱗半爪的加以揣測，恐難得其眞義，是以缺而不論，今所論者，惟甘誓、湯誓、牧誓、費誓、秦誓而已。所謂「誓」，孔疏禮記卷五曲禮下說：「約信曰誓。」元人董鼎說：「誓者，臨衆發命，逑其興師之意。」（註三）這也就是說，誓、是用來齊一衆志、化一行動、明約舉止、嚴禁所為，而同心協力、討叛伐罪、除惡去奸、以解人民於倒懸的意思。茲就經文所載，分別言其大義如次：

壹、甘誓

甘、地名，就是夏君—啟（註四）伐有扈誓師的地方，在今陝西鄠縣。又水名，在今陝西鄠縣西，今合澇水北流入渭。這可能就是呂氏春秋先己篇所說：「戰於甘澤」的那條甘水（因甘水所聚而成澤？）。唐、陸德明經典釋文尚書音義上引馬融的話說：「甘、有扈南郊地也。」甘地的名稱，可能是因甘水而得，是以所指，應為一地。後漢書郡國志右扶風下說：「鄠縣有甘亭。」水經注卷十九、渭水條三說：「甘亭、在甘水東，昔夏君伐有扈、作甘誓於是亭。」根據以上的記載，啟伐有扈於甘，即使是傳說，我們仍然認為是可信的。

就當時情況說，是夏君討伐叛逆。因此在誓辭的氣勢上，完全是天子討伐諸侯的口吻。不僅義正辭嚴，而且駿邁有力。在短短的八十八字中，眞可說是「六軍之制，車乘之法，郡國賞刑之典、誓師之辭，靡不明備」（註五）。就軍制言，經文一開始就說：

大戰于甘，乃召六卿。

這是史官開始總述的言辭。由此總敍中，却道出了六軍的制度。周禮夏官司馬第四說：「凡制軍，萬有二千五百人為軍。王（天子）六軍，軍將皆命卿。」鄭氏康成說：「夏亦然，則三王同也。」這是說，在夏代的時候，已有天子六軍的制度，而每軍皆任命一將領為卿。故鄭氏又以六卿為六軍之將（註六）。這也就是蔡沈所說：「軍將皆卿」的意思。就經義言，這是夏君率師駐紮於甘，在臨戰以前，命令六卿各自招集他們的部屬，並集合在一起，準備聆聽天子下達的命令（即誓辭），所以經文接着就是：

王曰：嗟！六事之人！

由這句經文，我們可以很清楚的體會出，此時夏王已登臨高處（猶今言司令臺），面對着千軍萬馬（六事之人）發布命令說：「噢！我六軍的全體將士們！」這句開場白過後，接着就是誓辭，其內容大要是：

一、首先宣布有扈的罪狀，使全體將士，都能深切明白所以討伐的原因，借以鼓舞士氣，振奮人心，激發其爲正義而戰的意志。是以接着夏君就用十二萬分堅定的口吻說：

予誓告汝：有扈氏威侮五行，怠棄三正，天用勦絕其命，今予惟恭行天之罰。

這是說：有扈氏暴殄、侮蔑五常，廢棄天地人的正道，以致上天斷絕了他享國的命運，而今夏君奉行天命，出師討伐，希望將士們能聽從他的命令。

這罪狀，在表面上看，似很簡單，其實我們如能稍加深入探討，就可發現：一方面固然是由於古代的質樸，而言語簡約。另一方面，這也是從施政的本原立論。試想，一方諸侯在施政上，悖常亂德，自絕於天，還不該討伐嗎？再進一步說，這種根本之道，尚且不顧，其他素行小節，也就可想而知了。這站在元首、天子的立場來說，是無法容忍的。所以最後，也惟有「恭行天之罰」了。所謂「恭行天之罰」者，也就是皋陶謨中所說：「天工人其代之」的廓然大公行爲，換言之，能爲天吏，方可行「天罰」，如不能爲天吏而輕言用兵，那就無異於任意殺人，這又如何能爲後世法？

二、嚴車乘之法，務期將士用命，以收殺敵致果之效，經文說：

左不攻于左，汝不恭命；右不攻于右，汝不恭命；御非其馬之正，汝不恭命。

這是說：在車左的人、不善盡車左的事，就是怠忽職守，車右的人，不善盡車右的事，就是怠忽職守，御車服馬專主馳驅的人，不能進、退、動、靜有法適當，也是怠忽職守。考古時兵車之法，一車三人，左人持弓矢，主射；右人持矛，主刺擊；御馬的人，執轡居中，主馬的馳驅，這是普通士卒的兵車。若是將帥，則御車的人在左，勇士在右，將帥居鼓下，在中央，主擊鼓，來指揮軍隊（註七）。所以嚴車乘之法，其目的，則在統一紀律，齊一心志，化一行動，使將士們各盡其職守，以協合無間的動作，達到致勝的目標。古今中外，除非不談戰爭，如談戰爭，無不以致勝為其終極目標。要想達到此一目標，除仰賴於平時的訓練有素外，而惟一可行的方法，就是紀律嚴明，行動化一，以發揮高度的團隊精神。

三、賞罰分明，永為治軍作戰的鐵則。經文說：

用命、賞于祖，弗用命，戮于社，則孥戮汝。

這是說：用命奮力作戰，建立戰功，就在祖先的神位前獎賞，不用命、怠忽職守，貪生怕死，就戮辱在社稷神位的面前。不僅本身要受戮辱，你們的妻子，亦將遭到連累。考古時用兵作戰，必遷載宗廟中祖先的神位，以及社主（神位）隨行，賞罰亦均在神位前施行，表示尊敬祖主社主，不獨斷專行的意思。又、古時刑罰，父子兄弟，罪不相及，而連坐法的實施，直到秦代才有。經文所以言及「則孥戮汝」者，這是因為戰爭是最危險的事情，如不加重其罰，就難以整肅軍紀，而使之趨赴事功。試想，「驅民於鋒鏑之下，苟不先為之誓戒，使知坐作進退之節，其有不用命者」（註八），將何以處置？因此軍法所以較常法為嚴，這也是必然的。

四、結語：宋、時瀾增修東萊書說卷六說：「道有升降，世變風移，讀書者，必觀其時，識其變。」這話不錯。我們衡情酌理，而就這篇誓辭言，僅短短的八十八字，竟然能將作戰地點、軍隊編制、所伐者的罪狀、乃至車法行陣、賞罰，一一陳述不遺，這種文字運用的技巧，已經到達相當精熟的地步。以目前地下出土的文物來看，尚不曾發現。必待周代的鼎彝，方有類似的銘文，這也就難怪有人懷疑它的著成時代「爲戰國之世」了。然而我們所論者，爲大義的闡發，對於傳說的文獻，其著成時代雖晚，可是其事實的發生經過，應該是屬於那個時代。同時這對歷代的專制王朝來說，其所發生的影響力，也確實是難以估計的。再者，在古籍中，往往也有爲後人竄入的事實，且尚書又經過漢人「以今文」的轉寫，在制度、名稱方面，有的並沒有一個適當的名稱，轉寫的人爲稱述方便，或爲了表示博古通今，就賦予當時的名稱，亦未可知。如六卿在夏時或許沒有這種名稱，但有其實，而文化延續到著錄或轉寫的時代，適好可以六卿的名稱當之，這種情形，我們怎可認爲一定沒有呢？

貳、湯誓

夏桀無道，暴虐人民，商湯爲了弔民伐罪，所以才出兵征討。這篇誓辭，就是在這樣的情況下產生的。就內容所表示的時機說，是成湯在未出師前，於其都邑亳境，告訴庶衆所以伐桀的原因。就文辭敍述的方式、深淺說，與甘誓沒有多大差異。不過如就地位言，甘誓是以王（天子）討諸侯，故其辭勁拔駿邁，理直氣壯；而湯誓則是以臣下（諸侯）伐王，故其辭蓄含委婉，猶有不欲盡言的意念。朱子說：「湯、武固是反之，但細觀其書，湯反之之功，恐是精密，如湯誓與牧誓，數桀、紂之罪，辭氣亦不同」。又說：「湯有慙德，如武王，恐未必有此意。」（註九）兩相比較之下，我們覺得朱子的話是不錯的。因在湯誓中，尚遺留着忠厚的氣氛，而在牧誓中，就很難讓我們有這種感覺了。以下就循着經文，逐次的加以探討。

一、首先說明伐夏不是稱亂，乃代天行命。言語之間，似有慚德，但其實也是出於不得已。是以經文說：

王曰：格爾衆庶，悉聽朕言，非台小子，敢行稱亂，有夏多罪，天命殛之（註十）。

這段經文，以我們後人看來，似有借天命以行私意之嫌。假如我們能以孟子所言湯伐葛爲例，再來看這段經文，那就有實在出於不得已的感受了。在滕文公篇下，有這樣的一段記載：孟子曰：湯居亳，與葛爲鄰，葛伯放而不祀。湯使人問之曰：「何爲不祀？」曰：「無以供犧牲也。」湯使遺之牛羊，葛伯食之，又不以祀。湯又使人問之曰：「何不爲祀？」曰：「無以供粢盛也。」湯使亳衆往爲之耕，老弱饋食。葛伯率其民，要其酒食黍稻者奪之，不授者殺之。有童子以黍肉餉，殺而奪之。書曰：「葛伯仇餉。」此之謂也。又說：湯始征，自葛載，十一征而無敵於天下。東面而征西夷怨，……曰：奚爲後我，民之望之，若大旱之望雨也。……書曰：「徯我后，后來其無罰。」……簞食壺漿，以迎王師（註一一）。

我們看了這兩段文字以後，可以反證湯的伐桀，實在是出於不得已。然而這種舉措，也會給野心家帶來口實，往往假仁義之名，而行罪惡之實。然則何爲而後可？於此，我們仍願以孟子的話來作說明：

或問孟子曰：「勸齊伐燕有諸？」曰：「未也。」沈同問燕可伐與？吾應之曰：「可」。彼然而伐之也。彼如曰：「孰可伐之？」則將應之曰：「爲天吏則可以伐之。」今有殺人者，或問之曰：「人可殺之與？」則將應之曰：「可」。彼如曰：「孰可殺之？」則將應之曰：「爲士師則可以殺之。」今以燕伐燕，何爲勸之哉（註一二）！

宋、林之奇發揮其義蘊說：「蓋非爲天吏，則不可以伐有罪，以燕伐燕是也。爲天吏則不可以不伐有罪，湯放桀、武王伐紂是也。不爲天吏而伐有罪，猶不爲士師而擅殺人者也。爲天吏而不伐有罪，猶爲士師而故縱死罪囚者也。湯、武之事，雖曰以臣伐君，然天之所命，民之所歸，實有不已得而不敢已者。故湯曰夏氏有罪，予畏上帝，不敢不正。」（註一三）我們認爲這話說的不僅有見解，而且更是無比的透闢，足以釋後人之疑。

二、伐有罪，以解亳民惑，畏上帝命、以布其德：就經文來看，當時湯都亳邑的人民，不惟生活安定，衣食無虞，而且正值農忙季節，似不知夏桀的暴虐無道，殘民以逞。所以對於湯的出兵伐夏，才有莫大的困惑。是以經文說：

今爾有衆，汝曰：「我后不恤我衆，舍我穡事，而割正。」（註一四）

這是成湯就着人民的反應意見，而重加述說的話。大義是：「現在你們大衆聽着，你們說：我君（湯）不爲我們衆人着想，竟然擱置了我們的農事，而去從事征伐。」以當時情形說，這種舉措，確實難免人民不解。所以緊接着成湯就針對人民的此一困惑，加以解釋說：

予惟聞汝衆言，夏氏有罪，予畏上帝，不敢不正。

成湯雖然如此解說，可是仍怕人民不能釋然，所以他就用揣度的口吻說出人民要說的話，他說：

今汝其曰：夏罪其如台（奈何、怎樣？）？

這樣一問，帶給我們的感悟是：湯民久受德澤的化育，生活在安樂中，以爲夏有何罪，難道在夏君治理下的人民，不和我們一樣的享受着安樂的生活嗎？爲什麼要去征伐呢？前賢呂祖謙說：「夏罪其如台？是夏民在塗炭而商民自在春風和氣中也。」（註一五）因此，成湯也就緊接着宣布了夏桀的罪狀，他說：

夏王率遏衆力，率割夏邑，有衆率怠弗協，曰：「時日曷喪，予及汝皆亡。」夏德若玆，今朕必往。

這是說：我現在鄭重地告訴你們，夏王他「爲重役以窮民力，嚴刑罰以殘民生」（註一六）。因此所有夏邑的人民，也都相率怠惰而不和協，並且指着太陽說：你這個太陽，何時才能喪亡？假如你喪亡的話，我們人民願意和你一同滅亡。人民痛恨夏王的敗德亂行，已經到了這種地步，所以而今我一定要去征伐，來解救人民如同倒懸的苦痛。所以朱子說：「湯之征，只知一意救民，不知其他也。」

（註一七）我們看了前文所引孟子的高論，當可推知朱子所言，亦甚具見解。而元代的金履祥，對成湯的這種舉措，也表示了他的看法，他說：「弔伐之師，義也，而亳衆有不恤之怨何也？亳衆知己事之小，而不知天意之大；在聖人，則不可不順天。亳衆知商邑之安，而不知夏民之危，在聖人不可不救民。」（註一八）所以陳櫟也說：「商民以一國爲心，湯則以天下爲心。蓋是時夏之人心已離，湯所以應乎人也。」（註一九）我們認爲前賢的這些見解是對的。

三、既爲誓師，理當明賞罰，以期殺敵致果之效。所以最後成湯用嚴肅的口吻說：

爾尚輔予一人，致天之罰，予其大賚汝；爾無不信，朕不食言；爾不從誓言，予則孥戮汝，罔有攸赦。

這是說：希望你們大衆，能輔助我早日把上天的懲罰，加在夏王的身上，使他俯首受刑，到時候，我將重加賞賜。你們千萬不要不相信，我絕不食言。假如你們不遵從命令，那末我就不僅要戮辱你們本人，還要連累你們的妻子，絕不赦免。軍法嚴於常刑，在這裏，我們又得到了一次證明。

四、結語：就湯誓來看，通篇全爲誓辭。其中兩處爲人民設想的話，正表示商湯平時的深明民隱，德澤的廣被，以至於使人民誤以爲天下的百姓，都像他們一樣，過着安樂的日子，享有豐足的生活。這也就難怪孟子一再頌揚商湯的「東面而征西夷怨，徯我后，后來其蘇」了。如就甘誓所說「用命賞于祖，弗用命戮于社，予則孥戮汝」來看，二誓可說相若，不過湯誓却多了「朕不食言，罔有攸赦」二語，世變風移之情，在這裏，似乎可以看出一點消息。

叁、牧　誓

牧、地名。說文作坶，在今河南省淇縣南。就是周武王伐紂、臨戰前，當衆誓師的地方。因紂「迷於酒色，不復畏天念祖，以至忠直逆耳，讒人倖進」（註二〇），竟使國家紀綱敗壞，民不聊生。武王爲解民倒懸、救民於水火，於是率諸侯兵，大舉撻伐，滅紂而有天下，這就是牧誓的所由作。

書序說：「武王戎車三百兩，虎賁三百人，與受戰于牧野，作牧誓。」孟子盡心篇下說：「武王之伐殷也，革車三百兩，虎賁三千人。」史記周本紀所載略同，於此可證書序的話不誣。所不同的是：書序說「虎賁三百人」，孟子、周本紀言「虎賁三千人」，後儒多從孟子。惟唐、孔穎達，宋、林之奇，呂東萊，時瀾諸儒，仍以「虎賁三百人」爲是。就當時情勢、再以周官「虎賁氏」的職掌、以及顧命篇所言成王崩，「太保命仲桓、南宮毛、俾爰齊侯呂伋，以干戈，虎賁百人，逆子釗於南門之外」來驗證，所謂「虎賁」，也只不過是驍勇有力、朝夕爲王左右的宿衞而已。他們的職守，在維護王的安全。武王伐紂，帶有衞士三百人，已爲盛事，恐不是三千吧！再說戎車三百兩，孔穎達正義、就司馬法文爲說，以一車甲士三人，步卒七十二人。至於臨敵對戰，布陳之時，則依六鄉軍法，五人爲伍，五伍爲兩，四兩爲卒，五卒爲旅，五旅爲師，五師爲軍。此處所說戎車三百兩，而甲士與步卒俱在其中，亦可借此以見兵士的總數目。而「虎賁」則是王的「爪牙」，勇力之士，在王左右，專任護衞的工作。因此我們認爲「三百人」是對的。以下即就着經文，逐次的加以的探討：

一、首先指明時日地點。經文說：

時，甲子昧爽，王，朝，至于商郊、牧野，乃誓。

關於武王克殷的年、月、日，說法不一，即使是史記，在周本紀與魯周公世家所載，亦不相同。經過前賢今人的考證，總算有了一個明確的結果。因此，我們現在就着經文，可以這樣說：周武王十一年一月二十六日（癸巳）興師伐紂，到二月二十七日（甲子）（註二一）天黎明太陽尚未出來的時候，武王就已到了紂都南郊、牧地的曠野，於是就向大衆宣誓了。

二、次述武王的配備。經文說：

王左杖黃鉞，右秉白旄，以麾。

這記載雖然簡約，但却能將武王的神勇、鎭靜、從容大度的神態，表露出來。你看，他左手拿着一把黃色的大斧，右手拿着一條白旄牛的尾巴，來作爲指揮之用，不也就神態畢露了嗎？

三、然後向着大軍，慰勞其辛苦，並以常禮的口吻，提醒其注意，以便聆聽誓辭。經文說：

曰：逖矣！西土之人。王曰：嗟！我友邦冢君、御事、司徒、司馬、司空、亞旅、師氏、千夫長、百夫長、及庸、蜀、羌、髳、微、盧、彭、濮人，稱爾戈，比爾干，立爾矛，予其誓（註二二）。

首先武王以慰勞的口氣說：可眞遠啊！我西土的戰士們，你們辛苦啦！然後又分別地提稱各國、各單位、各首長、以及全國戰士們，教他們舉起戈、排好盾、豎起矛，靜下來聽其宣誓。蔡沈書集傳說：「器械嚴整、則士氣精明，然後能聽誓命。」吳闓生尙書大義也說：「比見軍行之盛，又見天下同心疾紂，無間中國夷狄也。」二氏立說，雖各就所見，然由此正可看出武王統御力之强、號召力之大，感化力之深，才能使各國的軍士，同命一心，已隱然穩操勝算了。

四、數紂罪，以明必罰之由。經文說：

王曰：古人有言曰：牝雞無晨，牝雞之晨，惟家之索。今商王受，惟婦人言是用，昏棄厥肆祀、弗答，昏棄厥遺王父母弟不迪。乃惟四方之多罪逋逃，是崇是長，是信是使，是以爲大夫卿士，俾暴虐于百姓，以姦宄于商邑。

今予發，惟恭行天之罰。

在這段文字中，紂的罪狀是：

1.聽信婦人之言：所謂「牝雞司晨」是也。這裏所說的婦人，是指的妲己。據列女傳的記載是：「妲己之所譽，貴之，妲己之所憎，誅之。」又說：「百姓怨望，諸侯有畔者，紂乃爲炮烙之法，膏銅柱，加之炭，令有罪者行其上，輒墮炭中，妲己乃笑。比干諫曰：『不修先王之典法，而用婦言，禍至無日。』紂怒，以爲妖言。妲己曰：『吾聞聖人之心七竅。』於是剖心而觀之。」一位天子迷戀女色，竟然到達這種地步，那末國政也就可想而知了。

2.不祭祀先祖，不報答天德：這就是經文所說「昏棄厥肆祀、弗答」之意。在那個「信鬼」的時代，如荒棄祭祀，確實是一件「失德之大者」，所謂「國之大事，在祀與戎」，不就是很好的說明？這在當時來說，是要激起「神人共憤」的。

3.不任用貴戚之臣：經文所說「昏棄厥遺王父母弟不迪」，就是此意。所謂貴戚之臣，本與在位的國君、天子爲一體，休戚與共。他們輔佐其君，盡心盡力，如有不合常法，即嚴厲地加以糾正。孟子所謂「貴戚之卿，君有大過則諫，反覆而不聽，則易位。」（註二三）足以說明此理。可是這種貴戚之臣，足以妨礙紂的恣意任爲，所以他的剖心比干，也就勢在必行了。

4.任用小人，以隨其一時之欲：經文說：「惟四方多罪逋逃，是崇、是長、是信、是使，是以爲大夫卿士，俾暴虐于百姓，以姦宄于商邑。」他既然摒棄貴戚之臣不用。而惟用「四方之多罪、逋逃的小人，其政也就不言可喻了。他們的「暴虐于百姓，姦宄于商邑」，那是必然的事。而民怨沸騰，也是必然的事。可是殷紂，又以爲「我生不有命在天乎」（註二四）！竟然恃其天命，不但不知悔改，反而變本加厲。這無異火上加油，所以也就難怪加速其「喪無日矣」了。其實，紂的罪行，尚不此此，就尚書所載，如微子篇的「我用沈酗于酒。」「方興沈酗于酒。」酒誥篇的「在今後嗣王酣身，……誕惟厥縱淫泆于非彝，用燕喪威儀，惟荒腆于酒。」無逸篇的「殷王受之迷亂，酗于酒德。」酗酒，不僅傷身，而且可以麻醉精神、使人喪失理智，意志日漸消沉，只圖享樂，無緣進取，以致好壞不分，是非不明。在這種情況下，他如何能不「距諫飾非，矜人臣以能，高天下以聲，以爲皆出己下。作新淫聲北里之舞，靡靡之樂，厚賦稅，以實鹿臺之錢，而盈鉅橋之粟？」又如何能不「益收狗馬奇物，充仞宮室。益廣沙丘苑臺，多取野獸蜚鳥置其中。大最（聚）樂戲于沙丘，使男女倮，相逐于酒池肉林之間。」而又「廢商容」（註二五）呢？一位「爲民父母的君子」，其行如此，如不討伐，其民將「何以堪」？孔子說：「唐虞禪，夏后殷周繼，其義一也。」（註二六）我們看了以上所舉殷紂的荒唐之行，對於武王的伐殷，還能不承認「今予發，惟恭行天之罰。」以及孟子所說：「聞誅一夫紂矣，未聞弒君也」（註二七）嗎？

五、嚴行陣，以戒輕進，齊進退，以戒貪殺，迓來奔、以戒殺降。經文說：

今日之事，不愆于六步七步，乃止齊焉，夫子勗哉。不愆于四伐、五伐、六伐、七伐，乃止齊焉，勗哉夫子。尙桓桓，如虎如貔，如熊如羆，于商郊。弗迓克奔，以役西土，勗哉夫子（註二八）。

武王首先告訴戰士們，當進攻的時候，要注意齊一步伐行列，每次或六步、或七步，就要停下來整頓一次，以免超前或落後，這樣始能發揮整體的力量，先形成一個不可爲敵人所勝的陣勢。其次在兵戎相接之時，少則一伐（一擊一刺曰伐），多則七伐，也要停下來整齊一次行列，不可過於逞一已的勇力，以貪於殺人，接着武王又鼓勵戰士們說：你們要特別振作，發揮作戰的勇武精神，就像虎、貔、熊、羆一樣，齊往商郊進攻，但是你們也要特別注意，對於來奔投誠的敵人，千萬不可抵拒殺害，他們對我西土來說，將有很大的助益。你們各位要奮勉啊！

欽定書經傳說彙纂卷十引呂祖謙的話說：「大司馬之法，伍、兩、卒、旅，各有其長，使齊止之者，使其部伍之長，各自止其止，各自齊其齊，故當戰時，井然有序，不失紀律，三軍如一人。」這樣的戰法，不僅可使「三軍如一人」，而且可使百將如一指，其軍力的銳不可當，是可以想見的。又引王樵的話說：「六步、七步，不知此車法邪？步法邪？蓋古者步卒，夾車而行，動止相爲用，車不妄馳，步不妄動，步法卽車法也。至春秋時，古法已亂。」就經文以衡二氏之言，我們雖然不敢說若合符節，但以理推之，相去亦不致太遠。

六、最後，武王爲要勵其行，故律之以法，使知所戒勉。是以經文說：

爾所弗勗，其于爾躬有戮。

前文以三言「勗哉夫子」，勉其奮勇作戰，嚴守紀律。臨了，則以戮其身相戒，使其知所警惕，曉然於軍法是無可寬恕的。這也就是說，如有「弗勗」，則以軍法嚴辦—戮其身。我們如單就軍法來看，甘誓、湯誓，均言「孥戮汝」，而牧誓則僅言戮其身，反較甘、湯二誓爲輕，這大概是一代有一代的法則，世變風移，不可執一而無所變通。宋、黃度於其所著尚書說卷四說：「夏商誓師，皆有孥戮之罪，蓋古法也。此無之，文王罪人不孥，遂爲周法。」以文王之德，我們衡情酌理，這說法是可信的。

七、結語：就全文結構說，這篇誓辭，可說相當有層次。從「時甲子昧爽」，到「右秉白旄以麾」，這是史臣敍事的話，指出了時間，地點、以及武王的配備，也襯托出武王的神勇與從容的情態。從「曰：逖矣！西土之人」，到「立爾矛，予其誓」，這一方面是慰勞其師，同時另一方面，也是誓師前的常禮，提起大衆的注意，並叫他們舉戈、比干、立矛，肅其部伍，嚴整精神，以聽誓命。自「王曰古人有言曰」，到「今予發，惟恭行天之罰」，是數紂的罪過。紂惡當不止此，然而武王僅數其四端，在這裏，也就可以看出武王的仁厚了。自「今日之事」到「以役西土，勗哉夫子」，則爲說明戰法的大致原則，目的在戒輕進，戒貪殺，戒殺降，我們千萬不可以此病其呆板，要知兩軍對壘之際，形勢的高下，敵情的艱險，又那能拘於齊止呢？我們前引司馬法的言論，是値得三思的。最後以兩言相戒勉，這又是多麼簡約而明確啊！數千年之後，猶可使我們想像其「軍容整肅，號令精明。其詞簡而要，其法恕而嚴（註二九）。」臨了，我們想引用元人董鼎的話作結。他在所著書傳輯錄纂註卷四說：「此臨戰誓師之辭，杖鉞秉旄，所以肅己之容，稱戈、比干、立矛，所以肅人之容，軍容旣肅，然後發命，則人無譁而聽者審矣。……以至仁伐至不仁，而謹畏戒懼尚如此，斯其爲武王之師歟？」

肆、費　誓

費（註三〇）、地名，卽今山東省費縣。故城在縣西北二十里，位於曲阜東南，也就是論語所說季氏的邑城。由於淮夷、徐戎不服治化，並起作亂，魯君率師討伐，誓師於此，作費誓。至於此篇作成時代問題，有兩種不同的說法，這也就是我們爲什麼用「魯君」率師討伐，而不明指魯之某君的原因所在了。

第一種說法，一爲書序，一爲史記魯周公世家。這兩家都說是魯侯伯禽率師伐徐戎、淮夷，作費誓（註三一）。一直到民國以前，亦向無疑之者。

第二種說法，一爲余永梁，一爲楊筠如，一爲屈萬里三位先生，這三家均以爲費誓是作於魯僖公時代，甚或指出作於僖公十三年或十六年（註三二）。今人多遵從這種見解。就余、楊、屈三家所舉的史實來看，足可以證明魯僖公時，確有征伐淮夷之事，由於這次戰役的大獲全勝，僖公也著實風光了一陣子。然而這種大事，司馬遷在寫魯周公世家的時候，寫到僖公（史記作釐公），竟然隻字未提，這不能不使人懷疑。就連在僖公元年「以汶陽鄪（卽費）封季友」這種小事都記上一筆，而對於足以「光耀史册」的大事，竟然漏略，誠使人不解。我們轉回頭再看看周本紀，在成王時，就曾經征伐過淮夷。周本紀說：「召公爲保，周公爲師，東伐淮夷、殘奄，遷其君薄姑。成王自奄歸，在宗周作多方。既絀殷命，襲淮夷，歸在豐，作周官。……成王既伐東夷，息愼來賀，王賜榮伯，作賄息愼之命。」這段記載，當然不能證明伯禽「率師征伐淮夷」，但可以證明淮夷的作亂不服治化，却由來已久，而且更是時服時叛的。所以周朝才屢有征伐之役。現在的問題是，我們是否能有眞憑實據，證明在伯禽時（亦卽成王時）未曾率師征伐過淮夷？現在各家所舉的各種例證，僅能證明在僖公時代，確曾有征伐淮夷的戰役，可是我們的懷疑，仍然無法破除。如果有人說，這可能是司馬遷一時的誤記，所以才有這樣大的出入，然而我們認爲却未必是如此。固然書序是最能引起爭論的，但是其中的某些說法，也未必不可取。司馬遷就是取之以作史記的（註三三）。我們從大誥、成王征、周官、賄肅愼之命、費誓各篇的序文中（註三四），可以體悟到當時的淮夷，是如何的猖獗。而且這些序文，都能與史記相合，我們是否也能一一把這些記載駁倒呢？總不能僅用「僞作」二字搪塞過去吧！同時我們也相信司馬遷還不致糊塗到這種地步。因此，在此一問題尚未澄清之前，最好不要說的太肯定，用「魯君」一詞來蓋括，雖然籠統一點，但比較有伸縮性。這個問題說明之後，現在我們就可以依次地來探討經文的大義了。

一、首先告訴衆軍士征伐的對象及檢點最切要的武器裝備。經文說：

公曰：嗟！人無譁，聽命。徂茲淮夷、徐戎並興。善敹乃甲冑，敿乃干，無敢不弔。備乃弓矢，鍛乃戈矛，礪乃鋒刄，無敢不善（註三五）。

這就是魯君在費地向衆軍士發布的第一段命令。叫他們先靜下來，注意聽令，因淮夷、徐戎同時造反，不服治化，現在就是要去征伐他們。所以你們要好好地檢點整治鎧甲和頭盔，把盾牌的把手也要繫牢捆紮好，更要準備好你們的弓箭，鍛鍊好你們的戈矛，並且把它們磨得鋒利，不可有一點疏忽的地方。

二、其次命軍士在駐紮期間，要妥善照料牛馬，並嚴守軍紀，違者有常刑。我們從第一段告命看來，好像早已發布命令征調軍隊，規定期日，集結在費地，聽候差遣。現在既已集結，又好像還有幾天準備的時間（按理說，也應當休息、整頓、以統一行動），讓軍士們重新檢點一下武器裝備，該縫修的縫修，該磨礪的磨礪，務期做到最完善的地步。就在這準備的當兒，而賴以輓輜重、駕兵車的牛馬，不能儘是關在牢中，應該放出來讓牠們吃草。這一方面可以減輕「芻茭」的消耗，同時更能充沛牛馬的體力。但是野外到處都是陷阱，要是牛馬因此而受了傷害怎麼辦呢？再者牠們跑亂了群、或是走失了，當如何處理？除此之外，而軍士在駐紮期間，更應嚴守軍紀，不許搔擾百姓，如有偷竊誘騙等情事發生，又當如何懲罰？關於這些，也都有規定。經文一則說：

今惟淫舍牿牛馬，杜乃擭，敜乃穽，無敢傷牿。牿之傷，汝則有常刑（註三六）。

再則說：

馬、牛其風，臣妾逋逃，無敢越逐；祗復之，我商賚汝。乃越逐不復，汝則有常刑（註三七）。

三則說：

無敢寇攘，踰垣牆，竊馬牛，誘臣妾，汝則有常刑（註三八）。

這種規定，是絕對必要的，因「牛駕車，以載軍儲，馬服乘，以供武用，皆用兵之所急，軍所止之處，必出之牢閑，牧於草澤。」（註三九）然而如不事先堵塞曠野中的陷阱，收起捕獸的機檻，以致使馬牛受到傷害，誤了軍事，那又如何是好？再則如有馬牛走失，僕役逃亡，也不可擅自逾越部伍追逐，以免造成混亂。而對於其他部伍，或有人將走失的牛馬和逃亡的僕役，送還原來的部伍（即失主），那將有賞賜；如據為己有，那就要受到一定的處罰了。再者，更不可以搶刦掠奪、或是翻越垣牆，偷竊人民的馬牛，再不然就是誘騙人家的僕役，假如有這等情事發生，也一定會受到一定的軍法制裁。有關此一問題，宋代的時瀾，在增修書說卷三十五中，所說不僅翔實，而且中肯。他說：「師既出，則部伍不可不嚴，馬牛其風，臣妾逋逃，師行之變也。當此之時，惟宜鎮之以靜，故戒其本部，按堵不動，無敢越逐。若縱之越逐，則奔者未及，逐者先亂，軍律不可復整矣。惟嚴之以越逐之刑，使之森然，各守部伍，則潰亂者將徐而自止，此出師鎮定變亂之法也。又戒其他部伍，見馬牛臣妾逸而至者，無敢保藏，敬而歸之，隨其多寡，商度行賞。人誘於祇復之賞，而憚於不復之刑，則流散者將不召而自集，此出師招集散亡之法也。本部不敢離局，他部不敢匿姦，部伍條達，繩引碁布，何變亂之足憂哉！至於師旅所經，又申以寇攘竊誘之法，此不惟欲田野不擾，自古喪師者，每因剽掠失部伍爲敵所乘，故不得不戒也。」這段話，說明嚴部伍之法，眞是透闢、確切極了，用不着我們再加多說。

三、期之以日，使妥爲準備人畜之食，以及攻敵之具，如有不逮、不供、不及，則處以大刑或應得之罪。經文說：

甲戌，我惟征徐戎。峙乃糗糧，無敢不逮；汝則有大刑。魯人三郊三遂，峙乃楨榦；甲戌，我惟築。無敢不供，汝則有無餘刑，非殺。魯人三郊三遂，峙乃芻茭，無敢不多，汝則有大刑（註四〇）。

在這段文字中，我們當行注意的，那就是糗糧，芻茭，如不能及時準備完善，充分供應，就要處以死刑。這是因爲糗糧、芻茭爲人畜所食，不可一日或缺的緣故。至於楨榦，固爲板築所需，若與前二者相較，終可稍緩，故僅處以不能寬減的刑責，只是不殺就是了。其次是經文在說到楨榦、芻茭的時候，令三郊三遂的「魯人」準備，說到糗糧時，反而不單指「魯人」，關於這一層，前賢已經注意到了。蘇軾說：「言魯人以別之，知當時有諸侯之師也。楨榦、芻茭皆重物，故獨使魯人供之。」至於糗糧，「當諸侯各自齎持。」（註四一）這種情理法兼顧的做法，當能使軍士心服而樂於用命。當然兵凶戰危，如不嚴以軍法，又有幾人甘願蹈白刃，而犯矢石？

四、結語：綜觀全篇誓辭，由征伐目標的確指，到個人所用武器裝備的妥爲準備，以及賴以輓輜重、供服乘的牛馬的照料；從嚴部伍的鎮定變亂之法，到出師招集散亡之律，以及寇攘竊誘的申告；從期之以日的糗糧儲備，到楨榦的無敵不供，以及芻茭的無敵不多；並以事實的緩急輕重，裁以不同的賞罰。這種先後有序，井然有條，釐然不紊的誓告，當能使從征的軍士悅服。宋、薛氏季宣說：「以戰、則兵甲精鍊，以居、則營廄嚴肅，以動、則軍無侵掠，戰守、則糧餉備具，城築、則楨榦畢集，而申之以戒令，儆之以邦刑，節制之明，師衆之一，是故有不戰，戰必勝矣。」（註四二），這話又是何等的中肯有見解。

伍、秦 誓

這篇誓辭，我們可由書序、左傳（註四三）的記載，以及閻若璩的論證（註四四）中，得知是秦穆公因襲鄭未能得逞，在回師的途中，於崤地遭遇晉軍的襲擊，以致大敗，同時百里孟明視、西乞術、白乙丙三帥，亦爲晉軍所俘，當他們被釋放將要回到秦國的時候，穆公痛悔不聽老臣蹇叔的諫諍，才遭此敗績。於是「素服」郊迎，當着軍士的面，向他們哭訴的話。前四篇，均爲出師討伐、臨師誓衆，而此篇則竟然向師哭訴，表示痛自悔改己過，這實在不能不使我們把它看作誓辭中的別格了。茲就其內容，分別探討如次：

一、由「群言之首」，表其痛悔之意，自克之誠。經文說：

公曰：嗟！我士。聽，無譁。予誓告汝群言之首，古人有言曰：「民訖自若是多盤。責人斯無難，惟受責俾如流，是惟難哉！」我心之憂，日月逾邁，若弗云來（註四五）。

人之所難，莫難於受責而能絲毫沒有扞格，且又能從善如流。這種修養，即使聖賢，也很不易做到，而穆公竟能引古人的話，表示一己的痛自悔改，確實不是一件易事，於此也就可以見其自克的誠意了。尤其他那改過猶恐不及的「日月逾邁，若弗云來」之言，這眞可說是「思之切而進之勇」了。就當時來說，以一國君之尊，而能向師衆坦承己過，並表示深自悔改的誠意，如沒有篤誠的克己功夫，是很難能說出這樣的言論的。這也就無怪乎感人之深了。

二、痛定思痛，不惟坦承受病的根源，而且在看法上也有了轉變。經文說：

惟古之謀人，則曰未就，予忌；惟今之謀人，姑將以爲親。雖則云然，尚猷詢茲黃髮，則罔所愆。

番番良士，旅力既愆，我尚有之。仡仡勇夫，射御不違，我尚不欲。惟截截善諞言，俾君子易辭，我皇多有之（註四六）！

起初，穆公對於蹇叔不可襲鄭的忠告，認爲是有違己意，所以非常憎恨他。並且說：「爾何知？中壽，爾墓之木拱矣。」（註四七），這不僅是輕視，而且還恨之不早死去呢！可是對於當時朝中的謀士，則採取親近而順從的態度，以致鑄下大錯，然而往者已矣，今後仍希望能謀諭於年老成德的人，這樣日後的作爲，才能免於大的過失。因此，他的態度、觀點轉變了，對於皤皤白髮年老的善士，雖然精力已經衰退了，可是仍然要親近他們。對於那些英勇的武士，雖則他們能騎善射，毫無違失，然而現在却不是他所欲有的。至於那些能說善道、詭言邉辭的人，則會使國君易於走上鬆懈怠忽的道路，他現在那裏還敢再親近他們呢！這些，都是穆公痛定思痛，追悔過去的話。我們常說，人非聖賢，誰能無過？有過能改，那就「善莫大焉」了。這就是穆公可取而他人所不及的地方。

三、經過深思熟慮之後，終於悟出何者爲君子、何者爲小人。福國利民，端賴君子，禍國賊民，亦惟小人。是以經文說：

昧昧我思之：如有一介臣，斷斷猗無他技；其心休休焉，其如有容焉。人之有技，若己有之；人之彥聖，其心好之，不啻如自其口出，是能容之。以保我子孫黎民，亦職有利哉。人之有技，冒疾以惡之；人之彥聖，而違之俾不達，是不能容。以不能保我子孫黎民，亦曰殆哉（註四八）。

在上述經文中，說明了兩種迥然不同的人格修養，對後世也發生了決定性的影響。是以禮記大學篇引之以爲治國之道。蔡沈書集傳引蘇氏的話說：「至哉！穆公之論此二人也，前一人似房玄齡，後一人似李林甫，後之人生，監此足矣。」一位寬宏大度的君子，不僅明達，而且所見深遠。因此，在表面上看來，似無所能，然而他却能以人之能爲己能，於人之「彥聖」，而「其心好之」。在此情況下，當然能容人，能察人，能用人，而人亦樂爲所用，民亦樂爲所化了。人樂其用，民樂其化，舉國上下，共榮辱共存亡，而郅治之隆，當可不期而至。反之，一位心胸狹窄、嫉妒成性、不能容人的小人，見人之能，惡之惟恐不深，見人之美，違之惟恐不遠，國不得人以治，民不得人以化，國無法紀，民無所守，上下蒙騙欺詐，「不奪不厭」，在此情況下，國家又焉得不亂、不亡？當然也就「不能保我子孫黎民」了。宋、時瀾在其增修書說卷三十五中說：「傷於外者反於家，動心忍性，將進於二帝三王之治者，此其階也。」可惜穆公的「痛悔」，僅爲一時，並未能循階以進，這大概就是諸侯的所以爲諸侯吧！欽定書經傳說彙纂卷二十一引陳氏雅言的話說：「大臣之道，不貴乎用一己之能，而在於容天下之善。人君能得是臣而用之，則必能廣致群賢以圖治功。……一己之技能有限，而天下之才德無窮。故大臣惟不用己而用人，故善之集國者衆，而福之集國者遠也。」穆公的「昧昧以思」，而竟然能悟此理，這也就無怪乎時瀾謂其能「將以進於二帝三王之治者此其階也」了。然而如小人當政，其情景又是如何？王氏樵說：「凡人以材自結於君，則惟恐他人形己之短，妨己之進，此冒疾之所以生也。」（註四九），既然妒材違聖，使之不能上達於君，下澤於民，「其不能容」，乃必然之事。既不能用天下無窮之才德，僅憑一己有限的私見，又如何能「保我子孫黎民」而不「殆哉」呢!?此將爲千古不磨的定律，有國有家的人，又當如何其勉！

四、一人興邦，一人敗國，任人不可不愼。經文說：

邦之杌隉，曰由一人；邦之榮懷，亦尙一人之慶（註五〇）。

這可說是穆公由慘痛的失敗中，所得深刻教訓的領悟之言，我們常說：「不經一事，不長一智。」果爾穆公從此能痛自悔改，行王道而不肆征伐，興仁義以友善諸國，其成就或不限於此，起碼其日後聲譽之隆，可爲世人共仰。

至於經文中「一人」的解釋，唐、孔穎達、宋、蔡沈、元、陳櫟等先儒，均以爲是國君所任命的大臣，非指國君。陳櫟甚至解釋說：「國之安危，繫所用一人之是非，卽老蘇管仲論，國以一人興、一人亡之意。結上文兩節有照應。」（註五一）就經義說，陳氏所說甚是。然而也有人認爲「一人」是穆公自稱，這就事理來說，並沒有違背的地方，更何況「一人」的稱呼，自古卽多指天子、或國君而言，大臣很少有稱之爲「一人」的。這可能是穆公不惟希望大臣要如此，同時更應當責之於一己才對，所以才有這樣的說法吧！

五、結語：通觀本篇主旨所在，不外悔過、任人二事。能悔過，就可日遷於善。能任人，國家就可長治久安。羅氏洪先說：「秦誓一篇，有可爲後世法者二：悔過遷善、知所以修身矣。明於君子小人之情狀，知所以用人矣。愼斯道也，以往帝王之治，其殆庶幾乎。」（註五二）皐陶謨說：「在知人，在安民。……知人則哲，能官人。安民則惠，黎民懷之。」明、胡渭洪範正論卷四引鄭公弼的話說：「天子無職事，惟辨君子小人而進退之，乃爲天子之職。」我們看了這些言論之後，當可領悟到治世、亂世的所由了吧！同時穆公的所以慘敗，固然是因爲用人不當所致，同時不明情勢，不接受忠告，也未嘗不是失敗的因素之一。不過在此慘痛的教訓中，能悟此理，又何嘗不是「焉知非福」呢？可惜的是，就在這次戰役的第三年（穆公三十六年），穆公又「益厚孟明等，使將兵伐晉，渡河焚船，大敗晉人。取王官及鄗，以報殽之役」（註五三）了。宋、時瀾說：「秦穆公襲鄭，晉襄公帥師敗諸崤。乘人之隙者，人亦乘之，出乎爾者，反乎爾者也。」這也就是穆公之所以爲穆公吧！不僅穆公如此，而春秋之諸侯，亦多莫不如此，孟子謂春秋無義戰，誰曰不宜？

陸、總論

我們總觀五誓，就所載內容來說，儘管不同，然而其所表現的大義，却無二致。此大義爲何？實可一言而盡，那就是一個「義」字。所謂「義」，簡單的說，就是應該做的事，既然是「應該做的事」，往小處說，當然是合情合理，人所同心的。往大處說，那也一定是順乎天應乎人的。我們看，當夏代的諸侯有扈，「威侮五行，怠棄三正」的時候，這種情事，站在統御天下王的立場來說，應不應該出兵討伐呢？當人民對其統治者發出「時日曷喪，予及汝偕亡」的哀號和痛不欲生的怨言時，這位統治者，應不應該討伐呢？又當一位統治者，酗酒淫佚，喪失理性，横征暴歛，殘民以逞，而且又自以爲「我不有命在天乎」的不知悔改，這樣的統治者，是不是也應該征伐呢？由於桀、紂的暴虐殘民，是以始有湯、武的征伐。焉有仁人在世，而目睹此情此景，而不聞不問的呢？我們作這樣的論調，或者有人會問：桀、紂自暴其民，「干卿何事」？後世的造反或出兵干政，不也往往發出、是爲了救國救民的言論？關於此一問題，我們已在「大義探討」中，作了說明，也就是說，能爲「天吏」，方可出兵討伐，如不能爲「天吏」，那就無異於以暴易暴了。我們平心而論，商湯、周武王，是否可以稱得上「天吏」？至於魯君征伐徐戎，那是因其作亂寇邊，騷擾百姓，使不得安居，以致生命財產，都失去保障，在這種情況下，對一國之君來說，也應不應該出兵平亂呢？再說秦穆公，他本爲一位貪圖之人，所爲自無可取。然而他能痛自悔改，向師哭訴遷善之心，又是多麼的不易。一個人，在經過慘痛失敗教訓之後，欲圖振作，痛改前愆，這本來是一件難能可貴的事。而穆公以一國君之尊，竟然有如此的克己行爲，難道還不值得我們後人效法、學習？就一個人的修養說，也惟有從失敗中，方可找到眞是非的所在。這種改過若不及的心情，又有幾人能做得到？這不是義的表現又是什麼呢？是以漢代的伏生說：「六誓可以觀義。」眞眞不錯。

【附註】

註一：今有陳壽祺輯錄本。漢京出版重編本皇清經解續編二冊，頁一一八三。

註二：今傳十三經注疏中的泰誓，固爲僞作，乃東晉梅賾所上，此爲大家所熟知，其實，即漢代民間所得，爲馬、鄭、王肅所注之泰誓，亦爲僞本，先儒馬融已舉例證之。如是以言，泰誓有三：一爲古泰誓，即秦火以前，典籍中所引者。二爲漢代民間所得者。三爲東晉梅賾所上者。詳請參閱漢京出版重編本、皇清經解十九冊頁四四七六及孔孟月刊第十九卷第四期泰誓眞僞辨。

註　三：見書傳輯錄纂注。

註　四：書序云：「啓與有扈，戰于甘之野，作甘誓。」呂氏春秋卷三先己篇云：「夏后伯啓、與有扈戰於甘澤而不勝。」史記夏本紀云：「有扈氏不服，啓伐之，大戰于甘。將戰，作甘誓。」又淮南齊俗訓云：「昔有扈氏爲義而亡。」高注：「有扈、夏啓之庶兄也。以堯舜舉賢，禹獨舉子，故伐啓，啓亡之。」以上四說，皆主啓伐有扈。然墨子明鬼篇下云：「夏書禹誓曰：大戰于甘。」莊子內篇人間世云：「禹攻有扈，國爲虛厲。」呂氏春秋卷二十召類篇云：「禹攻有扈。」說苑卷七政理篇云：「昔禹與有扈氏戰，三陣而不服，禹於是修教一年，而有扈氏請服。」以上四說，皆以禹伐有扈。

近人楊筠如尚書覈詁於甘誓第四下云：「漢志：扈，夏啓所伐。與史記、後漢書合。昭元年左傳：虞有三苗，夏有觀扈，商有姚邳，周有徐奄。以是言之，疑夏世之扈，亦如堯典之再竄三苗。周代之屢征徐戎。征扈之事，當非一次。故致傳聞異辭，莫可諟正矣。」此言或是。案：孟子萬章篇上云：「禹薦益於天七年，禹崩、三年之喪畢，益避禹之子於箕山之陰，朝覲訟獄者，不之益而之啓，謳歌者，不謳歌益而謳歌啓，啓賢能敬承繼禹之道。」以此觀之，則有扈之惡現矣。

註　五：見元，董鼎書傳輯錄纂注引吳泳語。

註　六：周禮夏官第四孔疏引。頁四二九。

註　七：見尚書正義及詩經魯頌閟宮之四，公車千乘下鄭箋。

註　八：引林氏尚書解卷十二語。頁六六四二。

註　九：欽定書經傳說彙纂卷七引。

註一〇：格、作至解，亦作來解。台、音怡，作我字解。稱，作舉字解。殛，作誅字解。

註一一：孟子文中所言書曰，皆古仲虺之誥語。

註一二：見孟子公孫丑篇下。

註一三：林氏尚書全解卷十四。漢京索引本十一冊頁六六六六—六六六七。

註一四：割正下各本皆有「夏」字，然據史記殷本紀引此文僅作「舍我穡事而割政」，僞孔傳亦僅言「奪民農功而爲割剝之政」。阮元校云：「蓋今古文尚書皆無夏字，後人據正義妄增之，非也。」段玉裁亦有是言。今據刪。

註一五：陳櫟書集傳纂疏卷三引。

註一六：蔡沈語，見書集傳。

註一七：欽定書經傳說彙纂卷七引。

註一八：同註一六。

註一九：見書集傳纂疏卷三。

註二〇：崔述語，見商考信錄。

註二一：有關武王克殷之年月日，請參王國維著觀堂集林生霸死霸考及孔孟學報第三十五期朱延獻著武王克殷考二文。

註二二：①冢，大也。稱友邦冢君者，尊之也。②御，治事之臣。③亞旅，上大夫。④師氏，中大夫。周禮地官師氏中大夫一人，凡軍旅，王舉則從。⑤千夫長，統千人之帥。⑥百夫長，統百人之帥。⑦庸，在今湖北鄖陽縣。⑧蜀，在今四川北部。⑨羌，西戎牧羊人也。⑩髳，在今山西部濱河之地。⑪微，在今陝西郿縣。⑫盧，在今湖北襄陽南。⑬彭，在今四川彭縣。⑭濮，在湖北荊州府地。⑮稱，舉也。⑯比，相次比也。⑰戈，擊兵也。⑱干，盾也。⑲其誓，將宣誓也。

註二三：見孟子萬章下篇。

註二四：見西伯戡黎。意謂上天命我爲天子，誰又能奈我何？這與夏桀「時日曷喪」語，洵可謂無獨有偶矣。

註二五：自距諫飾非至廢商容，見史記殷本紀。

註二六：孟子引，見萬章上篇。

註二七：見孟子梁惠王下篇。

註二八：①愆，過也。②步，進趨也，指前進之步數言。③齊，乃齊整行列之謂。④夫子，尊卑之通稱，戰爭，乃丈夫之事，是以夫子爲稱。⑤勗，勉也。⑥伐，擊刺也。⑦桓桓，威武貌。⑧貔，豹屬。羆，似熊而大。⑨迓，迎也。又禦也，有抵制之意。⑩克奔，謂紂師之來奔者。即敵之奔來投誠者。克，能也。然鄭氏訓克爲殺。⑪役，助也，西土，謂周也。

註二九：王柏語，見其所著書疑卷四。

註三〇：費、音ㄅㄧˋ，史記魯周公世家作肸。裴駰集解云：「徐廣曰：『肸，一作鮮，一作獮。』駰案：尚書作粊。孔安國曰：魯東郊之地名。」司馬貞索隱云：「尚書大傳作鮮誓，鮮誓卽肸誓，古今字異，義亦變也。鮮，獮也，言於肸地誓衆，因行獮田之禮，以取鮮獸而祭，故字作鮮，或作獮。……卽魯卿季氏之費邑也。」據以上所引，可了同一地名，竟有費、肸（肸、又有作肹、盻者，皆傳寫之誤。）鮮、獮、粊五字之異。如就意義言，鮮誓、獮誓者，乃以行獮田之祭，殺鮮以祭也。稱費、稱肸、稱粊者，俱以邑言之也。至費之稱，古籍中多如是，如論語季氏篇云：「今夫顓臾，固而近於費」。何晏集解云：「費，季氏邑」。再如左氏成公十三年傳云：「殄滅我費滑。」杜注：「費滑，滑國都於費，今緱氏縣。」僖公元年傳云：「公賜季友汶陽之田及費。」劉文淇引一統志云：「費縣故城，在沂州府費縣西北二十里。」

註三一：書序曰：「魯侯伯禽宅曲阜，徐夷並興，東郊不開，作費誓。」史記魯周公世家云：「伯禽卽位之後，有管、蔡等反也，淮夷、徐戎亦並興反，於是伯禽率師伐之於肸，作肸誓。」

註三二：余永梁，著有粊誓的時代考一文，大義略謂：蠻、夷、戎之稱，於周初，鮮有以此種徽號給與別國者，此種稱呼，至春秋時代始爲流行。本篇稱徐戎而不稱徐方，與春秋時之風尚相合。其次爲粊誓之文，與兮甲盤銘極相似，兮甲盤爲宣王時器物，距春秋已不遠矣。據以上所論，吾人可云粊誓作於春秋僖公之時。詳請參古史辨第二冊第七十五頁。楊筠如著有尚書覈詁一書，在費誓第二十八後云：「竊疑西周諸侯，當承王命征伐，而此篇無一語道及王命。當是東周以後，諸侯自專攻伐時之作品。且其文字，與秦誓相去不遠。據魯頌閟宮：『奄有龜蒙，遂荒大東；致于海邦，淮夷來同。』又曰：『保有鳧繹，遂荒徐宅，致于海邦，淮夷蠻貊。……』此確敘魯公征討徐戎、淮夷之事。泮水：『既作泮宮，淮夷攸服，矯矯虎臣，在泮獻馘。』亦明爲克服淮夷獻功之事。則詩書所載，自屬一事。而閟宮有『莊公之子』一語，鄭箋以爲僖公時事，似尚可信。」屈萬里先生著有尚書釋義，在費誓標題後云：「春秋僖公十三年經云：『公會齊侯、宋公……于鹹。』左傳云：『淮夷病杞故。』又十六年經云：『公會齊侯、宋公……于淮。』左傳云：『會于淮，謀鄫；且東略也』據此，本篇疑僖公十三年或十六年時所作也。」

註三三：見孔孟月刊第十九期尚書大小序辨疑，及黎建寰著周書考釋書序之作成時代節。

註三四：①大誥序：武王崩，三監及淮夷叛，周公相成王，將黜殷，作大誥②成王征序：成王東伐淮夷，遂踐奄，作成王政。③周官序：成王既黜殷命，滅淮夷，還歸在豐，作周官。④賄肅愼之命序：成王既伐東夷，肅愼來賀，王俾榮伯，作賄肅愼之命。⑤費誓序：魯侯伯禽宅曲阜，徐夷並興，東郊不開，作費誓。

註三五：①人，鄭玄云：「人謂軍之士衆及費地之民。」②譁，猶今云吵雜、喧譁也。③命，即誥命、誓命之意。④敹，音ㄌㄧㄠˊ。說文：「擇也。」鄭云：「穿徹之意。」謂甲繩有斷絕當使之敹理。因此蔡沈書集傳釋爲縫完也，縫完其甲胄，勿使斷毀。」今北方仍有縫敹之土語。⑤敿，音ㄐㄧㄠˇ。說文：「繫連也。」即以紛繫之，便於攜帶，且以爲飾也。⑥弔、善也。

註三六：①淫，大也。②舍，放置也。③牿，音ㄍㄨˋ。牛、馬牢也。④杜，說文作敷。云：「閉也」⑤擭，音ㄏㄨㄛˋ。捕獸機檻之屬。⑥敜，音ㄋㄧㄝ。塞也。⑦穽，說文作阱，穿地爲之，即陷阱也。

註三七：①馬牛其風，臣妾逋逃：鄭云：「風、走逸。臣妾，廝役之屬。」案：風、走逸，乃引申義。左氏僖公四年傳云：「惟是風馬牛不相及也。」賈逵云：「風、放也。牝牡相誘，謂之風。」然則馬牛風佚，因牝牡相逐而遂致放佚遠去也。②無敢越逐：謂馬牛走失，臣妾逃亡，不可逾越部伍追逐，恐其亂行陣也。③祇復之，謂敬還其失主也。④商賚：謂賞賜也。

註三八：寇攘：強取曰寇。有因而盜曰攘。

註三九：欽定書經傳說彙纂引王肯堂語。

註四〇：①峙，當從止。爾雅釋詁：「峙、具也。」猶今言具備，完備之意。②糗，音ㄑㄧㄡˇ。說文：「熬米麥也。」即以煑熟之米麥，經曬乾後而爲之乾糧也。字或作餱，乾食也。③大刑、死刑也。④魯人，指所征調之魯國軍士也。⑤三郊三遂：指魯國所動員之兵額也。王鳴盛尚書後案云：「諸侯出兵，先盡三鄉、三遂，鄉遂不足，然後總徵境內之兵。今此淮夷、徐戎兩寇並發，其勢甚急，故悉起鄉遂之兵應之，然猶不致總徵境內也。」案：周禮夏官大司馬：「凡制軍，大國三軍。」魯爲大國，宜有三軍。至於郊之釋，孔穎達正義云：「王國百里爲郊，鄉在郊內，遂在郊外，諸侯之制，亦當鄉在郊內，遂在郊外。此言三郊三遂者，三郊、謂三鄉也。⑥楨榦：馬融云：「

皆築具，楨在前，榦在兩旁。」孔穎達正義云：「當築攻敵之壘，距堙之屬。兵法：攻城築土爲山，以闚望城內，謂之距堙。⑦無餘刑：謂絕無寬減之刑。言非刑之不可，無有釋者，但不殺耳。⑧芻茭：芻爲濕草，茭爲乾草，合言當無別也。⑩無敢不多之多，史公作及，是也。及、至也。無敢不及，言勿得膽敢不及時具備也。

註四一：見欽定書經傳說彙纂引。

註四二：見薛季宣著書古文訓卷十五。

註四三：①書序云：「秦穆公伐鄭，晉襄公帥師敗諸崤，還歸，作秦誓。②左氏僖公三十年傳云：「初，秦與鄭盟，秦使杞子、逢孫、楊孫戍之。」僖公三十二年傳云：「杞子自鄭使告于秦曰：『鄭人使我掌其北門之管，若潛師以來，國可得也。』穆公訪諸蹇叔，蹇叔曰：『勞師以襲遠，非所聞也。師勞力竭，遠主備之，無乃不可乎！』公辭焉。召孟明、西乞、白乙，使出師東門之外。蹇叔之子與師，哭而送之曰：『晉人禦師必於殽，……必死是間，余收爾骨焉。』秦師遂東。……過周北門，左右免冑而下，超乘三百乘。王孫滿觀之，言於王曰：『秦師輕而無禮，必敗。』及滑，鄭商人弦高將市於周，遇之，以乘韋先牛十二犒師。……」秦師既知鄭有備矣，於是滅滑而還。而晉師禦之於崤。僖公三十三年夏四月辛巳，大敗秦軍，獲百里孟明視，西乞術、白乙丙以歸。此時晉襄公母文嬴，請釋秦之三帥，故得歸。於是「秦伯素服郊次，鄉師而哭曰：『孤違蹇叔，以辱二三子，孤之罪也。不替孟明，曰孤之過也。大夫何罪。且吾不以一眚掩大德。』」

註四四：閻若璩四書釋地又續云：「余以左氏傳考之，誓當作於僖公三十三年夏，秦伯素服郊次鄉師而哭之日，不作於文三年夏封崤尸將霸西戎之時；蓋霸西戎，則其志業遂矣，豈復作悔痛之辭哉！」

註四五：①羣言之首：意謂擇要言之也。首，禮記曾子問鄭注、本也。以今言之，有要點、要義、主旨、要旨之意。②民訖自若是多盤：意謂人皆多樂於自己之所作所爲也。日月逾邁，若豈云來：言外之意乃謂往事已成大錯。追悔已不及矣。此有欲痛自悔改、惟恐不及之意。

註四六：①惟古之謀人，則曰未就，予忌：意謂始之謀人，則爲未能從予，故予憎恨之也。②番番良士，旅力既愆，我尚有之：意謂皤皤年老善德之士，雖然膂力（引申有體力、精力之意）已虧損衰退，我庶幾親近之也。③仡仡：勇壯也。④截截善諞言，俾君子易辭：「截截，說文作戔戔，巧言也。諞，說文：「巧言也。」易辭，公羊傳引作易怠。何休云：「易怠，猶輕惰也。皇，公羊傳引作況。此二語意謂能說善道之人，使國君易於怠惰。

註四七：見左氏僖公三十三年傳文。

註四八：①昧昧我思之：意謂暗自思之，亦即夙夜幽獨之思也。②斷斷猗：誠也。猗、大學引作兮，語詞。③休休，美大貌。④冒疾：冒，大學引作媢，媢、妒也。疾、一作嫉。媢嫉即妒嫉也。

註四九：欽定書經傳說彙纂卷二十一引。

註五〇：①杌隉：杌、說文作阢，石山戴土也。隉、危也。僞孔傳：「杌隉不安，言危也。」②榮懷，謂安樂也。③慶，善也。

註五一：書集傳纂疏卷六。

註五二：欽定書經傳說彙纂卷二十一引。

註五三：見史記秦本紀。

（原載於孔孟月刊二〇卷第三、四兩期。民、71、11、及71、12）

附錄　尚書費誓篇作成時代的再檢討

李振興

一、爲什麼要提出這個問題

民國以來，在學術界，形成了一股疑古的風氣，許多翻案文章，就是在這種風氣下產生的。他們的動機，出發點，也許是善良的，不過在有意無意之間，却把我國的歷史給縮短了。他們大多數人的見解，都主張將我國的古籍著作年代往後延，使之失去應有的歷史價值，這站在國家歷史文化的立場上看，就不無商榷的必要了。尚書費誓篇作成時代的再檢討，就是基於這一點理由提出的。

二、費誓解題

費，地名，卽今山東省費縣，故城在縣西北二十里。如就字形說，有費、粊、棐、菜、肹、柴、鮮、獮八種寫法的不同；就字義說，鮮、獮，是因行獮田之祭，殺鮮以祭的意思。菜、柴、棐，可能是與粊字形相近而譌，而費、粊、肹三字，乃因音近（其實在古代，這八種寫法，讀音皆同。）而混用，所指都是邑名。在古籍中，以費爲稱的居多，如論語季氏篇：「今夫顓臾，固而近於費。」左氏成公十三年傳：「殄滅我費滑。」僖公元年傳：「公賜季友汶陽之田及費。」都是用的費。誓、孔穎達禮記疏卷五曲禮下說：「約信曰誓。」元人董鼎書傳輯錄纂注說：「誓者，臨衆發命，述其興師之意。」由此我們可以了解，所謂費誓，就是由於當時徐夷，淫亂不服治化，並起侵周，魯國的國君，率兵討伐，爲了齊一衆志，化一行動，約定舉止，嚴禁所爲，以收同心協力、殺敵效果的功效，而在費地，當著將士們的面，所約定的誓言，也可以說是當衆所宣布的命令。

至於誓辭的大義，我們可以歸納成三項予以說明：第一，首先告訴衆軍士征伐的對象及檢點最切要的武器裝備。第二，命令軍士在駐紮期間，要妥善照顧牛馬，嚴守軍紀，違者有常刑。第三，約定期日，使善爲準備人、畜的食物，以及攻伐敵人的工具，如有不逮、不供、不及等情事，則分別處以大刑或應得之罪。

全篇誓辭，就着實際需要的輕重緩急，敍述甚爲有條理，使讀的人，不致有紊亂的感覺。就是因其文詞較爲簡易，所以才引起後人的懷疑，將它作成的時代往後延，認爲不是作於魯公伯禽的伐徐夷，而是成於僖公時代的撻徐患。現在我們就針對着此一問題，提出一廂情願的看法。

三、作成時代的再檢討

我們所以提出此一問題，不僅僅是爲了史實的正確，同時在探討的過程中，還會牽涉到史家的觀點以及文學、歷史在記述上的差異。由此卽可看出各自的功用，期望進而能促使我們判斷力的增强及取捨間的斟酌。

關於費誓作成的時代，其說法、就個人資料所及，不外下列兩種：

1.以爲魯君伯禽，率兵討伐徐戎、淮夷作費誓。主張這種說法是，一是書序，它說：「魯侯伯禽宅曲阜，徐夷竝興，東郊不開，作費誓。」一是史記，太史公說：「武王封周公旦於曲阜，是爲魯公，周公不就封，留佐武王，其後武王崩，成王少，於是相成王，而使其子伯禽代就封於魯。伯禽卽位之後，淮夷、徐戎並興反，於是伯禽率師伐之於肸，作肸誓。」這兩家的見解，一直到民國以前，向無疑之者。

2.以爲作於魯僖公時代，甚或指出作於僖公十三年或十六年。主張這種說法的共有三家：一是余永梁先生，一是楊筠如先生，一是屈萬里先生。現在先將三家的見解，扼要提出，然後再作探討。

第一，余永梁先生：他的大作題目是「粊誓的時代考」，原載於民國十六年十一月一日中山大學語言歷史學研究所週刊第一集，第一期。現轉載於古史辨第二冊。在這篇文章中，余先生所舉的例證爲：

(1)西周稱蠻夷爲「方」，無稱「夷」「戎」者，並舉「公伐郐鼎」：『王命公伐郐，攻戰克敵，徐方以靜。』」爲證，並說：「考釋此鼎的各家，以爲伯禽的器。」

(2)戎、狄、蠻、夷之稱，在春秋時最流行。……禹貢稱「淮夷」，堯典稱「蠻夷猾夏」，正是春秋時所應用的，可知禹貢、堯典，也是春秋後所作，決不是春秋以前作的了。

(3)粊誓的文章，與兮甲盤銘極似。……兮甲盤是宣王時器，距春秋已不遠了。而粊誓的「備乃弓矢，鍛乃戈矛，礪乃鋒刃，」與牧誓的「稱爾戈、比爾干、立爾矛」相同。「臣妾逋逃」，與牧誓的「乃惟四方之多罪逋逃」相同。疑牧誓是後人摹倣粊誓而作的。

(4)舉詩經魯頌閟宮是「頌僖公能復周公之宇」，僖公伐徐，亦必大興戎衆，所以詩、書、傳所記的，自當是一件事。

(5)僖十三年經說：「公會齊侯、宋公、陳侯、衞侯、鄭伯、許男、曹伯于鹹。」傳云：「會于鹹，淮夷病杞故，且謀王室也。」可知淮夷來侵，僖公伐徐，以匡王室，並保魯境，故頌謂「保有鳧繹，遂荒徐土」了。

⑥就郡縣志、地理志所載，說明兗州的鄒縣、鳧繹，均在曲阜的東南，粊誓作「粊」的是古文，今文作「肹」，然而聲音都相近，與「費」的聲音亦近，「費」即今山東費縣，亦在曲阜東南，可證是僖公伐徐在「費」誓師時作的。

第二，楊筠如先生：他在所著尙書覈詁費誓下，也作了與余氏意見相同的說明，玆舉其相異者如下：

(1)西州諸侯，當承王命征伐，而此篇無一語道及王命，當是東周以後、諸侯自專攻伐時代之作品。

(2)泮水（案：詩、魯頌篇名）：「既作泮宮，淮夷攸服，矯矯虎臣，在泮獻馘。」亦明爲克服淮夷獻功之事。則詩、書所載，自屬一事。

第三，屈萬里先生：在其所著尙書釋義費誓下，除引余、楊二氏的話，表明費誓作於魯僖公時代外，又引：

⑴春秋僖公十三年經云：「公會齊侯、宋公……于鹹。」左傳云：「淮夷病杞故。」

⑵又十六年經云：「公會齊侯、宋公……于淮。」左傳云：「會于淮，謀鄫，且東略也。」據此，本篇疑僖公十三年或十六年時所作也。

以上是三家所舉的例證，現在我們卽就着這些問題，一一地說明我們的看法。

余先生的第一個例證，就給我們舉出「公伐郤鼎」，「公伐郤鐘」，這使我們非常感謝他，因爲有了這兩件器物，使我們可以確定魯公伯禽，征伐徐夷的不誣。關於第二個例證，我們認爲：堯典、禹貢之文，乃由口傳而直到文化進展至相當程度後，始有的產物，而且又經後代的轉寫，才有現在的這個面目。就事實說，是屬於堯、禹那個時代，就用字說，就難免不使用轉寫時的語言了。然而我們仍然可以找出若干古時用語的遺留，因而確定堯典，是屬於那個時代的。這種情形，可由董作賓先生大作「堯典天文曆法新證」一文中，得到充分的證明。這篇文章，寫訖於民國四十五年、香港大學東方文化研究所，今載於清華學報新一卷二期。他在文中說：「堯典已經過了不知多少次的傳鈔，多少次的刻板，眞正保存着的本來面目，實在太有限了。但是大體上保存着的一部份本來面目，幸而還可以看得出來。例如『嵎夷』地名，雖有六種不同的寫法，但我們認爲它是一個東方地名，却不會大錯的。……近人有但據一種本子，而曲意附會、由詞字以武斷古書時代之爲晚出。由此一例、就可以知道此類疑古與考古方法，是絕對不能使用的了。」接着他又舉出：一、紀日法，二、閏月，三、四時與四方之序，四、關於「厥民析」，五、出日與納日，六、以歲差、日躔證四象，在這六項中，有的以單字的用法作證，如㞢、又、有的三種演變，對「析」字的考釋，以及賓、餞二字在當時的作用等，都能將我們帶到唐堯那個時代。有的則用肯定的文句下判斷，如在六、以「歲差、日躔證四象」項中說：「是堯典之紀事，於時於天均合，豈猶不足爲定讞歟！」在最後他說：「歷法上甲骨文中的新證，使我們相信、堯典中多存眞實的上古信史。」而事實上，尚書沒有那一篇，是沒有不經過後人轉寫的。請看僅一個「費」字，就有八種不同的寫法，在這種情況下，我們能以一字的差異，就斷定這篇文章爲晚出嗎？再說，文化是漸進的，有所謂的「流行」，當然必須先有開始，在開始有人這樣用的時候，其他的人，未必也能馬上這樣用，必待漸浸漸染，才能到達「流行」的地步。這種見解，我們認爲是合理的。

關於余先生的第三個問題，我們認爲：兮甲盤銘、既可以往下推，那又何以不能往上移？就兮甲盤銘與商湯盤銘相比又如何？與費誓相較呢？這樣說來，「湯之盤銘」，也不足信了？既云粊誓的「備乃弓矢……」與牧誓的「稱爾戈，比爾干……」相同，而牧誓爲武王伐紂的誓詞，而費誓又何以不可爲伯禽伐徐戎、淮夷的誓詞？懷疑是一回事，事實上，而牧誓是不是後人摹倣又是一回事。我們不知道後人爲何偏偏要摹倣牧誓，如無實證，起碼也要不違於理，只是「懷疑」，那是難以使人信服的。至於余先生所舉第四、第五兩條，我們認爲僅能證明在僖公時，亦有伐徐戎之役，這又怎可與伯禽伐徐夷混爲一談？如僖公眞的有此舉措，司馬遷在魯周公世家中，又何以隻字未提？同時書序的成篇，據屈先生考證，「不得上至戰國中葉，可以斷言。」（尚書釋義敍論）就時代說，作書序的人，更應該了解，何以亦言伯禽伐徐夷而不言僖公？余先生的第六個例證，所說的地名、地理位置，我們都非常同意。但我們認爲這與伯禽伐徐夷，或是僖公伐徐夷，在時間上，並沒有太重要的關係。余氏所以要引經據典的加以解釋，目的在證明費誓的「費」，就是在僖公時所轄魯國東南境的費邑。這種論證，可能是一種浪費。因爲費誓的「費」，不同的寫法太多了，這許多種不同的記載，給了我們很大的啟示，那就是你可以寫徐方，他可以寫徐夷，你可以寫粊，他可以寫費、寫鮮、寫肸，反正所指皆爲一地。由此可以證明，在文字上，是經過後人轉寫的。否則何以會有如是多的不同？余先生的解釋，只能說明在地名演變爲費邑之時的人轉寫，這與是那位魯君伐徐夷並無關鍵性。假如在僖公之時，始有費邑之名，借其名來證明僖公伐徐戎、淮夷，倒不失爲一個有力的證據，然而可惜的是在僖公以前此費邑之名，老早就有了。如僖公元年賜季友汶陽之田及費，可見費之名，不始於僖公。再如左氏隱元年傳：「費伯帥師城郎。」莊公八年傳：「反誅屨於徒人費」皆是。既不始於僖公，我們總不能一看到費邑之名，就一口咬定只有僖公才能伐徐夷吧！

余先生的問題解答之後，現在就讓我們來探討楊筠如先生所舉的例證。楊先生所舉的第一個例證是不錯的，因有「公伐郐鼎，公伐郐鐘」可以證明。然而我們也不要忘了在古籍中，往往有爲後人竄改的事實，且尚書又經過漢人以「今文」的轉寫，在習尚方面，難免有所顧及不到的地方，在經後人轉寫的那個用字習尚之下，我們總不能因爲沒有「王命」二字，就認爲這篇誓詞不是作於伯禽時代吧！

當然我們也不能處處用「竄改」、「轉寫」來作擋箭牌，也應該拿出個積極的例證作爲回敬，就像董作賓先生那樣，在堯典中，舉出「其原來面目」的遺留，才能使人折服。

在費誓中，提到「魯人」的地方有二次，一則說：「魯人三郊三遂，峙乃楨榦。」再則說：「魯人三郊三遂，峙乃芻茭。」這樣的表示方式，我們認爲和牧誓中所說：「逖矣！西土之人」，「庸、蜀、羌、髳、微、盧、彭、濮人」相似。牧誓中的話，是出自武王之口，費誓中的言論，即使不是伯禽所說，也是當時的史官所爲，因此這個「人」字所表示的意思，無論是稱己稱人，都沒有鄙視、貶抑之意，換句話說，在當時，就是以「人」來表示己方或對方，在觀念上是齊平的。然而這種觀念，到了春秋時代，就大爲不同了。孔子在春秋中所使用「人」的意義，尤爲顯著，如隱公二年經說：「夏五月莒人入向。」桓公十五年經說：「邾人、牟人、葛人來朝。」僖公十九年經說：「春王三月，宋人執滕子嬰齊。」對這些國家的所以稱人而不稱其名或爵，不是言其「將卑師少而微之也」，就是「夷狄之也」，再不然就是「正以王法，以奪其爵。」假如我們要想用一個字來含蓋的話，那就是一個「貶」字。這正是孔子作春秋寓褒貶之意。可是我們再回過頭來看看牧誓、費誓中的「人」字，有沒有這種含義呢？一國之君，率師出征，當衆宣誓，又如何能貶抑其將士？諸侯之師，不遠千里而來相助，感謝猶恐不及，何以貶爲？因此，我們認爲這就是「其原來面目」的遺留，雖無「王命」二字，我們確信仍爲那個時代事績的遺留。再說，魯國征伐可以不用「王命」，也是周天子所特別准許的。魯周公世家說：「成王乃命魯得郊祭文王，魯有天子禮樂者，以褒周公之德也。」魯既可行天子的禮樂，難道於征伐之際，還一定要用「王命」？

楊先生的第二個例證，我們認爲：泮水詩，就其內容說，是否爲僖公伐徐戎、淮夷，尚在爭論之中。就詩小序所言，固然不錯，可是朱子却以爲是祝禱之詞，並不認爲是稱美僖公。到了清代，更是仁智互見，莫衷一是（請參姚際恒詩經通論及馬通伯毛詩學）。卽使近人，見解亦不一致。如屈萬里先生詩經釋義，卽主張「此亦僖公時詩」，然而王靜芝先生詩經通釋，却以爲「此伯禽征淮夷、執俘告於泮宮。」是非既不能斷，引之作證，這不是治絲而棼、徒增困擾？

最後，我們該回答屈先生的問題了。余、楊二氏所舉各條，既然我們不能同意，而屈先生所舉春秋經及左氏傳的事實，充其量，僅能證明在僖公十三年或十六年伐淮夷，並不能證明費誓不是伯禽伐徐夷的作品。清、姚際恒詩經通論於泮水詩後說：「許魯齋謂頌伯禽之詩。蓋伯禽有征淮夷事，見于費誓。若僖公則十六年冬，從齊侯會于淮，而爲齊執，明年九月，乃得釋歸。詩言縱夸大，不應以醜爲美，至于如此也。奈何舍其可信而從其不可信哉！」我們看了這段話，還能認爲費誓作於僖公十六年嗎？

其實，如不用春秋左氏傳來證明，僅就詩之言事立論，還可以唬唬人，如引用春秋僖公十三、十六、十七年經文，再看看左氏傳的傳文，那根本就不是僖公伐淮夷，而是爲齊桓公所徵召，從桓公而會鹹（十三年）會淮（十六年），元人劉瑾詩傳通釋說：「僖公十三年，嘗從齊桓公會鹹，爲淮夷病杞故，十六年又從齊桓公會淮，爲淮夷之病鄫。」馬通伯毛詩學於泮水篇引張次仲的話說：「齊語東南有淫亂者，萊、莒、徐、夷一戰，帥服三十一國。又謂桓公南伐，以魯爲主，魯從霸主以征伐，而策功歆至，則各自以爲功，亦人情之常。」又引陳氏的話說：「于鹹、于淮，皆齊桓公兵車之會，而僖公與焉。」所謂僖公之伐淮夷，其眞像如此，而詩人之言，於此也就可以知其大概了。

四、結語

我們所以認爲費誓是伯禽伐徐夷時代的作品，那是因爲：

1.書序說：「魯侯伯禽宅曲阜，徐夷並興，東郊不開，作費誓。」

2.史記魯周公世家說：「伯禽卽位之後，有管、蔡等反也，淮夷、徐戎亦並興反，於是伯禽率師伐之於肸，作肸誓。」

3.公伐郤鼎說：「王命公伐郤，攻戰克敵，徐方以靜。……」余永粱粊誓的時代考說：「考釋此鼎的各家，以爲伯禽的器。」（見古史辨第二册75～81頁）

書序、固然是最能引起爭論的，可是其中的某些說法，也未必不可取。就其作成時代說，屈先生在尚書釋義中表示：「大抵不能早於戰國末葉。……觀乎湯征及太甲兩序，皆襲孟子爲說，則其著成時代，不得上至戰國中葉，可以斷言。」我們有條件地承認這見解是對的（因其非成於某一時代，請參吳康著尚書大綱及拙文尚書大、小序辨疑）。然而問題就出在這裏，既然書序著成於戰國末葉，就時代言，是魯僖公距戰國近、還是伯禽距戰國近？而作序的人，何以捨近求遠？又何以詳於古而略於今？而作於秦穆公時代的秦誓，又爲什麼他們不把時代提前？如果說春秋左氏傳、對秦穆公的時代有記載，不便作僞，那末於魯僖公又何嘗沒有記載？司馬遷顯然是承襲書序而作史記的，這只要我們翻開周本紀、魯周公世家，就可以了然。這說明書序並不是一無可取。然而太史公承襲書序，也是有條件的，並不是照單全收。如秦誓、文侯之命、周官、立政、君奭、無逸盤庚等篇，有的與書序相異，有的部分不同，更有的借書序之言，而大加發揮。而於費誓，太史公既然與書序採同一看法，再加上「公伐郤鼎」的證明，伯禽的伐徐夷，不就成了鐵一般的事實？如果說費誓是魯僖公時代的作品，太史公在魯周公世家中，寫到僖公（史記作釐公）的時候，竟然對這樣風光、値得大書特書的事，隻字未提，實在不能不使人懷疑。就連在僖公元年「以汶陽之田及鄪（即費）封季友」這種小事，都記上一筆，而對於足以「光耀史册」的大事，反而漏略，誠使人不解。這使我們想到，太史公是以史家的眼光、態度寫史記，他可能認爲像僖公那樣的行爲，充其量，只能算是聽命的角色，會鹹、會淮，僅爲從齊桓公而達成諸侯相會的舉措，要數征伐嘛，那也只能算在齊桓公的「九合諸侯，以匡天下」的功勞上。然而魯國詩人的觀點可就不同了。他們認爲僖公的隨從齊桓公大會諸侯，以致使淮夷畏服，這是僖公的功勞，所以也就大加誦其讚美的詩篇。不過從這件事情的發展上看，可以使我們體會到徐夷的時服時叛。遠在成王時，就曾經征伐過淮夷。周本紀說：「召公爲保，周公爲師，東伐淮夷，殘奄，遷其君薄姑。成王自奄歸，在宗周作多方，既絀殷命，襲淮夷，歸在豐，作周官，……成王既伐東夷，息愼來賀，王賜榮伯，作賄息愼之命。」這段記載，不正說明淮夷的作亂不服治化？而且更是時服時叛的，詩經大雅中的常武，不就正是讚美周宣王親自率領大軍征伐徐戎成功的詩篇？

事情的演變，我們了解之後，現在可以回轉過來，看看魯公伯禽那個時代的情形了。武王滅殷之後，封姜太公於齊，封周公於魯，以酬其勞。惟周公未就封地，仍然留在朝中輔佐武王，而使其子伯禽代就封於魯。不久，武王崩逝，成王年少，周公恐天下聞武王崩逝而叛周，於是乃攝政當國，而其時的管叔及其群弟，乃散布流言說：「周公將不利於成王。」而管叔、蔡叔、武庚等，於不久之後，果然率淮夷反叛，於是周公乃奉成王命，興師東伐，作大誥以告諸國不可叛周。在這種內外動盪不安、岌岌不保的情況下，爲減少軍事上的壓力，而命令處在東方要衝的魯國，出兵征伐淮夷，這不正是順理成章的事？同時也是極其必要的。以周公的明哲，這種舉措，似乎是不容置疑。其次，我們從尚書大誥、成王征、周官、賄肅愼之命、費誓等篇的序文中，也可以體會到當時的淮夷，又是如何的猖獗。而且這些序文，也都能與史記所言相合，從這些客觀條件的分析、觀察，使我們確信費誓的著作時代，應該是伯禽那個時候，至於其中的文字用法，稍有不合時代的地方，我們認爲那是由於後世轉寫所致，這絕不是太史公誤記或書序的故意云爲。

（原載於孔孟月刊二〇卷八期。民、71、4）

第三章　尚書洪範篇大義探討

在經書中，問題最多的，恐怕要數尚書了。然而尚書中，「自漢以來所聚訟者，莫過洪範之五行。」（註一）一直到了清代胡渭洪範正論出，始廓除穿鑿附會、情同讖緯的舊說，以及任意竄改的陋習，而悉以理來說洪範（註二）。這自然可喜。不過清代研究尚書的學者，並沒有因此而走上「一軌於理」的道路，尤其是皖派學者，却又走上了漢代古文家的老路，依然注重訓詁考據。民國以來，似能打破今古文的界域，然又多從事於地下新資料的探析，以求創新突破，這種精神，固令人敬佩，然針對洪範篇作大義探討的著作，尚不多見。因此筆者不揣淺陋，願就所及，表示一點自己的看法。

壹、洪範篇的綱目

洪範，是周武王滅殷以後，有感於治國常法的極待建立，以作爲化民成俗的依據，所以才屈尊就下，訪問了殷國遺臣箕子。而箕子以爲「天以是道畀之禹，傳至於我，不可使自我而絕，以武王而不傳，則天下無可傳者矣。」（註三）於是就爲武王陳述了這篇建國君民的大則大法。

首先、箕子說明洪範的來歷，是由於禹平洪水之後，爲上天所賜。這種說法，以我們現在來看，不外兩層意思：一則是由於上古時代，人民信「天」，凡是重大的事理，或難於明白其所以然的，都推之於天。例如把「典」說爲天敍，把「禮」說爲天秩，把「命」說成天命，把「誅」說成天討（並見堯典）等。再則這也正說明了洪範，是由歷代聖王治國所累積的經驗，無異於政治上的「眞理」，暗含順之則昌、逆之則亡的意蘊。古聖先賢的用心，我們應該體察，不應悉以迷信的色彩加以解釋。

其次，他緊接着提出了九疇的綱領：一、五行。二、五事。三、八政。四、五紀。五、皇極。六、三德。七，稽疑。八、庶徵。九、五福、六極。然後就依此綱領，或就事、或就理、或就物、或就修爲，而具體的指陳其本性、演變、事物當然之故，以及所必需順從、效法的理由，以大中至正的標準，來涵蓋其所言。在古代的政治哲理中，洪範篇，可以說是既精密而又有啓發作用的著作。在我國歷代專制王朝中，大臣們的津津樂道以規其君，學者們的斷斷不止以闡其理，這絕對不是偶然的。現在就先列一簡表、以明其系統，然後再作大義說明。

一、五行
- 水——潤下——作鹹。
- 火——炎上——作苦。
- 木——曲直——作酸。
- 金——從革——作辛。
- 土——稼穡——作甘。

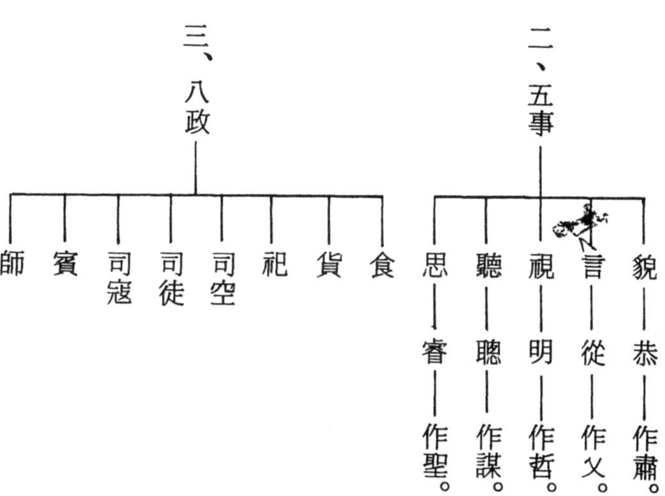
二、五事
貌—恭—作肅。
言—從—作乂。
視—明—作哲。
聽—聰—作謀。
思—睿—作聖。
三、八政
食
貨
祀
司空
司徒
司寇
賓
師

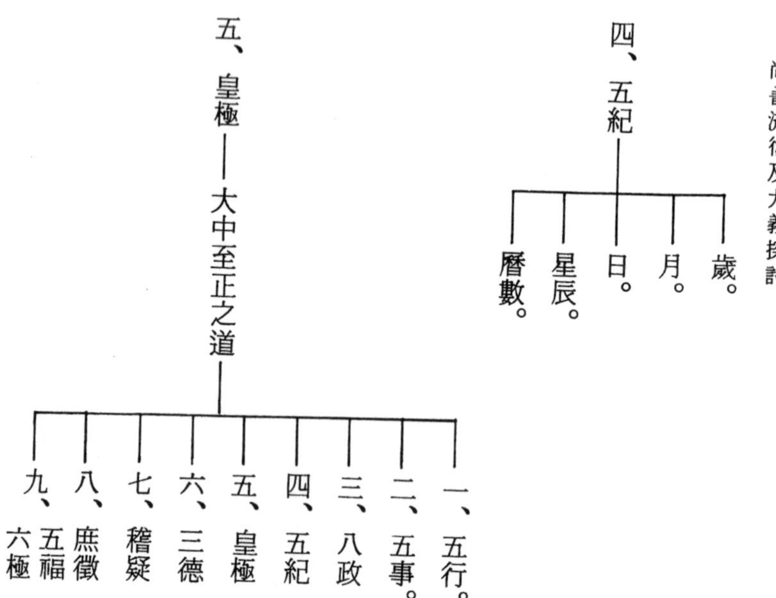
四、五紀
歲。
月。
日。
星辰。
曆數。
五、皇極——大中至正之道
一、五行。
二、五事。
三、八政
四、五紀
五、皇極
六、三德
七、稽疑
八、庶徵
九、五福、六極

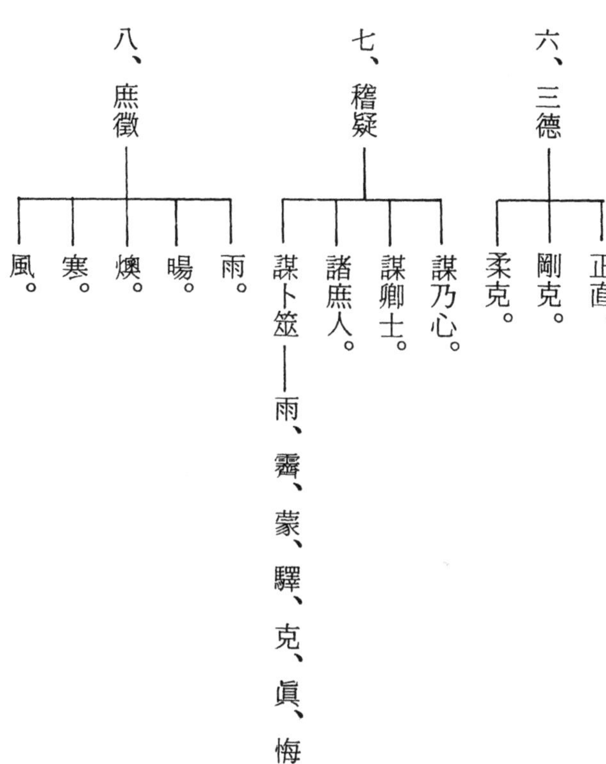
六、三德
正直。
剛克。
柔克。
七、稽疑
謀乃心。
謀卿士。
諸庶人。
謀卜筮
雨、霽、蒙、驛、克、貞、悔。
八、庶徵
雨。
暘。
燠。
寒。
風。

九、五福：壽。富。康寧。攸好德。考終命。
六極：凶短折。疾。憂。貧。惡。弱。

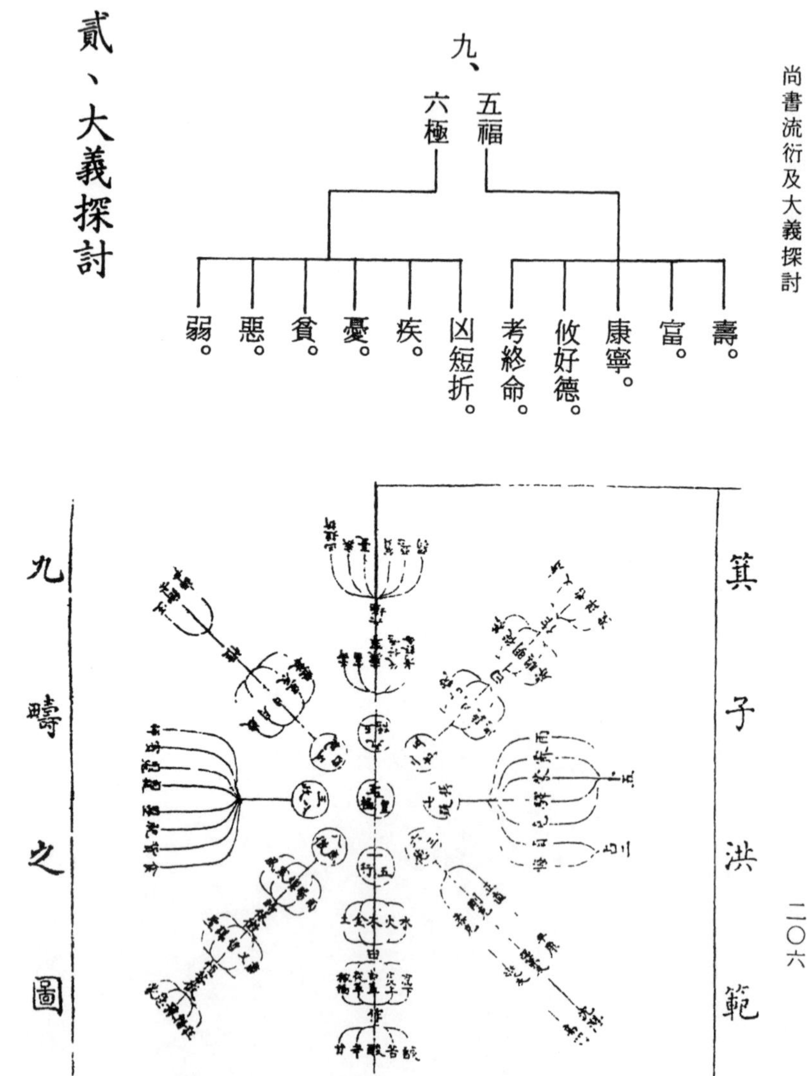

此圖採自欽定書經傳說彙纂。取論語「為政以德，譬如北辰，居其所而眾星共之」之意繪製。

貳、大義探討

一、五行—水、火、木、金、土。

一提到五行，在國人的腦海中，馬上就會浮現出相生相尅，陰陽五行，東方木、西方金、南方火、北方水、中央土等意念。自騶衍新其說，董仲舒衍其流，其說逐盛，由於漢人的相繼推闡，乃造成國人數千年來不可動搖的觀念。這就難怪梁啓超先生大聲疾呼的說：「陰陽五行說，爲二千年來迷信之大本營，直至今日，在社會上，猶有莫大勢力，今當辭而闢之」（註四）。其實我們只要冷靜的想一想，尚書洪範篇的五行，是與騶衍以來的五行說無關的。孔子不語「怪、力、亂、神」，這是大家都知道的，卽使「其失也巫」的左傳，仍以「天生五材，民並用之」（註五）來解釋五行。伏生尚書大傳說：「水火者，百姓之所飮食者；金木者，百姓之所興作也；土者，萬物之所資生也；是爲人用。」伏生是漢代最早傳尙書的人，在騶衍五行說之後，尙未被其「妖言」所惑，仍以民生日用爲解，可見五行本來就不是什麼玄妙莫測、天地行氣而變化無窮的，它只是具體而實實在在的物質。往大處說，在整個宇宙現象中，它是構成的基本元素，其本身也各含有特性，在相需相成的原則下，也就形成了一個特殊體，而表現了其特殊的功能。這種功能，尤其爲有生命的動植物所必需。所以宋代的曾鞏說：「五行者，行乎三才萬物之間也。」（註六）「行」字根據伏生的意思，應作「用」字解。「三才」，卽天地人。曾氏的話雖簡要，但是說理却非常透闢。往小處說，它是我們人生不可或缺的生活必需品，這種見解，到孔穎達纂尙書正義時仍未改變。依然引用尙書大傳的話，來解釋五行爲人所用之意，並說：「五行、卽五材。」材、就是素材，也可說是生活的基本原料。既然是生活的素材、基本原料、必需品，身爲國家的最高元首（天子），就不能不明察其理而善爲調和運用，以促進人民生活的安樂了。以下即就着經文，作一概括性的敘述。

㈠明敍其性質。經文說：

水曰潤下，火曰炎上，木曰曲直，金曰從革，土爰稼穡。

這意思是說：水性是既潤而下的，火性是既炎且上的，木性既可使之曲、又可使之直的，金、就是金屬，它是可以順從人意而改變其形狀的，土性既可長養萬物，當然也是可以用來稼穡的。人生天地之間，所以爲貴者，在能用物，用物就必須先行了解物性，然後才能發揮其本性，以達到用的最大效果。

㈡闡發其作用。經文說：

潤下作鹹，炎上作苦，曲直作酸，從革作辛，稼穡作甘。

這意思是說：水不但可以滋潤萬物，而且由於趨下而聚的結果，其味爲鹹。火不但炎上，而供我們烹養，而且凡是燒焦了的東西，其味則苦。木不但可曲可直，而且木實在未成熟之前，其味是酸的。金屬熔化之後，可以順從人意而作形狀上的改變，然其味道則是辛辣的。土可以稼穡而生百穀，然甘味則由百穀而生，所以說稼穡作甘。就物性的變化、作用來說，當不止爲五味，經文所以止說此五味的原因，據前賢的解釋是：

1.蘇軾東坡書傳說：「五行之所作，不可勝言也。可言者聲、色、臭、味而已。人之用是四者，惟味爲急，故舉味以見其餘也。」

2.蔡沈書經集傳說：「鹹、苦、酸、辛、甘者，五行之味也。五行有聲、色、氣、味，而獨言味者，以其切於民用也。」

這話是不錯的，五行的爲民所用，爲生活的素材，爲基本的物質原料，在這裏又可以得到一次的證明。胡渭說：「五材，潤下以資灌溉，炎上以供炊爨，曲直從革以備宮室械器，稼穡以充粒食，皆民生之所用，而不可一日無者，雖聖人亦不能不用。子罕曰：『天生五材，民並用之，廢一不可。』是也。」（註七）既爲民生所急、所切，雖聖人亦不能不用，有國有家的人，在這方面，應該如何其勉？以今日來說，尤見其重要。古書給我們的啓示實在太大了，我們是應該加以整理研究的。

二、五事——貌、言、視、聽、思。

五事，是人君治理人民所必需具備的修養。孔子說：「其身正，不令而行，其身不正，雖令不從。」（註八）孟子也說：「其身正，而天下歸之。」（註九）這種正己而後正人的見解，就是五事的主旨所在。所謂貌、就是形貌、容儀，是指一個人的全體而言。言、就是言辭，說話的內含。視、就是觀察力，也可以說是眼光。僞孔傳釋爲「觀正」，套句現在的話說，就是正確的看法。聽、就是聽人言而能明辨是非曲直。因此僞孔傳釋爲「察是非」。思、就是心所慮的意思，孔穎達正義說：「思者、心慮所行，使行得中也。」此五事，就一般人來說，是每一個人都具備的，也可說是與生俱來的。我們試想，誰無容貌？誰不會說話？誰又不會視、聽、思呢？只是如就天子來說，意味有些不同罷了。

因此，經文又分兩個層次加以說明。經文說：

㈠貌曰恭，言曰從，視曰明，聽曰聰，思曰睿。

這意思是：容貌態度要恭敬，言語答問要順理，視察要清審，聽聞要明辨是非，思慮要深通。一個普通人，能有這樣的修養，已經難能可貴了，可是對天子而言，似仍不足，所以經文又說：

㈡恭作肅，從作乂，明作哲，聰作謀，睿作聖。

大義是說：一位天子只是態度恭敬並不夠，而容貌、舉止還要莊重嚴肅。只是言語順理還不行，而要更進一步的能把事情辦得有條不紊才可以。只是觀察清審還不夠，更要有明智的抉擇。聽人言語不僅要能辨別是非邪正，還要進一步的能與人「好謀而成」。只是能深通某方面的事理還不夠，更要進而達到無所不通的境地。

話雖如此，可是何以能達到這種境界，是否有理可說？前賢解釋這段經文說：「自恭而充之，齊一清整而能肅；自從而充之，理當服人而能乂；自明而充之，洞達立決而能哲；自聰而充之，審善定計而能謀；自睿而充之，則無所不通而能聖。」（註一〇）這段話，將何以能肅、能乂、能哲、能謀、能聖的道理，說的非常清楚。所謂充，就是擴充、充實、進步、上達的意思。在這裏，我們還要追問，關於這方面的修養，如何才算完備？是否可以說得更具體些？前賢胡渭，在其大著洪範正論中，已爲我們作了說明，在恭作肅方面他說：

君子正其衣冠，尊其瞻視，儼然人望而畏之，則可謂恭則肅矣。孟子曰：動容周旋中禮者，盛德之至也。堯之允恭，舜之溫恭，文王之懿恭，孔子之恭而安是也。蓋至是而作肅之能事始畢。

在從作乂方面他說：

書曰：聖有謨訓，明徵定保。詩曰：訏謨定命，遠猶辰告。易曰：君子居其室，其言善，則千里之外應之。此所謂從作乂也。

在明作哲方面他說：

孔子曰：視其所以，觀其所由，察其所安。李克謂魏文侯曰：居、視其所親，富、視其所與，達、視其所舉，窮、視其所不爲，貧、視其所不取。此皆觀人之法也。皐陶之稱帝堯曰：知人則哲，能官人。何憂乎驩兜？何遷乎有苗？何畏乎巧言令色孔壬？其作哲之極功乎？

在聽作謀方面他說：

易大傳云：將叛者其辭慙，中心疑者其辭枝，吉人之辭寡，躁人之辭多，誣善之人，其辭游，失其所者其辭屈。孟子曰：子曰：詖辭知其所蔽，淫辭知其所陷，邪辭知其所離，遁辭知其所窮。此皆知言之道也。詩曰：謀夫孔多，是用不集。諺曰：築舍道旁，三年不成，以聽之不聰。故爾聽既聰矣，則將如舜之好問好察，執其兩端用其中於民，何謀之不獲哉！故曰聽作謀。

在睿作聖方面他說：

孔傳云：睿通於微，於事無不通謂之聖。周子通書曰：無思、本也，思、通用也。幾動於彼，誠動於此，無思而無不通爲聖人。不思則不能通微，不睿則不能無不通，是則無不通生於通微，通微生於思，故思者聖通之本，而吉凶之幾也。

小旻之五章曰：國雖靡止，或聖或否，民雖靡膴，或哲或謀，或肅或艾。五事之德，見於他經者惟此而已。

在辨正方面他說：

魯昭公之習儀以亟，漢成帝之尊嚴若神，恭之末也，不可以作肅。祝鮀之佞，嗇夫之利口，從之似也，不可以作乂。離朱之目，足以察秋毫之末，明之小者也，不可以作哲。師曠之耳，能識南風之死聲，聽之小者也，不可以作謀。思莫切乎貌、言、視、聽，游心六合之內，窮高遠而測深厚，思之蕩而無用者，非睿也，不可以作聖。故中庸曰愼思。論語曰近思。易曰君子思不出其位。（註一一）

以上胡氏所言，我們認爲不僅具體，而且言出由衷，很能帶給我們一些啓發，所以才不憚煩地引述如上。現在我們不妨轉回頭，再來看看前述經文，從上天所賦的貌、言、視、聽、思，進而到恭、從、明、聰、睿，更進而上達至肅、乂、哲、謀、聖的境界，這就一個人的修養來說，其層次是何等明確！如就五事的修爲說，我們談容貌，就當恭敬而莊重嚴肅，這樣方能成爲一個有威儀的人。我們談言語，就當順理而能使人心服，這樣方可循理以治而不違禮。我們談視察，就當明、哲，既明且哲，處理一切事務，或待人接物，當能合乎中準。我們談聽，就當由聰而謀，既能明察是非邪正，又能無所不聞，聞而又能辨其是非，這就可以與人謀事了。我們談思，就當由睿而聖，思既深通，就當進而達到無所不通的地步，既能無所不通，當然也就不願再做悖禮犯義的行爲了。這五事，是自天子以至於庶人，都應該努力修爲的，祇是庶人之見不及此罷了。誠如是，即使不欲國家太平康樂，亦不可得，吾人又當如何其勉呢！

三、八政—食、貨、祀、司空、司徒、司寇、賓、師。

林之奇尚書解說：「食者、務農重穀之政也，如井田補助之類是也。貨者，阜通貨財之政也，如懋遷有無化居之類是也。」孔穎達正義說：「貨者，金、玉、布、帛之總名。」蔡氏書集傳說：「食者，民之所急，貨者，民之所資，故食爲首而貨次之，食、貨所以養生也。祭祀所以報本也。司空掌水土，所以安其居也。司徒掌教，所以成其性也。司寇掌禁，所以治其姦也。賓者、禮諸侯遠人，所以往來交際也。師者、除殘禁暴也。兵非聖人之得已，故居末也。」蔡氏所言，大致不差，不過在這裏我們要問，八政，何以三舉官、五舉事？又據宋人陳師凱書傳旁通卷四中說：「八政皆爲民而設。」依蔡氏之意，如賓、師二政，似又不切於民，是皆亦有說乎？關於八政的次序問題，乞儒皆能言之成理，此處不再贅言。至於前述舉事、舉官的問題，唐、孔穎達尙書正義已爲我們作了解答，他說：「食、貨、祀、賓、師指事爲之名，三卿舉官爲名者，三官所主事多，若以一字爲名，則所掌不盡，故舉官名以見義。」這也無異說，五者舉事而可盡其職，再說得淺近些，就是只舉管理其事的官員。

至於司空之職，先儒僅以主民居爲說，其實司空的職責，尚不止於度地居民，凡平水土、治溝洫、修道路、利器用、營城廓宮室，都是他的責責。同時也都切於民政，用一居字，實不足盡舉其職。至於司徒之職，先儒都以主敎爲言，這似亦不能盡括其職。其實司徒之職，不止是敷施五敎，如王制所說：「司徒修六禮以節民性，明七政以興民德，齊八政以防淫，一道德以同俗，養耆老以致孝，恤孤寡以逮不足，上賢以從德，簡不肖以絀惡。」其所主事多矣，也不是一個敎字就能夠盡舉的。而司寇的職責，又是怎樣的？先儒多以主刑來加以涵蓋，其實，司寇之職，亦不止於刑獄，如平暴亂、詰姦慝等，都是他的職責，也不是用一個刑字所能盡舉的。所以才舉出三官官名。

關於第二個問題的回答是：賓，蔡氏說：「禮諸侯遠人，所以往來交際也。」蔡氏的話，只說對了一半，而禮諸侯、遠人，這是朝廷的禮節，非所厚民也。其實這裏的賓，應兼五禮而言，像儀禮十七篇所載：冠、昏、喪、祭、鄉飲、射、士相見之類，皆有賓主以成其禮。所以正義說：「民不往來，則無相親之好。」因賓切於民政，所以才特舉其事，而不名其官。

最後，我們來談師，蔡氏謂：「除殘禁暴也。」似亦未得其實，師、本屬於司馬之職所轄，這裏所以單舉一個師字，是指的四時講武，最切於民政的師。我們皆知，古時多行寓兵於農的政策，平時居處的單位，是比、閭、族、黨、州、鄉，成軍行動，則爲伍、兩、卒、旅、師、軍。春蒐夏苗，秋獮冬狩，都是在農閒時講習武事，以習坐作、進退、步伐、擊刺之法，而後可以禦寇盜、備非常。這又何嘗不是最切於民政的事？故單以師舉。

以上所述八政的舉事、舉官，悉以切民政爲準，亦卽所以皆爲民而設之意。這不正合於洪範的主旨嗎？今特參考孔穎達尙書正義，林之奇尙書解，蔡沈書經集傳，陳師凱書傳旁通，胡渭洪範正論等著，作以上的簡述，希望借此能帶給讀者一個明確的概念。

四、五紀——歲、月、日、星辰、曆數。

這是我國古時觀象授時的具體表現。堯典說：「乃命羲和，欽若昊天，曆象日月星辰，敬授民時。」又說：「朞三百有六旬有六日，以閏月定四時成歲。」不僅堯如是，舜亦如是。他於攝政之初，卽行觀測天象，以作爲施政的準則。堯典說：「正月上日，受終文祖，在璇璣玉衡，以齊七政。」論語也說：「堯曰：咨！爾舜，天之曆數在爾躬。」這些都在在說明古帝王對於協天時、以敬人事的重視和運用。茲就五紀的順序，略述如次：

㈠歲：據堯典的說法，一歲是三百六十六日。孔穎達尙書正義說：「從冬至以及明年冬至爲一歲。所以紀四時也。」其實一年的日數，只有三百六十五日又四分之一天，說成三百六十六日，是舉成數。

㈡月：孔穎達尙書正義說：「從朔至晦，大月三十日，小月二十九日，所以紀月也。」朔、是每月的初一，晦、爲前月的最後一日。不過我們中國的曆法，過去用的是太陰曆，所謂太陰曆，是以月球繞地球一周的時間計算，全年所得，約三百五十四、五日，較地球繞太陽一周的時間，少了十餘日，所以必需以閏月來補足，故有三年一閏，五年二閏，十九年七閏的情形發生。所以堯典說：「以閏月定四時成歲。」這確實是一個很大的發明，有了閏月之後，才能永遠保持四季的不變，否則那就會春、秋倒置，多行夏令了。

㈢日：尙書大傳說：「夏以十三月爲正，以平旦爲朔，殷以十二月爲正，以鷄鳴爲朔。周以十一月爲正，以夜半爲朔。」孔穎達尙書正義說：「從夜半以至明日夜半，周十二辰爲一日。」儘管計算的時間不同，要之一周日爲十二辰則無二致。

㈣星辰：星、是指二十八宿，東方蒼龍，七宿是：角、亢、氐、房、心、尾、箕。南方朱鳥，又名朱雀，七宿是：井、鬼、柳、星、張、翼、軫。西方白虎，七宿是：奎、婁、胃、昴、畢、觜、參。北方玄武，七宿是：斗、牛、女、虛、危、室、壁。辰：卽十二辰，二十八宿迭見，以敍節氣，十二辰以紀日月所會。（見附圖二）

㈤曆數：曆、卽曆法，數、卽算數，曆法必資於算數，所以二字連語而爲曆數。

五紀、是用來供人識別時日先後次第的，它的作用非常大，其切合於農事，固不待言。同時尙可由它推及一切行事。除此以外，還可使我們連想到，凡事都要合乎時宜，所謂天時，卽指此而言。合乎時宜，必可獲致最大的成效，推行政令，亦當如是，如失其時，又何能得宜？

五、皇極——大中至正之道。

宋、楊時說：「書以一言蔽之曰：『中』而已矣。……夫所謂中者，豈執一之謂哉，亦貴乎時中也；時中者，當其可之謂也。」（註一二）現在我們也可以說，洪範篇的主旨，亦以一言可盡，卽「中」而已矣。事實上，洪範也就是以「中」爲中心，此中心點卽皇極。

據歷來尙書家對皇極的解說，大致有二：一爲東漢時代的應劭，他說：「皇、大，極、中也。」（註一三）此說爲僞孔傳所承，並說：「凡立事，當用大中之道。」孔穎達正義又進一步申其義說：「皇、大，釋詁文。極之爲中，常訓也。凡所立事，王者所行，皆是無得過與不及，常用大中之道也。詩云：『莫匪爾極』，周禮以民爲極。論語：『允執其中』，皆爲大中也。」這段話，發揮「極」字的意蘊，甚爲透闢。

一爲班固，他在漢書五行志第七下之上說：「皇、君也。」此說爲朱子所承。他說：「蓋皇者，君之稱也。極者，至極之義，標準之名，常在物之中央，四方望之以取正者也。故以極爲在中之準的則可，而便訓極爲中，則不可。若北辰之爲天極，脊棟之爲屋極，其義皆然，而禮所謂民極，詩所謂四方之極者，於皇極之義爲尤近。」（註一四）這種見解，首先爲他的高足蔡沈所承襲，蔡氏在其所著書經集傳中一則說：「皇極者，君之所以建極也。」再則說：「皇、君，極、猶北極之極，至極之義，標準之名，中立而四方之所取正焉者也。」他又進一步闡發皇極的義蘊說：「人君當盡人倫之至，語父子，則極其親，而天下之爲父子者，於此取則焉。語夫婦，則極其別，而天下之爲夫婦者，於此取則焉。語兄弟，則極其愛，而天下之爲兄弟者，於此取則焉。以至一事一物之接，一言一動之發，無不極其義理之當然，而無一毫過不及之差，則極建矣。」這見解，就是到了清代，仍爲一般學者所

閏月定時成歲之圖

陳氏祥道曰考諸傳記五日爲候三候爲氣六氣爲時四時爲歲每歲之氣二十有四而候七十有二然則一月之間六候二氣朔氣常在前中氣常在後朔氣在晦則後月閏中氣在朔則前月閏朔氣有入前月而中氣常在是月中數周則爲歲朔數周則爲年是年不必具四時而歲必具十二月也二十四氣播於十二月之中中朔大小不齊則氣有十六日者有十五日七分者是以三十三月已後中氣在晦不置閏則中氣入後月矣

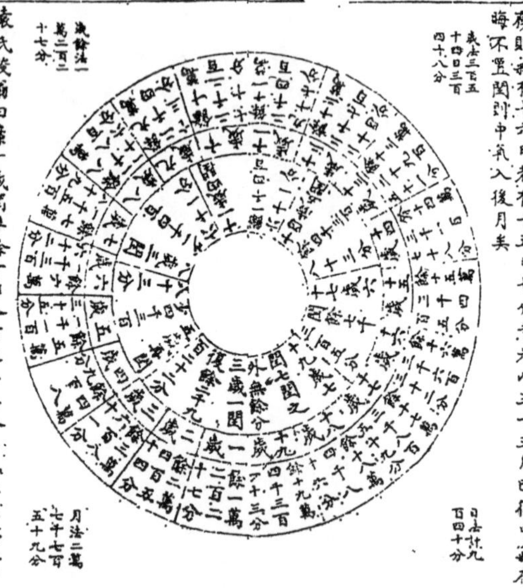

袁氏俊翁曰案一歲閏率餘十日八百二十七分十九年共餘一百九十日一萬五千七百一十三分得全日二百六日六百七十三分前後通置七閏四小三大則二百六日盡矣尚餘六百七十三分自此以下每章七閏通前餘分不滿全日則四小三大通前餘分已過全日則三小四大餘分通而積焉所謂十九年七閏而氣朔分齊者不過取其全日得齊而餘分竟不能齊焉若使朔日子初初刻至則氣朔之餘分齊矣才差一二刻則尚有未盡之餘分若矣

此圖取自欽定書經傳說彙纂。附圖(一)

堯典歷象授時之圖

林氏之奇曰日行一度月行十三度十九分度之七星者四方之中星也角亢氐房心尾箕凡七十五度斗牛女虛危室壁凡九十八度四分度之一奎婁胃昴畢觜參凡八十度井鬼柳星張翼軫凡百一十二度共爲三百六十五度四分度之一辰則日月所會也正月會亥辰爲娵訾二月會戌辰爲降婁三月會酉辰爲大梁四月會申辰爲實沈五月會未辰爲鶉首六月會午辰爲鶉火七月會巳辰爲鶉尾八月會辰辰爲壽星九月會卯辰爲大火十月會寅辰爲析木十一月會丑辰爲星紀十二月會子辰爲玄枵

蔡氏沈曰歷所以紀數之書象所以觀天之器如下篇璣衡之屬是也日陽精一日而繞地一周月陰精一月而與日一會星二十八宿衆星爲經金木水火土五星爲緯皆是也辰以日月所會分周天之度爲十二次也

此圖取自欽定書經傳說彙纂，借以說明日月交會情形。附圖(二)

沿用。如江聲、王鳴盛、孫星衍、俞樾等先賢，均以皇作君解。而俞樾甚至以蔡氏之說爲「殊勝」。（註一五）惟朱駿聲氏，將「皇」字解爲「大君」（註一六），這是根據說文所作的訓釋（註一七）。就「極」字說，訓「中」、訓「至極之義，標準之名」並無二致，就「皇」字說，訓「大」爲其本義，釋爲「君」，是後起的用法。愚以爲用其本義爲優。因「皇極」可釋爲「大中至正之道」，而此「大中至正之道」，乃自然之理，也就是古代所說的上天、上帝，我們現在說天理。這種「天理」，國君不僅要遵守，同時更要以此爲準則，來制訂用以民治、教民、養民的法度，因此，宋代的尚書家林之奇先生，在他所著林氏尚書解洪範篇中說：「中庸曰：『中者，天下之大本也。』此正皇極之義也。惟中故大，惟大故中。張橫渠曰：『極其大而後中可求，止其中而後大可有。』此言盡之矣。不謂之大而謂之皇，不謂之中而謂之極者，何也？莊子曰：『無門無旁，四達皇皇。』皇也者，大而無所不及之謂。北辰謂之北極，極者，居其所而衆星拱之之謂也。自其本而言之，則謂之大中，自其推之以立教而言之，則謂之皇極，觀皇極二字，則聖人所以教民之意可見矣。」這話說的不錯，不僅道出了皇極的根本，而且也說明了「皇極」是用來爲人君所取法以教化萬民的，這不正切合洪範爲治國大法的原則嗎？孟子離婁篇上說：「徒善不足以爲政，徒法不能以自行。」所以「善法」必需配合「善心」」。方能發揮其功效，是以皇極雖爲大中之道，而行之者，仍然是人。皋陶謨說：「天工人其代之。」就是說明這種道理的。既然如此，其施行的方法和步驟，又當如何？茲就經文所言，擬其大要如下：

(一)以大中之道教民。經文說：

皇建其有極，歛時五福，用敷錫厥庶民，惟時厥庶民于汝極，錫汝保極。

這意思是說：大中至正之道的建立，是君王用以爲人民謀取福祉的（註一八），所以首先要人民有此認識，有此了解。是以蔡沈書經集傳說：「極者、福之本，福者、極之效，極之所建，福之所集也。」這將建極的目的，說的又是何等透闢。「庶民」有了這種認識之後，不僅處處取法於君，聽從其命令，並且更能進一步的與君王來共同維護此皇極，使其永遠保持不墜。在這種情況下，君民之間的和融團結景象，是可以想見的。君民既然能和融一體，共保皇極的不墜，那自然所有的人民，也就不會有淫邪朋黨之私，所有的官員們，也不會有比周阿黨的行爲，而擧國上下，均以君王爲中準法則了。所以經文又說：

凡厥庶民，無有淫朋，人無有比德，惟皇作極。

㈡發掘人才，敎中人而表揚好德。經文說：

凡厥庶民，有猷、有爲、有守，汝則念之。不協于極，不罹于咎，皇則受之。而康而色，曰：「予攸好德」，汝則錫之福，時人斯其惟皇之極。

前文所述，只是一個大原則，而敎之之道，則爲以先知覺後知，以先覺覺後覺。而期望收到共同維護「皇極」的效果。然而人民稟賦不同，所爲當然也就會有所差異。對於有謀略、有作爲、有操守的人，國君應當常常想着起用他們，不但如此，還要更進一步的去發掘人才。對於那些既不能做到合於標準、法則，可是也不致於陷入於罪惡的人，也就是我們所說的中人，這種人，進之則可以爲善，假如不聞不問，置之不理，任其自由發展，那麼就很可能流於罪惡，所以對於這般絕大多數的人，國家就要大力的加以教化了。至於好德的人，則應該加以鼓勵、勸勉、嘉獎、表揚，使之更上層樓。能做到這種地步，人民才能一心一意地以君王爲法則啊！這段經文的意思，正是如此。

㈢推行政令，要一視同仁，不可稍有偏私。

國家對於政令的推行，所最要者，莫過於大公無私，一視同仁。如稍有偏頗，就會遭到物議。大則引起動亂，以致動搖國本，此誠不可不愼。皇極所講，爲大中至正之道，當然不會忽略這一點。所以經文說：

無虐煢獨，而畏高明。

這意思是說：對於孤苦無依、地位至微的人，不要虐害、輕蔑，而對於有地位、有聲望的人，就畏懼枉法。套句俗諺說：「王子犯法，與庶民同罪。」「法律之前，人人平等。」這樣做，才不會有人心存僥倖，利用其地位、職權、聲望，翻雲覆雨，坐享特權，魚肉人民，或目無法紀，結黨營私。

㈣使人盡其才而黜無爲。

國家用人，如能使人盡其才，才盡其用，使其得到自由充分的發展，這個國家，必然是生氣勃勃，朝氣十足，和氣一團。反之，如爲庸才充斥、尸位素食、官不稱職、無所作爲，就會死氣沉沉，暮氣十足，老化而一無建樹。在這種情形下，當然會引起人民的抱怨與不滿。所以經文說：

人之有能有爲，使羞其行，而邦其昌。凡厥正人，既富方穀，汝弗能使其有好于而家，時人斯其辜。于其無好，汝雖錫之福，其作汝用咎。

這是說：居官的人有才能、有作爲，就應當使他們盡量地發揮其才能，不可加以阻撓，這樣國家才能昌盛。而在位的官員們，既然享用了富厚的常祿，而國君卻不能使他們把國家治理得完善，誠如是，那末居官在位的人，就難辭其咎了。在這種情形下，國家反予以厚賜，這就適足使國君蒙受罪過了！遠在商周時代，就已經有了此種用人唯才，而黜不能的政治思想，這能讓我們不興奮嗎？而周代的所以能長治久安，絕對不是偶然的。

㈤惟有大中至正的作爲，方能領導羣倫，會歸臣民。經文說：

無偏無頗，遵王之義；無有作好，遵王之道；無有作惡，遵王之路。無偏無黨，王道蕩蕩；無黨無偏，王道平平；無反無側，王道正直。會其有極，歸其有極。

這意思是說：不要偏邪不正，處處當遵循着大中至正的王法，不要以私人的喜好，曲行恩惠於人，一切要遵循王法行事，更不可擅自作威，一切要順着王法而爲。能不偏邪私黨，王道就自然辨察治明，能不違背法度，王道就自然正直了。君王所以能會集天下的諸侯臣民，來領導他們，那是有法則的，而天下的諸侯臣民，所以甘願歸向於君王，也是有法則的。也惟有出入往返之間，顛沛造次之際，而不違中道，始能發揮其應有的功效。

㈥皇極卽天道，天道有常，君民皆應遵守。

所謂天道，就是自然之理。我們常說：「天生萬物」，事實上是自然界孕育萬物。我們的老祖先，最明此理，所以於仰觀俯察之際，而能深悟此「皇極」為建國君民，可大可久之理，是以上自天子，下至庶民，均應遵守。經文說：

曰皇極之敷言，是彝是訓，于帝其訓。凡厥庶民，極之敷言，是訓是行，以近天子之光。曰：天子作民父母，以為天下王。

這是說：本皇極以上所有陳述的大中至正的言論，都是常法，也是君王所當順從的，君王能順從這常法，也就是服從上天了。至於所有的老百姓，更是希望君王能順從、能照着實行，這樣他們才能接近（得到）天子順天惠民的光明。果能如此，老百姓就會互相傳言說：天子是我們人民的父母，應該做天下人民的君王。

所謂順天道，為天下王，作人民的父母，那也不外是一切行政措施，以人民的需要為需要，以人民的疾苦為疾苦，時時以人民為懷，處處為人民着想，使人民中心悅而誠服。所以伏生尚書大傳說：「聖人者，民之父母也。母能生之，能食之；父能教之，能誨之；聖王曲備之者也。能生之，能食之，能教之，能誨之也。故書曰：作民父母，以為天下王，此之謂也。」若非深體經義，又何能道此！王安石說：「有極之所在，吾安所取？取正於天而已。我取正於天，則民取正於我。道之本出於天，其在我為德，『皇極』，我與庶民所同然也。我訓於帝，則民訓於我矣。」（註一九）這將「皇極」的本源、功效，說的又是何等清楚？愚以為皇極一疇中，所表現的意念，只是一個大概的輪廓，以中道來涵蓋一切。當然它的中心點，還是落實在用人上面。所以胡渭洪範正論卷四於皇極下說：「愚竊謂此章，自歛時五福，至其作汝用咎，卽夫子『舉直錯諸枉，能使枉者直』之意。」近人吳闓生尙書大義也說：「皇極之義，必使人人皆進于德，所由致然者，亦在於黜陟之明也。」又說：「由皇極而嬗爲民極，最見古人大同之精義，古之人君，皆以爲民也。民俗愚陋，故非皇無以建極，而皇之旨，在敷錫庶民。及其終也，天下之民皆歸至善。則皇極之名，亦不復存，而遂爲庶民極矣。天子作民父母，以爲天下王，猶曰爲倡導者耳。知古之制治者，壹是以民爲本也。」胡渭洪範正論卷四引鄭公弼的話說：「天子無職事，惟辨君子小人而進退之　乃爲天子之職。」這眞是一語中的之言，舜的垂拱而治，不也就是由於他黜四凶、而任官得人？最後想引用皐陶的一句話作結，他說：「在知人，在安民。」數千年之後，我們不談治道則已，如談治道，誰能捨此不講？

六、三德——正直、剛柔、柔克。

這是指人君治國所當採取的三種態度、方法而言。對某一情勢，或某一種人，要採取何種態度和方法，才能收到良好的效果，這就有賴於人君的權衡了。林之奇說：「三德者，聖人所以臨機制變、稱物平施、以爲皇極之用，而權變其輕重也。」又引胡安定的話說：「聖人既由中道而治天下，又慮夫執中無權猶執一也。故用三德者，所以隨時制宜以歸安寧之域也。故皇極則見聖人之道，三德則見聖人之權。」（註二〇）近人吳闓生尙書大義也說：「三德者，所以裁制天下之人，使無過不及之差，而胥納之于皇極，乃帝王輔世宰物之微權也。」我們既然明白了三德爲人君宰物輔世的微權，又知它是隨時制宜以歸安寧之域的中道，那末應如何施行、以什麼態度和方法，才能收到良好的效果？這可分成兩方面來說：

㈠就人的本性、或國家當前的情勢言，經文說：

平康正直，彊弗友剛克，燮友柔克。

這是說：對生性和平康安的人，用中正直平之道治理，對於生性強硬不順從的人，則用剛強之道治理，這是以剛克剛的辦法。對於生性和順的人，當用柔和之道治理，這是以柔克柔的辦法。如站在教育觀點來看，也可以把這種方法，看作因材施教。

除以上就人的本性作解外，尚有就當前國家的實際情勢作解的。如范內翰說：「治國家者，不過三德，曰正直、剛、柔而已。不剛不柔曰正直，正直者中德也。剛克、謂剛勝柔也，柔克、謂柔勝剛也。如經云：『威克厥愛，愛克厥威』之克。三德之用如適當，又用之當其宜，平康之世，則用正直以治之，以中德也。於彊禦弗順之世，則用剛克以治之，以剛德也。於和順之世、則用柔克以治之，以柔德也。呂刑世輕世重，謂刑新國用輕典，刑亂國用重典，刑平國用中典，亦隨時而用之也。」（註二一）這種說法也甚為合理，所以特加引述，以供參考。

㈡就個人的行止言，經文說：

沉潛剛克，高明柔克。（註二二）

這是說：對沉迷墮落而不知悔改、或屢改屢犯的人，就應該以剛治之，使之痛改前非，而不致再犯。對於有修養、有道德的高明君子，就要用和柔的方法，「以德懷之」（註二二三）了。這是方法的運用。可是在態度上，又應該如何？關於這一點，前人已爲我們作了解答，茲引述如下：

宋、王巖叟上哲宗「乂用三德疏」說：「三德者，人君之大本，得之則治，失之則亂，不可須臾去者也。夫明是非於朝廷之上，判忠邪於多士之間，不以順己而忘其惡，不以逆己而遺其善。私求不徇于所愛，公議不遷于所憎，竭誠盡節者，任之當勿二，罔上盜寵者，棄之當勿疑，惜紀綱，謹法度，重典刑，戒姑息，此人主之正直也。遠聲色之好，絕盤遊之樂，勇於救天下之弊，果於斷天下之疑，邪說不能疑，非道不能說，此人主之剛德也。居萬乘之尊而不驕，享四海之富而不溢，聰明有餘，而處之若不足，俊傑並用，而求之如不及，虛心以訪道，屈己以從諫，懼若臨淵，怯若履薄，此人主之柔德也。三者足以盡天下之要，在陛下力行如何耳。」（註二二四）當然這段話，作者在修爲、知人方面，費了不少氣力，這對於我們每個人來說，會有很大的啓示。然而其果斷裁決之言，實在也是在執行的態度上，所必須具備的，故不憚煩地引述於此。

在三德方面，除以上所引述的以外，還有一件更重要的事，那就是「權柄」的問題了。以上所言，只是就中道而加以權變，可是如果「執一」而無權，其三德又如何推行？因此經文說：

惟辟作福，惟辟作威，惟辟玉食。臣無有作福、作威、玉食，臣之有作福、作威、玉食，其害于而家，凶于而國，人用側頗僻，民用僭忒。

經文中的辟，泛指天子、諸侯。福，爵賞之意。威，刑罰之意。玉食，甘美之食物，泛指服、食、器用、乘輿等。頗僻、是不正的意思。僭忒、是過分踰越之意。這是說：只有天子（各國諸侯就其國亦有此權）可以專行封爵賞賜，只有天子可以專行刑罰，也只有天子可以享有美食。至於大臣，就不可這樣了。假如大臣們也有專行封爵賞賜、專行刑罰、享有美食的話，那將有害於你（天子）的國家，這樣一來，那末所有的官吏，也都將邪枉不正、人民也將會踰越其本分而不遵守法治了。

這段話，將天子（或國君）不可失去其應有的權柄，交代的又是何等清楚。在今日來說，這種事權的統一，仍然是不可或缺的。否則一國三公，各行其是，政治又如何能走上正軌？近人吳闓生尚書大義說：「治事宰物之權，唯君上得自操之，魁柄不可下移，否則綱紀斁壞，而天下亂矣。」宋代的王安石也說：「皇極者，君與臣民所共由者也。三德者，君之所獨任，而臣民不得僭焉者也。」林之奇就着王氏的話，接着闡發其義說：「此實至當之論，蓋大中之道，人之所共有，爲君者、苟不能以先知覺後知，以先覺覺後覺，而與斯民共之，則人將淫朋比德而自棄於小人之域，此國家之所以亂也。威福名器，人主之利勢，苟不能執之於己，使臣下得而僭焉，則庶民化之，亦將側頗僻、僭忒矣。此亦國家之所以亂也。」（註二五）這些話，都說的非常中肯，也惟有如此，才能令行禁止，使國家走上富強康樂的坦途，這也是我們讀洪範三德之後，所應當有的一點小認識。

七、稽疑——謀乃心、謀卿士、謀庶人、謀卜筮

稽、當作卟，讀音與稽字同，是卜以問疑的意思（註二六）。稽疑，就是用卜筮的方法來問疑。

占卜吉凶（註二七）。

㈢占必順從多數。經文說：

三人占，則從二人之言。

這是說：用三人卜筮，就要順從其中二人說法一致的言論。後人常言三占從二，就是順從多數人的意見，占必三人，亦古制。（註二八）

㈣先盡人事，再及卜筮。經文說：

汝則有大疑，謀及乃心，謀及卿士，謀及庶人，謀及卜筮。

所謂大疑，指的是立君、大封、遷都、征戰等事。像這種大事，都是要卜筮的。如周禮卷二十四大卜之職說：「凡國大貞（貞、鄭云：問也。）、卜立君、卜大封，則眡高作龜，大祭祀，則眡高命龜，國大遷，大師則貞龜。」這種制度，可能就是從古代傳下來的。至於謀及庶人，我們也許感到意外，在古代，難道天子、帝王，是這樣的尊重民意嗎？周禮小司寇之職說：「小司寇掌外朝之政，以致萬民而詢焉：一曰詢國危，二曰詢國遷，三曰詢立君。」由盤庚遷都徵詢民意的記載，周禮所言，應該是可信的。經文的意思是說：你（武王）假若有了大疑惑，首先由自己謀慮思考、如不能決定，那就和掌管國事的卿士商議，如仍不能決定，就與庶民商量，如再得不到答案的話，最後就得以卜筮來驗證了。

這段文字，給我們的啓示是：凡事當先求盡人事，如在人爲的方面，我們已經盡了最大的努力，這種行爲，以現在來看，固爲迷信，但如就整個人類進化史來看，這也是任何民族所必須經過的一個階段。殷人信鬼，是大家所公認的，在周代的初年，這種情況、也不會相去太遠。更何況這話是出自箕子的口中？所以我們認爲在那個時代，這種舉措，是合情合理的。現在我們就依照着經文所言，逐項的討論下去：

㈠立制度、設專官。經文說：

擇建立卜筮人，乃命卜筮。

這是說：要設立機關，甄選精通卜筮的人，命其擔任卜筮的職務。（案：用龜甲占名卜，用蓍草占叫筮。）林氏尚書解說：「如周禮春官太卜掌三兆三易之法，卜師掌開龜之四兆，龜人掌六龜之屬，華氏掌共燋契以待卜事，占人掌占龜。皆是所擇以建立其官，而命以卜筮之職者也。故春秋之時，卜徒父史墨之類，皆是逐國建立之官，則命以卜筮，非所建立之人，則不得卜筮，古之制也。」箕子所言，雖未必如周禮這樣完備，然設官專門掌理其事，是不容置疑的。

㈡明定卜筮條目，推衍變化以成其占。經文說：

曰雨、曰霽、曰蒙、曰驛、曰克、曰貞、曰悔，凡七。卜五，占用二，衍忒。

這是說：卜筮的條目一共有七項，前五項是用龜甲卜，後二項是用蓍草筮。龜兆有的像雨形，有的像雨止而雲氣在上，也有的像霧，有的像升雲半有半無，從空中透出光亮來，更有的像互相侵犯、交錯相勝。至於用蓍草筮的卦象，則有內卦（貞）和外卦（悔）的分別。以這種方式，來推衍變化，而仍然得不到結果，那也就只好問諸鬼神，以求心安。朱子說：「心者，人之神明，其虛靈知覺，無異於鬼神，雖龜筮之靈，不至於踰人。」（註二九）這話說得何等明確！只要以至誠之心以為，又何患乎不能淵通默契於天地鬼神之德？其次，則是以民為本的民主意識，這種取決於民、徵之於民的做法，其結果、不僅能合於天意，當然更能順乎人心。應天順民，難道不是我們在政治上所要努力追求的目標？

八、庶徵——雨、暘、燠、寒、風

這一疇，是用宇宙間自然界的各種徵兆，來作為施政的驗證，借以勉勵人君修德執中，勤政愛民，不可有一時一刻的逸樂與怠忽。其層次為：

㈠庶徵運行於天地之間，其功用在於化育萬物，一有所失，則成凶災。所以經文說：

庶徵：曰雨、曰暘、曰燠、曰寒、曰風、曰時。五者來備，各以其敘，庶草蕃廡，一極備凶，一極無凶。

這是說：自然界有各種不同的徵驗，那就是下雨、晴天、燠熱、寒冷和刮風。這五項要是都能按照時序、適合需要而來的話，即使是那些草木，也能生長得很茂盛。可是如果其中的一項過多或過少，那就要發生凶災了。這無異於提醒人君，要時刻注意施政的得失，人民的疾苦，其出發點，仍然是落實到民生上面。

㈡以五事配合休、咎，以自然現象之逆順，說明人君不可不修德。五事修則休徵，反之，則咎驗，經文說：

曰休徵：曰肅、時雨若。曰乂、時暘若。曰哲、時燠若。曰謀、時寒若。曰聖、時風若。

曰咎徵：曰狂、恒雨若。曰僭、恒暘若。曰豫、恒燠若。曰急、恒寒若。曰蒙、恒風若。

所謂休徵，就是善行的徵驗。換言之，天子如有美行之實（即行德政），則上天就以風調雨順來作爲證驗。如天子的貌恭而至於肅，上天就以適時的雨應之。天子言從而至於乂（即修明政治），上天就以適時的晴天應之。天子視明而至於哲，上天就以適時的燠熱應之。天子聽聰而至於謀，上天就以適時的寒冷應之。天子思睿而至於聖，上天就以適時的風應之。

所謂咎徵，就是惡行的徵驗。換言之，天子如有惡行之實，上天亦從而報之以咎徵之事。如天子貌不恭、甚則爲狂，狂爲肅之反，所以上天就以常雨水災應之。天子言不從、甚則爲僭，僭爲乂之反，所以上天就以常暘的旱災應之。天子視不明、甚則爲豫，豫爲哲之反，所以上天就以常燠爲災應之。天子聽不聰、甚則爲急，急爲謀之反，所以上天就以常寒爲災應之。天子思不睿、甚則爲蒙，蒙爲聖之反，所以上天就以常風爲災應之。

以上所言休徵：肅、乂、哲、謀、聖，經文配以時雨、暘、燠、寒、風。所言咎徵：狂、僭、豫、急、蒙，經文配以恒雨、暘、燠、寒、風。只不過是舉例爲言罷了，並非固定不易的鐵則，亦非如此靈驗不爽。蔡沈書經集傳說：「然必曰某事得、則某休徵應，某事失，則某咎徵應，則亦膠固不通，而不足與語造化之妙矣。」至於用五行相互配合的說法，尤不可信。

㈢人事亦有休、咎之徵，不可不察，尤當愼加提防。所以經文說：

王省惟歲，卿士爲月，師尹惟日。歲月日時無異，百穀用成，乂用明，俊民用章，家用平康。日月歲時既易，百穀用不成，乂用昏不明，俊民用微，家用不寧。

經文首先提出各級政府省察的時間，王爲一歲，卿士爲一月，師尹爲每日。在這裏我們要問，何以要省察？爲的是要明白民情、民隱，更是爲要明白政情。因歲月日時無變易，換言之，卽一切皆能導入正軌，而百穀因此皆能成熟，政治以此也能修明，才俊之士，也皆以此而能彰顯在位，國家更能因此而得到平康安樂。這是由於君臣皆能各盡其職的休徵。反過來說，日月歲時失常變易，換言之，一切皆不能納入正軌，以致使行政措亂，接着而來的，就是百穀因之無法成熟，政治也因昏暗而不能修明，才俊之士，因之隱微不仕，國家更是因之不能安寧。這是由於君臣皆不能盡其職的咎徵。所以鄭氏康成對於這一段經文慨乎其言的說：「所以承休徵、咎徵言之者，休、咎五事，得失之應，其所致尚微，故大陳君臣之象，成皇極之事。其道得，則其美應如此，其道失，則其敗德如彼，非徒風、雨、寒、燠而已。」（註三〇）宋代的陳師凱也說：「謂無易，乃君臣屢省所致。既易，乃君臣不省所致。屢省則休徵，惟取其大者，故先歲、次月、次日，不省則積日而月，積月而歲，以致五者皆易，故先日次月次歲。」（註三一）這些說法，都非常正確。

㈣政教失常，雖從民好，亦不能無亂。是以經文說：

庶民惟星，星有好風，星有好雨，日月之行，則有冬有夏，月之從星，則以風雨。

這是以衆星比作庶民，衆星的好風好雨，亦猶庶民的所好無常。而卿士、師尹又各以意行，違逆人民，事情固有所不行，如循民所好，則又難免生亂，是以天子臨民，應當示以大中至正之道才是。經文所言，全爲比喻，並不是實論。這是由於星有好風、星有好雨，故以比喻庶民的好尚各異。以日月的運行，而有冬夏，來比喻羣臣的職守有常。以月的從星，則以風雨，來比喻皇之不極，政教失中。如是，雖從民願，也不能無亂。這寓義又是何等的深遠！

至於星有好風、星有好雨的星，究指何星？馬融說：「箕星好風，畢星好雨。」考詩小雅漸漸之石說：「月離于畢，俾滂沱矣。」其下正義引春秋緯的話說：「月離于箕，風揚沙。」案：箕、畢二星，俱在二十八宿之中，箕宿爲蒼龍七宿的最後一星座，有星四，在南方，亦名南箕。畢宿爲白虎七宿的第五星座，有星八。禮記月令說：「孟秋之月，旦畢中。」就是指的畢星。此星在西方，當月經歷箕星的時候，正值我國中原的風季，所以春秋緯說：「風揚沙。」當月經歷畢星的時候，正值雨季，所以詩小雅說：「滂沱」。先民不知其然，因之也就以爲箕星好風，畢星好雨了（註三二）。

九、五福—壽、富、康寧、修好德、考終命
六極—凶短折、疾、憂、貧、惡、弱。

天地間有是理，然後有是事，有是行，而後福極至。無如理常微，而事常著，行常急，而福極常緩。是以人多視其事而無解於理，觀其行而不見福極。此亦世事之常，不足多思，更不足爲怪。行王道，則天賜五福，反之，則天威六極。準是以論，五福、六極，乃「天之所爲，非人之所設也。且統天下之人而言之，不專主人君。」（註三三）在這一方面，林之奇先生，有更精闢的見解，他說：「堯舜行德，則民仁壽，桀紂行暴，而民鄙夭，夫仁壽、鄙夭，雖若制之於天，非人力所能爲也。然堯舜之世，則民仁壽，非其生而皆仁壽也。堯舜之治天下，彝倫攸敍，休徵時至，則不期於仁壽也。桀紂之世，則民鄙夭，非其生而皆鄙夭也。桀紂之治天下，彝倫攸斁，咎徵相仍，則不期於鄙夭，而自鄙夭也。故仁壽、鄙夭，雖本於天，而君實制其命，故易之論天地曰：鼓萬物而不與聖人同憂。言天地之於物，仁壽、鄙夭，任其自爾，無所容心。至於聖人，則有憂患於其間，故能裁成輔相，以立生民之命，嚮用五福，威用六極，此蓋聖人之憂患也。」（註三四）林氏這種天命人君兼顧的言論，確實盡情盡理，我們非常樂意贊同。平心而論，如果政教修明，天下安樂，而人民豐衣足食，自會長壽。「用天之道，分地之利，謹身節用，以養父母」（註三五），而人民自會富庶。無疾無憂，了無掛礙，心廣體胖，自然形康而心寧。行禮樂之教，而人民自會「攸好德」。政教明，不陷於刑戮，正命而終，而人民自會考終命。此皆王道之所由得，而上天以休徵爲之驗證的具體表現。如若不然，人民或由陷於刑戮、以不得其死而凶短折，或因經年患病身不得安寧而疾，或因心不得其寧而憂，或因困於財而不足於用而貧，或因風俗壞兇殘而惡，或因愚懦不能自立而弱。致此之由，皆爲禮樂廢，政教失、不行王道，而上天所降的威罰啊！所以蔡沈書經集傳說：「五福六極，在君、則係於極之建不建，在民、則係於訓之行不行。」這話說的確實耐人尋味。由前述可知，君行王道（卽建極），天卽賜之五福，不行王道，天卽賜之六極。民不行王訓，天則降之六極，行王訓，天則降之五福，這種道理，確實值得我們再三再四的推敲。孟子說：「禍、福無不由自取之也。」（註三六）準是以觀，那裏還有迷信的色彩呢？

叁、結　論

洪範，乃箕子為周武王所陳述的一篇治國大法。就體裁說，它應該屬於「謨」（註三七），因其中所論，都是關於建國君民的大則大法，實與陶皐謨沒有什麼兩樣。就其篇章的組織說，它是古籍中最具系統、而層次分明的著作。箕子述九疇，首先提出一個簡明的綱領，然後再逐次的展開，一一加以分述。所以讀洪範，使我們最能感到滿意的，就是在組織上的層次分明，有條理、有系統，一點都不紊亂。在上古的著作中，這一點，是很少可與之比擬的。在內容上說，它包羅宏富，也是上古其他談治道的著作，所無法望其項背的。明人王樵尚書日記說：「人心惟危四語（註三八）聖學傳心之妙，而未及政治之詳。水、火、金、木、土、穀惟修（註三九）數語，善政養民之要，而未及心源事目之備。洪範一篇，性命政事，大綱細目，兼該全備，信乎唐虞以來，授受之微言也。」（註四〇）王氏所言，大致不差，所說「人心惟危四語」，其主旨歸本於「允執厥中」上面，與洪範中的皇極相當。

所說「水、火、金、木、土……」句，與洪範中的五行相當。所說「性命、政事」，是指洪範中的五事、八政而言。這也可說是王氏讀洪範有得的言論了。宋、王柏說：「此書、王者繼天立極之大典也。其綱目爲最明，其義理爲最密，其功用所關爲最廣，其歸宿樞機爲最精。」（註四一）如就上古的政治哲學言，這話說的不錯。茲再就洪範之言，提出我們的看法如次：

一、五行：它雖爲自然界的產物，但同時也是構成自然界的基本元素，更爲各種生物生命之所寄。因此，我們應該把它看作國家的天然資源。如水利的興修，地熱（火）的開發，山林的砍伐與種植，礦藏的探勘與開發，土地的開闢、利用與保持等，這站在一位國家元首的立場來說，都是應該作一通盤的了解與規劃的。因此，我們對於漢人五行生尅、宋人天地行氣的說法，是無法接受的。

二、五事：箕子所以提出這一疇，可能有兩種作用，第一是資格的限定。換言之，必須具備這樣修養的人，才有資格「天工人其代之」。第二是退一步說，雖不具備此種修養，但努力以爲，亦可以達到此種標準。所以這就含有勉勵的作用了。修爲能到達這種地步，那毫無疑問的，將是一位聖君。聖君在位，那還能不以人民的疾苦爲疾苦，不以人民的安樂爲安樂？現在我們姑且撇開人君不談，專就個人而言，仍不失爲養心修性的良好步驟與方法。個人能有如此的修養，他還會與人爭權奪利？還會作奸犯科？還會斤斤計較？還會沒有寬廣的心胸、容人的雅量？對於事理，還會看不透徹？假如一國之中，人人如此，那又是一個怎樣的景象？我們現在，又做到了多少？這在教育、內政方面來說，是不是仍然是一個努力的目標？

三、八政：就那個時代說，八個部門，或許已經足符應用，時代的變遷，生活的需求，是不可同日而語的。不過由於這種簡單的記載，已經提供給我們一個很好的示範。我們當以此爲基礎，以切於民政爲依歸，設機關、立制度，只要針對民隱民痛，解決其疾苦，又有什麼不可？

四、五紀：這是我國向天空發展的第一步，其結果，除帶給我們一部完整的曆法外，其他的啓示，應是隨時制宜、適時適地運用時令，以求事半功倍的效果了。在科技進步神速的今天，對地球大氣層的了解，我們又能知道多少？氣象學對農政來說，已到了息息相關的地步，我們是不是應該以古人的那種精神，作更進一步的探究，以成爲世界氣象學的先進爲目標？

五、皇極：爲九疇中的中心點，也是最高的指揮機關，它好比人的腦神經中樞，職司發號命令的工作，所講求的，就是大中至正之道，是人君絕對應該遵守的。它的終極目標是致中和。同時這也是用人的鐵則，擧直錯諸枉，黜陟明，而政自清，這將是永遠不可改變的眞理。

六、三德：這是人君治理人民的一種權宜變通之法。正直、剛克、柔克，就是針對着國家當前情勢以及人民個性的靈活運用。因此，有人認爲三德就是皇極的具體運用。這見解也不能說不對，因爲再好的制度，再高的理想，如不付諸實施，又如何能發揮其效用？再者，如執一而爲，就難免有膠柱鼓瑟之失。呂刑篇說：「刑罰世輕世重」，刑罰尚且如此，更何況是治理人民千頭萬緒的政令措施？人的好尚不同，如一任其所爲，就難免有失中道，經文說：「月之從星，則以風雨」，不就是這種道理？

七、稽疑：在這一疇中，一方面我們可以看出解決事情的步驟和方法，另一方面，也可以看出民主、民本的意識。凡事，當先求盡人事，只要盡了最大的心力，卽使是無成，亦可問心無愧，求神問卜，只不過是求心安而已。又如像經文中所說：謀卿士、謀庶民，這種做法，不就是民主、順民意的表示？我們認爲，最害於事的，莫過於疑而不決。曠時費日，莫此爲甚。故如能事無所疑，並知如何去做，而且又能盡力的去做，任何事情，都可以計日成功。

八、庶徵：此疇與五事的密切配合，經有明文，這要看我們如何去體會。一個五事修的人，他自然是貌恭而肅、言從而乂、視明而哲、聽聰而謀、思睿而聖，一位肅、乂、哲、謀、聖的天子，難道在用人方面，還不能舉直錯諸枉？還不能黜陟明？既然能使俊傑在位，能者在官，君聖臣賢，而對國家的一切措施，必定都能釐然得當。於災害，而預爲之防，於需求，而預爲之謀，在這樣一個大有爲的政府領導、治理之下，自然是上下和睦，「黎民於變時雍」了。卽使有不意的災害發生，在上下通力合作下，也必能使之減少到最低限度。若反其道而行，那也就難免各種咎徵接踵而至了。

九、五福、六極：這是指人民的幸福與疾苦而言，也可以說，這是治理國家的總表現、總成績。有五福的結果，其政不問可知，有六極的結果，其政也不問可知。張其昀先生說：「通觀洪範全篇，始於民生，終於民生。」（註四二）我們如以「建國之首要在民生」的觀點來看，這話是不錯的。在上古時代，我國就已有了這種完備的政治宏規，誠然值得我們欣喜，然而就現在來說，我們是不是仍然需要一個使人民都能享有「五福」的國家？

【附註】

註一：見四庫提要經部書類二。

註二：胡渭洪範正論，今有商務四庫珍本影印本（三集）。提要云：「蓋渭經學湛深，學有根柢，故所論一軌於理，漢儒附會之談，宋儒變亂之倫，能一掃而廓除之。」

註三：見東坡書傳。

註四：見古史辨五册下編，梁啓超著陰陽五行說之來歷。

註五：左氏襄公二十七年傳文。

註六：林之奇著林氏尚書全解卷二十四引。

註七：胡渭著洪範正論卷二。

註八：論語子路篇。

註九：孟子離婁篇上。

註一〇：洪範正論卷二引陳氏語。

註一一：自恭則肅至辨正，並見洪範正論卷二。

註一二：見欽定書經傳說彙纂綱領一引，四庫全書珍本八集一册。

註一三：見顏師古漢書注，卷二十七，五行志第七上注引。

註一四：洪範正論皇極下引朱子語。

註一五：江聲著有尚書集注音疏，王鳴盛著有尚書後案，孫星衍著有尚書今古文注疏，俞樾著有羣經平議。

註一六：見朱駿聲著尚書古注便讀。

註一七：說文：「皇、大也，从自王。自、始也。始王者三皇、大君也。」案：皇、不从自，說文恐誤，請參說文解字詁林第二册釋皇。

註一八：宋、林之奇尚書全解卷二十四云：「先儒解則錫之福、與下文汝雖錫之福，皆以福爲爵祿。惟孫元忠則不然。其說曰：『箕子之敍皇極，其言錫福者，有三焉；始言歛是五福，用敷錫厥庶民一也。中言予攸好德，汝則錫之福二也，末言于其無好德，汝雖錫之福，其作汝用咎三也。先儒皆以福爲爵祿，又恐不然。蓋皇極之道，本以五福爲用，故凡言錫者，皆五福之理也。』此說是也。蓋皇極之所謂福，與三德惟辟作福之言不同，以三德推之，非是也。故凡皇極之所謂福者，皆教之以大中之道，大中之道，五福之所由集也。」

註一九：林氏尚書全解卷二十四引。

註二〇：林氏尚書全解卷二十五。

註二一：同註二〇。

註二二：沈潛剛克、高明柔克，二句經文，說解甚紛，今政大中國文學研究所博士班黃君忠愼，在孔孟月刊十八卷十二期「洪範三德」試解一文中，解釋甚詳，其說可取，本文卽取其義。

註二三：將高明柔克釋爲「高明君子、亦以德懷之」者，爲馬融。見孫星衍尚書今古文注疏。

註二四：見古今圖書集成理學彙編經籍第一百二十八卷。

註二五：林氏尚書全解卷二十五引。

註二六：見說文解字詁林。

註二七：關龜兆釋文，多採鄭氏康成之說。至於貞悔之釋爲內外卦，乃據左氏僖公十五年傳文爲說，傳云：「蠱之貞風也，其悔山也。」考蠱卦之象爲☶☴，巽下艮上，說卦云：「巽爲風，艮爲山。」是內卦曰貞，外卦曰悔。卦以下體爲內，上體爲外。悔、說文作𠧪，云：「易卦之上體也。」至於何以謂爲貞悔，林之奇尚書全解引蘇軾云：「其謂之貞悔者，古語如此，莫知其訓也。」

註二八：見洪範正論卷五。

註二九：洪範正論卷五引。

註三〇：見孫星衍尚書今古文注疏引。

註三一：洪範正論卷五引。

註三二：以上經文之設喩、以及星有好風好雨之論，參黎建寳著尚書周書釋義爲說。

註三三：洪範正論卷五。

註三四：林氏尚書全解卷二十五。
註三五：見孝經庶人章。
註三六：見孟子離婁上。
註三七：鄭氏以爲此篇爲訓體，孔穎達正義，將之列入範體。胡渭以鄭義爲長。然就其內容言，實應列入謨體。
註三八：見僞大禹謨。
註三九：同註三八。
註四〇：洪範正論卷一。
註四一：欽定書經傳說彙纂引。
註四二：見人生雜誌卷三十一第一期頁五。

（原載於孔孟學報第四十二期。民、70、9）

附錄　洪範皇極中的「福」義及其所謂「錯簡」的商榷

李振興

洪範、爲尚書中的一篇，我們如果把尚書分爲虞夏書、商書、周書三部分的話，洪範則爲周書中的一篇。篇中又分爲九類，就是我們平常所說的洪範九疇。而皇極、僅爲九疇中的一疇而已。這一篇所談，自始至終，均爲治國的大則大法，其著眼點，則以民生爲依歸。是殷遺臣箕子，爲周武王所陳。

在通篇之內，言及「福」字的，一共有八次，如在綱領中說：「次九曰嚮用五福」。在皇極中說：「斂時五福」，「汝則錫之福」，「汝雖錫之福」。在三德中說：「惟辟作福」，「臣無有作福，……臣之作福，……」。在最後一疇中劈頭就說：「五福六極」。在這八次所提及的「福」字中，綱領所說，與「五福六極」中的五福，意義完全相同。因爲第九疇中的五福，就是綱領所說五福的重言，所指乃爲治理國家的結果，也可說是總成績、總表現。它的直接意義，就是幸福、福祉，是每一個國民，都可以享受到的。如五福所指的壽、富、康寧、攸好德、考終命，我們試想，一個國家，假如不安定，不太平，教化不行，禮樂不興，饑饉災荒頻仍，戰爭、盜賊時起，在這種情況下，人民如何能長壽？如何能富有？如何能形康心寧？又如何能攸好德？那就更不能壽終正寢、正命而終了。所以我們說，五福，它是政治上的總表現、總成績，是結果。而在三德中所涉及的「福」，均指封爵、賞賜的大權而言。換句話說，也只有天子，才配握有此種大權，同時這種大權，也是不容下移的。在經文中所表現的意義，甚爲明確，不必贅言。最後，只有皇極中所言及的三次「福」字了，這也可說是本文主題之一。

或者有人會問，皇極中的「五福」，與綱領中所言有何不同？我們的回答是：皇極中的五福，不僅不是結果，正好與之相反，它只是一個遠景和理想，假如天子（人君）能建立大中至正的施政法則，並循此以爲，就可以聚合五種幸福與人民。換言之，五福乃寓於大中至正之道之中，依此施教，其結果，人民都可以享受到五種幸福。（這裡所說的結果，是指目標，理想而言，非目前眞實所可享有的結果。）這也就如同我們現在已經完成的十大建設一樣，在未開始動工以前，先向全國人民宣告何以要有十大建設的興建，完成之後，人民能享有一個怎樣的成果是一樣的。人民能先有此認識、了解，然後才樂意擁護政府，支持政府，上下一心、通力合作，共同爲國家、也是爲本身的利益而盡心盡力。所以我們說，它與綱領中的五福不同。同時箕子言此，又好似有警示作用，那就是說，能以大中之道治國，則可「斂時五福」，否則，那也惟有招致六極了（六種災禍）。我們作這樣的論斷，可能引起誤會。既然洪範所論，爲建國君民的大則大法，而第九疇中的五福，不是理想而何？話是不錯，不過那是就實質的生活立論，雖不是實質生活，已把它看作實質的情形就是如此。所以我們把它看作結果。而皇極中所說的五福，它只是以皇極爲前提，對天子、對人民，都是一種考驗，它只是一個美好的生活遠景，不像第九疇中的五福六極，活生生地擺在我們的面前，讓我們實際的去過那樣的生活。

其次，是皇極中所說「汝則錫之福」的「福」字。對於此一「福」字的解釋，歷來的尙書家們，多以爵賞爲訓，再不然就解爲福祿。其實福祿就是爵賞，因祿字是可以釋爲俸祿、爵祿的。愚意以爲這種解釋，並不能表現經義，其理由如下：

爲了便於說明，所以首先必需把皇極這段經文引出來，經文說：

皇建其有極，斂時五福，用敷錫厥庶民。惟時厥庶民于汝極，錫汝保極。

凡厥庶民，無有淫朋；人無比德，惟皇作極。

凡厥庶民，有猷、有爲、有守，汝則念之。

不協于極，不罹于咎，皇則受之。而康而色，曰：「予攸好德」，汝則錫之福。時人斯其惟皇之極。

無虐煢獨，而畏高明。

人之有能、有爲，使羞其行，而邦其昌。

凡厥正人，既富方穀，汝弗能使有好于而家，時人斯其辜。

于其無好（德），汝雖錫之福，其作汝用咎。

這段經文，我們可以分爲六個層次來探討，自皇建其有極至錫汝保極，爲第一個層次，主旨在說明皇極的所以建立，就是爲了聚斂五福給人民。反過來說，要想把五福具體的呈現在人民的面前，使人人得而享有，就必需建立皇極。因爲皇極就是大中至正之道，是上至天子，下至人民，所必需共同遵守的法則。能做到這一步，就會凡事得中，「無偏無黨」，而「王道蕩蕩」了。就是因爲這是天道，是自然之理，所以箕子言此，似乎有順之則昌，逆之則亡的意味。這種道理，首先天子要切實遵守，其次要使人民了解，並切實體察。誠如是，而上下形成一個堅固的整體，自然人民就會以天子爲法則，並與之來共同保持皇極的不墜了。

第二個層次，是自凡厥庶民至惟皇作極。主旨是說，能做到第一個層次的情景以後，就會自然而然發生的效果。這種效果，就是所有的人民，不會再有淫亂、羣朋的邪私行爲，而在官的人，也不會有比周阿黨的偏頗不正之舉，而惟皇極是從了。所以宋代的王安石說：「有極之所在，君安所取正？取正於天而已。我取正於天，則民取正於我。道之本出於天，其在我爲德。皇極，我與庶民所同然也。故我訓於帝，則民訓于我矣。」這把皇極的本源來自於天，君則天，民則君的道理，交代的非常清楚。同時也無異爲我們解答了第二個層次的論點。

第三個層次，是自第二個凡厥庶民至汝則念之。主旨是說，對於有謀略、有作爲、有操守的人，天子應時刻想着起用他們，也惟有起用人才，政治才能導向正軌，國家才能昌盛。

第四個層次，是自不協于極至時人斯其惟皇之極。這是說，對於行爲既不能合於中準（皇極），又沒有陷於罪咎的人，所當採取的方法。換言之，這些絕大多數的中人，進則可爲聖賢，退則可爲奸爲惡，因此天子應當受而敎之，使其好德。一旦他們能和顏悅色的說：「我所喜好的，就是美善的行爲」，這也就無異於天子的賜福了。這種好德之福，全爲天子受而敎之的結果。所以說，這個地方的福字，應該說是由人民的受敎好德而感激之言，絕不是什麼爵祿的賞賜。我們試想，一個人，果能喜好美善之行，這又非福而何？先儒多以此處的福字，釋爲爵祿，以上下文氣言，固未必然，如就情理論，尤其未必然。因皇極的重點，不僅天子要「取則焉」，同時還要「以之教民」，民能油然覺悟，相率而行之，國家自可步入安泰康樂之境。此五福的所由來。不然的話，假如有人說：「我所喜好的，是美善的行爲。」國家卽賜之爵祿，這一則無事實之據，再則亦無如許之爵祿，同時更可能因此而造成人民投機取巧的心理，這在道理上是說不通的。所以我們認爲在這裏的「福」字，應該釋爲由於自好德而得的福，也就是天子受而敎之的結果。再不然，如把它看作獎勵、嘉勉，就如同現在所舉辦的好人好事的表揚，於理也是說得通的。

第五個層次，是無虐煢獨而畏高明。這是說，國家推行政令，最要者，莫過於大公無私，一視同仁。如稍有偏頗，就會遇到物議，乃至引起動亂，使國本不穩，這是執政的人，所應特別留意的。

第六個層次，是自凡厥正人至其作汝用咎。大義是說，所有在位的官員們，尤其是正長一類的人物，既然享用了國家豐厚的常祿，反而不能把國家治理好，這就難辭其咎了。在這種情況下，卽便天子賜之爵祿，反會招致人民的怨恨。所以對於這樣尸位素餐的官員，應該罷黜。這裏的福字，才是爵祿、封賞的意思，與前述的兩福字有別。所以宋代的林之奇，在其所著林氏尚書全解中，引述孫元忠的話說：「箕子之敘皇極，其言錫祿者有三焉：始言斂時五福，用敷錫厥庶民一也。中言予攸好德，汝則錫之福二也。末言于其無好德（案：德，經後人考證爲衍文，史記宋世家卽無德字。），汝雖錫之福，其作汝用咎三也。先儒皆以福爲爵祿，又恐不然。蓋皇極之道，本以五福爲用，故凡言錫者，皆五福之理也。」林氏除同意其說法外，接着又說：「蓋皇極之所謂福，與三德惟辟作福之福不同：……故凡皇極之所謂福者，皆敎之大中之道，大中之道，五福之所由集也。」所謂「凡言錫者皆五福之理」，大中之道五福之所由集」，都要落實到「天工人其代之」上面。孟子離婁篇上說：「徒善不足以爲政，徒法不能以自行。」不就是這個道理？胡渭洪範正論說：「竊爲此章，自斂時五福，至其作汝用咎，卽夫子擧直錯諸枉，能使枉者直之意。」又引鄭公弼的話說：「天子無職事，惟辨君子小人而進退之，乃爲天子之職。」又說：「皇建其有極，修己之事畢矣。以下皆治人之事，而進君子、退小人爲最急，苟無好德而錫之福，則淫朋比德，偏黨成風，而皇極之體壞矣。」（卷四）近人吳闓生也說：「皇極之意，必使人人皆進于德。所由致然者，亦在於黜陟之明也。」我們就皇極所說，揣度其義蘊，熟慮其內含，覺得這些話，都非常中肯，也都是深體皇極之言。因此我們認爲皇極中所涉的福字，有三個層面：第一，在於君民都能澈底明白皇極作用的偉大，而天子、庶人都應信守勿失，這樣方可使國泰民安，共享「五福」之福。第二，在施行敎化之後，卽使是中人，亦能深悟其理，深明其義，而由衷地、和顏悅色地說：「予攸好德」，好德卽是福，此種福，卽無異天子所賜。第三，乃對不稱職的官員，不使尸位素餐，以免招致民怨，破壞皇極的體制。所以林之奇先生說：「故凡言錫者，皆五福之理也。」循此而爲，上天自然降福，逆此而行，上天自然降災，此亦自然之理，只是吾人未加深思罷了。孟子所謂：「禍、福無不自取之也」，在天子如此，在民亦然。明乎此，我們再談皇極，對其所言「福」義，卽可去除上天賜福之迷，不再爲其所困了。

本文的第二個主題，卽皇極中所謂的錯簡。遠在宋代的王柏，就已經發出錯簡的大言，他的一部書疑，就是具體的說明。在該書中，並且作了一個自以爲是的調整。首先，他把皇極下原文，自「歛時五福至其作汝用咎（卽前文所引）這一大段，移到第九疇五福六極六曰弱的下面，以作爲該疇的傳文。然後把原屬皇極中的一段韻語：

> 無偏無陂（案：陂、原作頗。），遵王之義；無有作好，遵王之道；無有作惡，遵王之路。無偏無黨，王道蕩蕩；無黨無偏，王道平平；無反無側，王道正直。會其有極，歸其有極。

提升在皇建其有極的下面，作爲經文，將原文曰皇極之敷言以下，降爲傳文。然後再把三德疇中，自惟辟作福，至民用僭忒一段，移到皇極「以爲天下王」下面，作爲傳文。王氏所以這樣大搬家，其惟一的理由，就是認爲有錯簡。他說：「愚竊嘗玩味皇極之章，疑其有錯簡焉。自五、皇極，皇建其有極二句之下，宜卽接無偏無陂。前三韻語，所以會其有極也，後三韻語，所以歸其有極也。曰會曰歸，所以爲建極之功也。前後四極字，包六韻語，文勢旣極縝密，字義備於形容，使人悠揚吟詠，意思尤覺深長。此宜爲皇極之經，先儒亦有謂此乃帝王相傳之訓，非箕子之言是也。」至於將三德疇中「惟辟作福至民用僭忒」一段，移作皇極傳文的理由，當然仍爲錯簡，他說：「自曰以下，指上文爲皇極之敷言，始爲箕子語，此當爲皇極傳，上曰敷言，告其君也，下曰敷言，告其民也，再曰天子作民父母，此指皇極之位而言，合接惟辟作福至僭忒，言此分之不可干也。舊綴於三德之下，其義紊戾。」

至於將皇極下，自歛時五福至其作汝用咎一段，移到第九疇福極以下，王氏的理由是：「自歛時五福之下，至其作汝用咎，宜爲福極之末章，此非皇極之正訓，而冠於六韻語上，使讀者反不知其本末，豈不誤哉！人君固秉敷斂之權，其曰斂時五福，蓋指第九疇而言，斂者皇也，時者是也，此也，非指皇極也，指五福也。」

王氏的主張，到了元代，總算起了回響。而胡一中所著定正洪範集說，於皇極一疇，即悉採王氏意見，並解說其目的謂：「在合禹經箕傳之旨，俾可行於天下，所謂爲天地立心，爲生民立極，爲去聖繼絕學，爲萬世開太平。」其志氣不能說不大，其心胸也不能說不廣，然而可悲的是，逮夫胡渭洪範正論出，此種說法，便被一掃而盡，似乎再也引不起後人的注意。胡氏一則說：「洪範元無錯簡，而宋儒任意改竄，移庶徵王省惟歲以下，爲五紀之傳。移皇極斂時五福至其作汝用咎，及三德惟辟作福以下，並爲五福六極之傳，害三矣。愚爲是解，非敢撥棄舊詁，而逞吾臆見也，去其不正者，以就其正者，而聖人之意得矣。」（洪範正論序）去其不正，以就其正，當然是胡氏作正論宗旨之一，而最重要者，還在於能使聖人之意，重新展現。再則說：「夫九疇，雖別而爲九，其實更相經緯以發明治天下之大法，今以其有歲月日星，遂以爲當屬五紀之下，則上文肅時雨若，亦當屬於五事之下，皇極斂時五福，亦當屬於五福之下。如此，則九疇不相爲用，渙散而離矣。豈箕子之本義哉！」（正論卷五引林之奇語）洪範九疇，「雖別爲九，其實更相經緯，以發明治天下之大法，」如「不相爲用，」則「渙然而離矣，」眞是一語中的，不需再多辭費。如王柏之意，則是各自爲用矣。話雖如此，我們認爲只是這樣說，恐尚不能服人之心，而王氏之意在錯簡，所謂錯簡，就是置於不當置之處，以致上下阻澀，「使讀者反不知其本末」，要想證明「元無錯簡」，當在皇極疇中的文氣、文勢上加以說明，證明它是一氣貫連的，並無上下費解或不銜接的地方。

首先我們應該確定的是，「皇極」爲大中之道。此大中之道，也就是自然之理，廓然大公、純然至誠，人人咸以爲至當之理。天子治天下，首當取則於此，以建立大中至正之法則，以期做到「我訓於天，則民訓於我」的目標。因此，宋代林之奇，以爲僅「觀皇極二字，則聖人所以敎民之意可見矣。」（尚書全解卷二十四）所以朱子語錄也說：「歛福錫民，豈別有福以錫之？只取則於此（案：當指皇極），各正其身，順理而行，則爲福也，此亦是敎人之意。」（正論卷四引）而元代的王充耘，在其所著讀書管見卷下說：皇建其有極，與湯建中于民相似，皆是以身立敎。以其至極而無以復加，則謂之極，以其無過不及，則謂之中，以其至當而不可易；則謂之至善，其名殊，其實一而已。」

以上所述，是皇極的本源及其實質的意義。然而我們不要忘了，洪範九疇，是箕子當着武王的面所陳，既然說明皇極不僅爲天子所當取則遵守，還要更進一步的用以敎民，這樣才能發揮其實質的功效。其所能展現在面前的理想及施行的步驟，又當如何？這就要涉及到我們在前文第一個主題中所說的層次了。

第一，自歛時五福至錫汝保極，這是天子取則皇極，建立法制，並用以敎民所能展現的理想。也可說是未來施政的必然結果。王充耘在讀書管見皇極下說：「人君建極，歛五福以錫庶民，豈眞有歛散之迹哉！大概有道之君，立乎其上，則自能措一世于治平。民皆飽食煖衣，入孝出弟，有壽康而無鄙夭者，是果誰之力哉，謂非其君有以致之不可也。董子所謂人君正心以正四方，而諸福之物，可致之祥，莫不畢至者，此即建極歛福錫民之謂也。庶民于汝極，錫汝保極者，蓋建極在一人，而保極在天下，始焉，人君以身立教，率天下之民以歸于極，及其教化旣行，風俗旣定，則建極之君，有時而不存，而父慈子孝之俗，亙千百年如一日，是君之極，反藉民以保之也。」這話說的又是何等透闢！這是第一層次的寓義。能達此境界，當然也就是「凡厥庶民，無有淫朋，人無比德，惟皇作極」的景象了。這是第二層次的寓義。也可以說是第一層次的必然結果，這是郅治之隆的最高表現，在這種情況下，當然人人皆能享有五福之美的生活，這是遠景的具體形像化，當然也是人人所嚮往的。

至於第三到第六個層次的情景，那就是要時刻想念着起用人才，對於「不協于極，不罹于咎」的中人，要受而教之，一直到他們和顏悅色的說：「予攸好德」爲止。推行政令，要一視同仁，不可稍有偏私。對於在位有能有爲的官員，絕不可限制，要讓他們盡量的發揮其才能。對於那些尸位素餐的官員，當行罷黜，以免其爲天子招致怨恨。能做到這種地步，也就可以達到古語所說：「無偏無陂……歸其有極」了。這一段韻語，是箕子把大原則說完以後，引用古語來證實自己所言可以達到的情景，也就是古語所說的這層意思。我們假如能作如是觀，不也是「文勢旣極縝密，字義備於形容，使人攸揚吟詠，意思尤覺深長」嗎？這種敍述方式，好似韓詩外傳，先陳述一段事理，最後引詩曰作結。當然我們不敢斷定韓詩外傳的體裁，是來自皇極，然而就形式上看，確實有些類似。就事理推測，箕子引古語來與自己所陳述的皇極治國之道相印證，也不是不可能的事。

最後，我們要來談談王氏又將三德疇中，自「惟辟作福至民用僭忒」一段經文，移入皇極的問題。王氏將這段經文，接在皇極「以爲天下王」下面，作爲傳語，在王氏可能以爲，既然只有天子才有爵賞、刑戮的大權，是不應該置入三德一疇中的。惟有置入皇極，才能「文勢縝密」。殊不知皇極與三德，本是交互爲用的，如果說皇極爲體，那末三德就是用。皇極固爲中道，然此「中」却非固一不變的「中」，而是「時中」，「時中者，當其可之謂也。」（宋、楊時語，見書經傳說彙纂引）而三德，正是「時中」的發揮。因三德所講，爲人君御世之權，隨時而制宜，因時而變化，它是「世輕世重」的，所以三德前半疇所講是方法，後半疇則爲權柄，而這種權柄，是不可以下移的。所謂「作福、作威、玉食」，惟天子方可享有。用現在的話說，就是事權的統一，如事權不統一，一國三公，各行其是，國家又何能富強？所以胡安定先生說：「聖人旣由中道而治天下，又慮夫執中無權猶執一也，故用三德，所以隨時制宜，以歸安寧之域也。故皇極則見聖人之道，三德則見聖人之權。」王安石也說：「皇極者，君與臣民之所共由者也，三德者，君之所獨任，而臣民不得僭焉者也。」胡渭引述胡、王二氏的話以後，以堅定的口吻說：「蓋大中之道，人之所同有，爲君者，苟不能以先知覺後知，以先覺覺後覺，而與斯民共之，則人將淫朋、比德而自棄於小人之域，此國家之所以亂也。威福名器，人主之利勢，苟不能執之於一己，使臣下得而僭焉，則人民化之，亦將側頗僻，僭忒矣。」（以上胡安定、王安石、胡渭語，並見洪範正論卷四）我們看了這些言論，還能說有錯簡嗎？還能將三德之文，硬置之於皇極中嗎？（原載於孔孟月刊二十卷二期。民、70、10）

第四章　尚書康誥、酒誥、梓材大義探討

壹、三篇的性質

三篇同序，文體一貫，皆爲周公告其幼弟康叔之辭；勉其赴封地治國，所當履行、永遠不可怠忽之道——明德、愼罰、戒酒、情通上下，以及國家所以設侯衞監國的用意。

貳、時代背景

武王克殷，不久崩逝，時成王尚幼，天下岌岌。周公旦攝政當國，而管、蔡流言，謂周公將不利於「孺子」——成王，並結合武庚叛周。周公無奈，乃奉成王命，率師東征，殺武庚、管叔，放蔡叔。亂平後，乃以該地封其幼弟康叔。此三篇乃康叔赴國前，周公對其幼弟之誥語。

叁、大義探討

上古淳樸，建國君民，無不以修身爲本，身修方可以成聖成賢。而賢聖之君，亦無不以此爲兢兢。堯、舜、禹、湯，固無論矣，卽如後代的盛世，也很少有違背這種公例的。於此，我們要問，修身所當法者爲何？曰：法天。天可法嗎？答覆是：天不僅可法，而且非法天不可。其理由如下：

一、上古之時，人民智慧未開，一些無法解決的問題，多歸之於天，認爲天是萬能的，它處處左右人民的行動；甚至認爲它可以掌握人民的生死大權。這也難怪，如風、雨、雷、電之作，人民無由得知其詳，洪水、地震，人民也莫可避免，於無可奈何之際，仰望青空悠悠，神秘莫測，所以大家一致認爲天，就是我們人類的主宰，它掌握了我們的一切。

二、其實我國文化，也確實是上天所賜（世界文化亦難逃此公例），如八卦、文字的發明，各種事理的領悟，全靠先民長時間的觀察、體驗而得。如易經繫辭傳下說：「古者包犧氏之王天下也，仰則觀象於天，俯則觀法於地，觀鳥獸之文，與地之宜，近取諸身，遠取諸物，於是始作八卦，以通神明之德，以類萬物之情。」許愼說文解字敍也說：「………及神農氏結繩爲治，而統其事。………黃帝之史倉頡，見其鳥獸蹏迒之迹，知分理（文理）之可相別異也，初造書契，百官以乂，萬品以察。」由於這種仰觀俯察的領悟、體驗，進而產生了文明，使生活日有進步，我們能夠不說這是「天」的啓示？

三、當然，如果照以上所說，我國文化是上天所賜，那未免迷信色彩太濃；假如我們把「天」看作自然，試問我們可不可以說，我們的文化，是「自然」所賜呢？因爲人能改變「自然」，人也能「勝天」，這站在人的立場看，固然由於人的作爲而致，可是如果站在另一角度來看，假如沒有這個「自然」環境，人又何從改造？且何所依憑？我們承認了這一點之後，再來看看「天」是不是最公平的？是不是大公無私的？呂氏春秋孟春紀五去私篇說：「天無私覆也，地無私載也，日月無私燭也，四時無私行也，行其德而萬物得遂長焉。」天地日月四時的運行，當然是自然的轉動，由於它們的運行，萬物始能「得遂長焉」。這種「得遂長焉」的結果，就是由於「自然」的大公無私所形成的。因此我們說，人格的修養，法天才是極則。

這種信仰「天」的觀念，到了周代，已被發揮得淋漓盡致。他們認爲周的所以能有天下，全是上天的賜與。因此，周代的聖君賢相，無不主張修德以報天。他們鑑往知來，默察熟慮，認爲也只有法天、敬天，才能延續周代的祭祀，才能永保王業的不墜。所謂「周雖舊邦，其命維新」，就是這種觀念。以下我們就循此概念，來探討此三篇中的大義。

一、祖述文王之德，以天命棐忱相勉：首先周公以文王能顯達天德、恩加於人公正明察，又能謹愼於刑罰，來提醒康叔，使他不可忘記父德；進而又以文王不敢侮慢鰥寡無告的人，用可用的人，敬當敬的人，罰當罰的人，來顯示於人民，因此才創建了周室，更進而統治了西方各國的諸侯。這件事情被上帝知道之後，非常高興，於是就以王業命令文王，使他治理人民，滅掉大殷國，所以殷國的人民，才安定了下來。此事在伏生尚書大傳中也有記載，他說：「天之命文王，非啍啍然有聲也，文王在位，而天下大服，施政而物皆聽，令則行，禁則止，動搖而不逆天之道，故曰天乃大命文王。」此亦言修德動天，所以大授之以王業。史記周本紀也說：「西伯陰行善，諸侯皆來決平，於是虞、芮之人，有獄不能決，乃如周。入界，耕者皆讓畔，民俗皆讓長。虞、芮之人未見西伯，皆慙，相謂曰：『吾所爭，周人所恥，何往爲，祇取辱耳。』遂還，俱讓而去。諸侯聞之，曰：『西伯蓋受命之君。』明年，伐犬戎。明年，伐密須。明年，敗耆國。殷之祖伊聞之，懼，以告帝紂。紂曰：『不有天命乎？是何能爲！』明年，伐邘，伐崇侯虎。而作豐邑，自岐下而徙都豐。」這些記載，都能與康誥篇周公之言相合。也足可證明文王爲一有高尚道德修養的人。所以孔子也稱讚周德說：「三分天下有其二，以服事殷，周之德，其可謂至德也已矣。」（論語泰伯）范氏曰：「文王之德，足以代商。天與之，人歸之，而不取，所以爲至德也。」（四書集註引）此言與史記所載，雖少有出入，然如就修德而言，那是絕無二致的。也惟有修德，才能服人，才能動天，才能永保王業的不墜。所以周公先以文王之德，來告誡康叔，使之知道修德的重要性，欲治理國家，也非修德不可。

二、順殷民俗，訪殷遺賢，探殷民隱：殷自成湯代夏而有天下，「賢聖之君六七作」（孟子公孫丑上），統治中國，達六百多年，人民習其俗已久，今康叔往殷地（衞）以治殷民，故周公特以此見囑。同時亦令其普遍地造訪殷的遺賢，探尋殷代先哲王聖明的政教，用以安養人民。更要多多思念著商朝年老成德之人的典則懿行，揣度他們當時的政教是怎樣的，然後作爲治殷的根據。這些事做好之後，另外還要訪詢探求古代先哲聖王的教化美政，用以治民，務使人民能夠過安定康樂的生活。一個做國君的道德善行，能夠充沛於其身，然後擴而大之，使之像天一樣，廣被萬物，那末王命就將永遠的不會廢棄他了。假如一個國君，確實能修德若是，自然也就能了解民隱了。司馬遷在史記衞康叔世家中所說：「必求殷之賢人、君子、長者，問其先殷所以興，所以亡，而務愛民」等語，就是從周公的話隱栝而來。

三、治國當如疾病在身，一時一刻均不可怠忽：古之聖君賢相，治國臨民，多能如是，是以民皆順服。如史記魯周公世家周公戒伯禽說：「我文王之子，武王之弟，成王之叔父；我於天下亦不賤矣，然我一沐三捉髮，一飯三吐哺，起以待士，猶恐失天下之賢人。子之魯，愼無以國驕人。」今戒其幼弟康叔說：「封弟，你這次去治理殷民，於心理上，要像疾病在身一樣，要特別謹愼啊！天命雖然可畏，然而却以誠信爲輔佐的對象。人民的意願，是最容易觀察的，同時也是最難使之安樂的，你去殷地治理的時候，要盡心盡力，一點也大意不得。我聽說：怨恨不在於大小，同樣可以產生災禍（禍亂），因此，在治理人民的時候，要用種種辦法，使不順的百姓順服，使不知勉勵的人民，知所勉勵。」在此，我們一方面可以看出周公的忠藎，同時我們也更可以看出周公的仁厚、謹愼與設想的周到。假如負有政治責任的人，其爲人民憂勞，像疾病在身一樣的務去之而後快，以改善民生爲第一要務，使國家富足，人民安樂，能如是，則人民焉有不順服之理？又焉有不樂以爲治之理？

由以上所說，治理國家固需修身憂勞，恭肅謹愼，然而如何振奮民心，使風淳俗美，戒其所當戒，勉其所當勉，亦爲負政治責任者所不可忽。俗語說：「上有好之，下必甚焉。」「楚王好細腰，而宮中多餓人。」是以在上位者，固當以「民之所好好之，民之所惡惡之。」（大學）然而轉移風氣之責，還多有賴於一二在上位者的大力提倡。而殷紂的淫酒作樂，以此爲尙，所以人民亦習於酒而不知返。酒的敗德亂性，誤事壞身，莫此爲甚。周公深明此理，故於康叔赴國之前，以今昔之實例，誡之如下：

一、以文王爲例，說明國家之所以興，乃由於禁酒所致：當文王「肇國在西土」之時，就經常告誡各負責治事的官員說：「惟有在祭祀的時候，才可以飲酒。」因爲文王以爲上天所以要降下威罰，就是由於人民的大亂喪德，推其大亂喪德的原因，乃由於嗜酒的風行。至於那些大小國家的所以喪亡，也無非是以酒造成的罪過。所以文王告誡敎誨其宗室的年輕人，以及各級的官員們，千萬不可以經常飲酒。至於在祭祀時，雖然可以飲酒，那也應該以德相扶持，不可飲醉。

我們都知道，周的先世后稷，是以稼穡起家的，故文王深明稼穡的艱難。所以他經常教導人民，要愛惜穀物，不可用之造酒。由於全體上下都能聽從文王的彝訓，不管大小行爲，大家也都能專一不二的戒酒，所以民心善良，益行團結，國勢也就一天天地強盛起來。周公惟恐康叔不能體會戒酒的微意，故以文王之訓訓之。

二、說明只有在三種情況下，可以飲酒：其一，在父母壽誕之日，自已先行準備好豐盛的食品，爲父母慶賀，這種時候可以飲酒。其二、在以酒食進獻於老人與國君的時候可以飲酒。其三、在進獻祭品助國君祭祀之時，可以飲酒。

不僅要如此規定，同時還要經常不斷地觀察、反省、檢討，一旦人民成了習慣，有了正確的認識和見解，這種規定，也就自然合於中正的美德了。然而在此我們要問，周公既然要康叔戒酒，何以又允許人民及官員們飲酒？這不是互相矛盾嗎？在這裏我們想引蔡沈書集傳的話作答。他說：「上文父母慶則可飲酒，克羞老則可飲酒，羞饋祀則可飲酒，本欲禁絕其飲，今乃反開其端者，實爲不禁之禁也。聖人之敎，不迫而民從者此也。孝養、羞耇、饋祀，皆因其良心之發，而利導之。人果能盡此三者，且爲成德之士矣，而何憂其湎酒也哉！」這話說得非常有見解。假如在祭祀、燕享、敬老之時，都不准飲酒，這不僅不能成禮，同時也可說是不孝不敬。一個重禮、孝敬的人，當然也就是一位成德之士，成德之士，又何肯沈湎於酒？以此爲尙，當然會風淳俗美。

三、三覆斯言，其意至深，吾人讀之，不惟不厭重複，反見其至誠感人：對一事理的深切悟解，往往需多方面列擧實例，以證明其爲必然，毫無置疑之處，方可深得於心。能深得於心，始可行之不懈，而左右逢源。會讀詩經的人，都公認「不厭其文句重複」的說法是對的，因其每重複一次，而意義卽加深一層。更何況周公此時於平定祿父（武庚）、管、蔡之亂後，其對於康叔寄望之殷，對於殷民了解之切，絕非筆墨所能形容。基於他的痛苦經驗，深切了悟到延續王業的不易，所以他又提出殷代先哲聖王的所以興，乃由於戒酒，來諄囑康叔。他說：

我聽說，從前殷朝的歷代先哲聖王，所敬畏的是天道及人民百姓，所以他們都能經行天德　善政，秉持明智，從成湯到帝乙，咸能敬畏省察成就王業。而當時的執事官員們，也都能恭誠地輔佐，連怠忽逸樂尚且不敢，更何況聚集多人而在一起飲酒呢？至於那些在王朝以外服事的大臣，像侯、甸、男、衞等諸侯的君長，以及在王城以內的官員，如衆官之長、次官和執事羣吏，以及宗族的從政者，他們不只是不敢，同時也沒有閒暇的時間來飲酒，他們只是思念着來輔佐助王成就王德，使之更加光明顯著，以及如何來治理人民，使之守法尚紀，不沈湎於酒。

僅談殷之所以興，猶恐不能使康叔銘記於心，或因往聖的事蹟已遠，不如眼見耳聞的深切易曉，且能發生警惕作用，故周公又以紂之所以亡國相告誡。他說：

殷的所以亡，全在於他的後嗣王紂的以酒樂身。當時紂只知淫佚於酒，其命令並不能下達於民間，所以人民也就不會奉行他的命令。可是紂仍然安於人民對他的怨恨而不知改變其行為，只是一味地放縱遊樂不循法度，以宴飲為安，喪失了威儀，人民沒有不以他的所作所為而傷心的，也沒有不以他的舉止而哀悼國家將亡的。惟獨紂，仍然過度地飲酒，不思止息，大肆縱情逸豫。而且這個人，生來就心腸狠毒，仗恃天命在身，所以才肆無忌憚，不怕死亡。說起來，他的罪惡，確已到了不容誅殺的地步，竟然對於自己國家的滅亡，絲毫也不憂愁。所以他沒有馨香的美德，上聞於老天，只有人民對他的怨恨。所有的臣民，只知飲酒作樂，腥臊的臭氣，聞於上天，所以上天才降下喪亡的命運於殷。這並不是上天不愛護殷國，乃是由於他過分的放縱逸樂所致啊！這更不是上天暴虐，降禍於殷，實在是人民自己招致的罪惡。

這一席話，周公以血淋淋的事實，說明殷紂的所以喪亡，全都是因沈湎於酒自作孽所引起的。酒不但可以敗性傷身，而且更足以導致國家的滅亡，使人民飽受災禍，其罪確實已經到了不容誅殺的地步了。所以周公又進一步的說明他的用意，及康叔就國以後，在禁酒方面，當如何去做。他說：

封弟！我本不想如此多誥於你，古人有這樣一句話說：「人要是不用水作鏡子，當以人民作鏡子。」而今，殷代既然以酒隕喪了天命（亡了國），我又豈可不據此以爲大的鑑戒來告訴你呢？所以我認爲，你到殷地（衞國）以後，要謹愼地告誡殷的賢臣們，和那些侯、甸、男、衞服等諸侯（因康叔爲諸侯之長），以及太史，內史的僚友們。然後就是一般官員士大夫，和宗人在官者，以及你左右的官員，與那些侍候你宴息、朝祭的臣子們。再來就是三卿：像迫擊邪惡、不遵守政令的司馬，善養萬民的司徒，釐訂一切制度法規的司空他們了。最後，就是你自己，更要絕對嚴厲的禁酒。

在這種情形之下，假如有人向你報告說：「有很多人（周人）聚在一起飲酒。」你不可放縱他們。要全部把他們拘捕，送到京師來，我將要殺掉他們。要是殷代的諸大臣及官員，仍然沈迷於酒的話，就不用把他們殺掉，應該再行教導他們，向他們說明，只有在祭祀的時候，才可以飲酒。這樣做了以後，若仍然不聽從命令，不蠲除飲酒的惡習，這時我就把他們視同周人，將他們殺掉。

最後，周公又以沈重的口吻說：

封弟啊！你要始終如一地記住我的告誡，千萬不要使你治理的人民，沈迷於酒啊！

我們看了這些告誡之後，一方面佩服周公的老於謀國，同時也爲他的篤誠悃忠所感。那種手足之情，國家之愛，以及對殷人的寬厚，在在都使我們後人覺得，惟有如此，才能盡情盡理，亦惟有如此，才能使人民畏服。當紂之時，因其暴虐淫酒，內雖骨肉之親，亦難免遭其殺戮，是以怨聲沸騰，恨之惟恐不能速亡。及其亡也，殷之遺民，又莫不感念殷先王的德澤，是以反抗周之事件時起，此亦情理之常。周公有見及此，不得不恩威兼施，期以寬厚之德，感化殷之頑民，並使其蠲除惡習，服順周之治理，此其所以不憚煩者也。然治理之法，又當如何？現在就讓我們共同來看看梓材篇中的語語吧。

一、治國所最要者，就是上情下通，下情上達，君民和洽，國家才能治理得好。周公本爲一大政治家，這一點，當然不會忽略，所以他說：

封弟！一個諸侯或州牧的責任，就是通達上下的輿情，因此你要使庶民及一般僚屬的輿情和賢大夫巨室之家相通達，使巨室大臣的輿情，通達於天子，這是爲諸侯或州牧的責任。

二、爲君爲侯，首先要以身作則，敬勞部屬，處處爲他們着想，以國事互相勉勵，絕不可以國驕人。如是部屬們亦將竭智盡忠，效法其君，爲國服務，爲民盡力。周公本一仁人，所以在這方面，他假康叔之口，表示了一己的見解，當然也是希望康叔能切實做到。他說：

封弟！假如你能經常以勉勵、信賴的口吻說：我有精明強幹的衆長官，我有爲民服務、爲國效勞的司徒、司馬、司空、卿大夫及衆士們，並且時常予以宣慰鼓勵，以身作則。那末他們也就會說：我們治理人民，絕不會隨意寃枉殺戮無罪的人，這也就是因爲我們的國君能率先敬謹、勤勞地慰勉人民，所以現在我們要效法他的行爲。我們鑑於前此以往那些邪惡的人，殺人的人，犯法有罪的人，都得到了寬赦，現在我們也應該效法國君的行事，對於傷害人的人，加以寬宥，使他們有一個改過重新做人的機會。

三、天子設監封國，其目的在於使其幫助治理人民，因此天子對諸侯的考察，其用意在使政令貫徹，以達養民、安民之旨。同時監國的諸侯，並無專用刑法的大權，要秉承王命行事。周公爲制禮之人，於此當能最爲明察，故先語康叔，使之遵守，並期望能率先奉行，作爲諸侯的表率。他說：

國家所以要建置監國，其惟一的目的，就是佐王治理人民。所以我認爲當你監理國政的時候，千萬不可使人民相互殘殺，相互暴虐；至於鰥寡孤獨無告的人，懷孕有身的人，當憐憫他們，照顧他們，假如不幸犯了罪，應當寬容他們。你要知道，天子所以要考查邦君（諸侯）及治事官員執行政令的用意何在？那也是爲了長養人民，使人民能夠長久的安樂。自古以來，王者（天子）對於各監國的諸侯，都是這樣的，所以監國的諸侯，是不可以專用其刑法的。

四、以耕田、築室、製器爲例，說明治理國家，不可自滿，不可因陋就簡，不僅要先作規畫，以立綱紀，同時更需修明制度、典章，使其燦然可觀，政事方可有成。周公鑑往知來，成竹在胸，故能作如是之戒勉。他說：

談到治理國家，就如治田一樣，既然勤奮地加以開始墾殖翻土，就應該修治田畝的疆界以及田間的水溝。又好比蓋房子，既然辛勤地將牆壁建造了起來，就應當蓋上屋頂，並加以粉飾，使其華麗實用。同時治國也就如治理梓材一樣，既然斫去了木皮，製成了器具，那末就應該進一步地塗上彩色的油漆，使它光潔美觀。

這種層層設喻的告誡，最足以啓發人的良知。當然，周公所以作如是的誡勉，一方面是由於康叔的賢而齒少，同時也是由於周公的痛苦經驗所致，所以才作「如此多誥」的。不過由此我們也可以看出周公的愼謀能斷，憂國憂民的襟懷，以及那種稱情衡理的處事態度，在在都表示了一位大政治家的風範，也表示出長兄對幼弟的關愛之忱，使我們後人既羨慕、又敬佩。用這種「導之以德，齊之以禮」的方法，固然可以收「有恥且格」之效，然而對於那些別有居心的人，却不見得會發生若何作用。每有這種情況發生時，在國君來說，將會「天命永終」，在人民來講，那就要受到懲罰了。因此在古代，政刑往往是無法分開的。在政治方面，所講求的，固然是德治，是仁政。可是在刑罰方面，却要講求愼罰，要明察，不可使犯法的人，受到絲毫的寃枉。同時施刑的最高標準，就是刑期無刑。也就是孔子所說「必也使無訟乎」（論語顏淵篇）的境界。所以在康誥篇中，關於刑罰的施行，及應行注意的事項，也有相當多的誥語，茲縷述如次：

一、敬謹明察，刑期無刑：這是刑罰的最高標準。所以在這方面，一開始周公卽以此標準相期許，相誥誡，冀望康叔愼刑明察，不可使人民受到絲毫的寃枉。憑心而論，如果刑法能做到絕對的公正、明察，在治理上就已經可以收到一半的功效了。

因爲能公正，才能得到人民的信服，這不但直接地遏止了宵小的犯罪，使之改邪歸正，同時也間接地鼓勵了奉公守法的人民上進不已的心情。因爲能明察，才能洞悉就裏，明白事實的眞相，了解其是非屈直，原委經過，然後才能稱情衡理，予以適切的裁斷，使公理申張，邪惡匿跡。在此情形下，人民當然也就無不樂以爲治了。所以周公格外強調的對康叔說：

封弟啊！你治理殷民，要特別謹愼明察你的刑罰。

二、有意犯罪，雖小（輕）必罰；無心犯罪，雖重（大）亦不可殺：這種見解，眞可說已得法理之精髓。吾人常說：天理、國法、人情。意思是說：國法是不可以違背天理與人情的。也惟有順乎天理，合乎人情，其法方可施行，也才能得到預期的效果。所以周公在這方面，特別提出語語，以誡康叔。他說：

有人犯了小罪，可是却爲有意的，並且竟然想着一輩子做下去。其用意既然如此，雖然是小罪，也不可不重罰。可是話又說回來，有人犯了大罪，並不想一輩子做下去，而只是偶然的罪過，在此情形下，雖然已經宣判懲治其罪，因其犯罪非爲有意，這種犯人，罪雖大，仍不可殺。

三、以法治民，如保赤子，赤子無知，故當愼防其因無知而陷於罪：昔我先賢，嘗言「視民如子、視民如傷」，就施行政令言，固當如此。可是在刑罰方面說，亦當如是。假如能以「如保赤子」的心情，以其無知而愼防陷入於罪，或既入於罪，而又能察其有意無意之爲，以加重或減輕其刑責，那末刑罰卽可大明於世，而人民也就自然會循法而順服了。周公最明此理，所以他就進一步地說明這種措施的必要性，及其所可能得到的預期效果。他說：

能順着以上所說刑赦的道理去用刑，那末刑罰就可以大明，人民也就順服了。不僅如此，此時人民還會更積極地勉善去惡，就像自己有病一樣，一定要把它去除掉。在你本身來說，就像保養嬰兒樣的，諒其無知，不要讓他入罪，這樣做，人民就會安於治理了。能做到這種地步，即使不得已用刑殺人，那絕不是你封用私意殺人、刑人，同時也不會有疑惑你封刑人殺人。又假如不得已而劓刵人的話，也不是你封私意割人的鼻子，割人的耳朵，同時也不會有人疑惑你割人鼻、割人耳。

案：孟子梁惠王篇上云：「左右皆曰可殺，勿聽；諸大夫皆曰可殺，勿聽；國人皆曰可殺，然後察之。見可殺焉，然後殺之，故曰國人殺之也。」周公的誥康叔，勉其用刑要小心謹愼，當卽此意。蓋言刑殺之事，皆當循國法、天理、人情以爲，惟有如此，人民方可以「大和服」。

四、聽訟治獄，或宣示法條，宜採殷法；幽囚罪人，應謹愼將事：此種顧慮，所以明智，以其兼及人情故也。前文已言，殷賢聖之君六七作，自有其良法不可廢者。且人民習其法已久，世俗已爲當然，如驟然廢棄，人民咸以爲乖張，又如何順從、適應？所以自以沿用殷法爲宜。至幽囚罪人，因爲要拘禁人的行動，或奪其生命，當然是大事，如稍一不愼，卽可能造成寃獄，故當詳予偵察，務使罪當其罰。周公深通此理，故言之綦切。他說：

審判獄訟案件，或宣示法律，要取用殷代刑法中合理的。如要囚禁一個人，最好能多加考慮，有的要考慮五六天，甚至於十天、三個月，才能決斷是否要將某人繫獄。你千萬要注意，雖然刑罰斷獄，當以殷法爲依據，但要一以合宜爲準，不可於用刑時，就着你的想法，恣意去做啊！

五、於自干法紀、殺人越貨者，殺勿赦：凡恣意縱慾、目無法紀，禍亂國家，爲害地方，殺人越貨，而不畏死的人，均應處以極刑。這種法律觀點，可說是「時、無論古今，地、無分中外」的一致看法。也可以說是「放之四海而皆準，百世以俟聖人而不惑」的見解。以大聖之周公，當然不會忽略這種主張，所以他告訴康叔說：

凡是人民自動犯罪，搶刼掠奪、將人殺死，往取財貨，冒犯國法而不怕死的，就沒有不該殺的。

六、不孝不友，就是元惡大憝。因其泯滅天理，汩亂大倫，應該「刑茲無赦」：舜以孝治天下，爲人所共知，而周以孝治天下，却罕有人言及。在此，我願意略加申述，以明周公所以對「不孝不友」的人，「刑茲無赦」的原因。在禮記文王世子篇，有這樣的一段記載：「文王之爲世子，朝於王季日三。雞初鳴而衣服，至於寢門外，問內豎之御者曰：『今日安否？』內豎曰：『安。』文王乃喜。及日中又至，亦如之。及莫（暮）又至，亦如之。其有不安節（節，鄭註：謂居處故事），則內豎以告文王，文王色變，行不能正履。王季復膳，然後亦復初。食上，必在（察也）視寒煖之節；食下，問所膳（膳，食也），命膳夫曰：『末有原（不可再進用）。』應曰：『諾』。然後退。」此言文王之孝。

又說：「武王帥而行之，不敢有加焉。（謂文王之孝已備，故不敢有所增）文王有疾，武王不說（

脫）冠帶而養，文王一飯亦一飯，文王再飯亦再飯，旬有二日乃間（瘳也）。」此言武王之孝。

至於周公，這裏雖然沒有記載，但史記魯周公世家却說：「周公旦者，周武王弟也。自文王在時，旦爲子孝，篤仁，異於羣子。」從這些記載中，使我們領悟到、原來周的先君們，也是以孝傳家的。所以周公把「不孝不友」的人，視同元惡大憝。孔子是最服膺周公的，觀其「久矣不復夢見周公」之言（論語述而），已足可想見其嚮往欽慕之情。孔子在孝經五行章中說：「五刑之屬三千，而罪莫大於不孝。」我們讀了前後二聖人的言論，實在可用「若合符節」四字來形容。因此，更可使我們領悟到孔子所講的孝道，是其來有自的。他綜合了過去的言論與事實，默察深思，終於悟出了孝道的偉大，而加以詳明的闡發。就時代背景言，或許周公的重視「孝友」，與孔子的爲曾子講孝道，有所不同，然就其作用說，則無二致。因爲能孝敬父母，友愛兄弟的人，則一定能事長上，善與人共事，以謙恭禮讓爲懷。論語學而篇有子說：「其爲人也孝弟，而好犯上者，鮮矣；不好犯上，而好作亂者，未之有也；君子務本，本立而道生；孝弟也者，其爲仁之本與？」當周公之時，三監叛，可謂犯上矣！假如犯上者能知孝順，當無此事發生。當孔子之時，「臣弑其君，子弑其父，下蒸上淫，君不君，臣不臣，父不父，子不子。」孔子懼，作春秋、寓褒貶、別善惡，正名定分，期望能使亂臣賊子，幡然悔改。所以他說：「我志在春秋，而行在孝經。」（孝經緯）所以孔子也是想以行孝，來遏止「亂臣賊子」的行徑，進而化暴戾於無形，以恢復君敬、臣忠、父慈、子孝、兄友、弟恭的社會秩序。所以我們說，周公、孔子的重視、提倡孝道，其用意是一致的。周公的偉大處在此，我們所以說他是一位偉大的政治家亦在此。他意味深長的告訴康叔說：

罪惡之首，就是不孝不友。一個做兒子的，不能恭敬的奉行父親的志業，那就是大大的傷了父親的心。於是做父親的，不僅不能愛撫其子，甚至疾恨其子。以此推衍，於是做弟弟的，就不再顧念天理天道，不再恭敬他的兄長。做兄長的，也不顧念幼弟的可憐，一點也不友愛他的弟弟。人倫敗壞到這種地步，卽使人民不犯法，那末上天所給我們的法則，也會被大大地混亂了。要是如此的話，就應該趕快用我文王所制定的法律，來刑罰他們，絕不寬赦。

案：上文我們說，周公希望治殷民，當用殷法，此處又言當用文王製定的法律來加以處罰，豈不前後矛盾？這一方面顯示了文王的尊崇孝道，早已法有明文，且甚嚴厲。另一方面，也顯示出紂俗的淫奢。當時一定有父子不相保、兄弟不相顧的情事。所以文王對於「不祇（敬）不字（愛）」，不恭、不友的人，嚴加刑責。如周書牧誓說：「今商王受（卽紂），惟婦人言是用，昏棄厥遺王父母弟不迪。」古文泰誓也說：「今殷王受，乃用婦人之言，自絕於天，毀壞其三正，離逷其父母。」所謂「上行下效」，「上有好之，下必甚焉者」，由此也就可以想見一斑了。

七、嚴官紀以端政風，循法典以懲不軌：政令的傳布施行，完全仰賴於政府的官員。而破壞法紀的人，往往也就是那些掌管敎化、執行決策、持節傳達命令的人。由於他們妄想一時造成自己的盛譽、令名，甚至不惜混淆視聽，舞弊營私，甘願敗壞法統與國家體系，類此官員，均當予以重罰。周公爲維護國家法統、體制，他忍辱負重，甘受「流言」的譭謗，亦毫無怨言。由於痛苦經驗的體認，他深切了解破壞紀律，不循法而爲者，多半就是政府官員本身，因此，對於即將赴國的幼弟，不得不耳提面命地再四誥誡。他說：

你要注意，往往不遵循國家大法的，就是掌管教化的官員與行政長官，以及那些內小臣、和持符節出使的使臣。他們爲了討好大衆，在民間造成美名，就另外傳布政令，不顧慮國家的體系、制度，不行用天子的教命，使其君深以爲痛，就像疾病在身一樣。有這種行爲的人，就是大壞蛋，也就是最令人深惡痛絕的人。對這種人，你就應該速用合宜的刑法殺掉他們。假如有的諸侯，不能善於教化其家人與其內小臣，以及外官之長，祇知擅作威福，恣行暴虐，並且違逆天子的命令，像這樣的行爲，就沒有辦法再用德惠來治理，非加以征伐不可了。

案：這種陰謀不軌、欲借一己之權勢，鼓動衆人，造就一己之美譽令名，或擅作威福，恣行暴虐，使下無所知上，上亦無所了然於下，一旦成其氣候，即行公然反叛政府，似此行爲，不僅爲大臣、諸侯所不應有，亦爲國法所不容。此蓋周公有感而發的言論。因三監叛周，其情勢若是，是以周公特予諄諄焉。

八、法古則先，克敬典以導民，民罔不從：刑罰既明，轉而又勉其效法先聖先賢的作爲，並且要以身作則，率行常法來誘導人民，如是人民始能順從。所謂先聖先賢，一則以其先父文王的「敬忌」爲法（案：蔡沈云：敬則有所不忽，忌則有所不敢），一則以媲美殷的先哲聖王的政績爲施政目標。使康叔深切了解，人民的善良、安康，乃由於善政所致，不可不汲汲於此。故周公特加勉勵說：

封弟！你要明白，人民應當加以各方面的引導，使他們善良、安樂。我所以要你效法殷代先哲聖王的德行，來治理殷民，就是想使你的政績能和他們相媲美。人民若不加以誘導，則難以順從。因此，首先你要敬謹地遵守國家的法典，才能談到誘導人民，也惟有效法我文王的明德愼罰——敬忌，才能誘導人民向善。假如你能這樣說：「我惟有汲汲自勉的效法文王，來盡力地做到明德愼罰。」那我就非常高興了。

九、施政的關鍵、得失，端在是否能明德愼罰：周公確實不愧爲一位大政治家，他胸襟寬宏，眼光銳敏而遠大，處事果決而有序。而綜合了歷代聖君賢相治國的寶貴經驗，默察當前情勢，確定了國家的體系（如宗法、封建制度），也創造了文化（如制禮、作樂），在他的心目中，無時無刻不在思念着如何法祖敬天，如何使國家長治久安，所以他對康叔的就國，不厭其詳地反覆縷述，以期其銘心刻骨，處處能以敬事、愛民爲懷，行其所當行，去其所宜去，方可永享國祚。他說：

封弟！我以爲不可以不觀察古今的施政得失，告訴你明德、愼罰的道理。現在殷民尚未安靜，其嚮往殷之心，也還沒有定下來。雖然經過了屢次的開導，但仍未能作我大周的新民，與我政府合作。在這種情形下，我就是明明想到上天將要誅罰我，我也不會有什麼怨恨。因爲過失無論是大是小，也不管是多是少，只要有，就會明顯地被上天知道的。所以你要敬謹啊！不要作爲民所怨恨的事，不要用不合於天道的謀畫，更不要用不合理的法則，以致蔽塞了上天所賦予你明德的誠心。因此你要行仁順時，因地制宜，以作爲行動上的根本。用這種方法來安定你的心，反省你的一切措施，並且以此長久的來布施你的道德教化，這樣就可以與民相安，世享國祚，不致於國滅祀絕了。

十、天命不常，惟有勉執事、廣聽聞，守常典，始可永與殷民世享其國：天命無常，惟善是與。大學引此經說：「道善則得之，不善則失之。」這是治理國家不可改變的至理。周公乃一睿哲之聖人，爲周代文化的象徵，對於這種法天、敬事、守常的道理，最具見解。所以在康誥篇最後，他仍然不憚煩地再予提示。他說：

小弟封啊！現在你所最當留意的，就是要時刻思念着天命是無常的，不要由於你的怠忽，竟斷絕了我們對祖先的祭祀，滅絕了我們的國家，要勉力你的職事，廣博的聽取意見，採納善言，盡量地去了解民情，用來安定、治理人民。去就國吧，我的封弟，千萬不要廢棄應當謹慎遵守的法典，照着我告訴你的話去做，才能和殷民世世代代保有這個國家。

這是周公總要所提出的結語，叮嚀再三，言摯、意誠、語切，兄弟之情，君臣之義，家國之愛，洋溢於字裏行間。數千年之後，我們讀其文，猶能爲其所感。有國有家者，宜何如愼思，效法而篤行！

（原載於孔孟學報第四十期。民、69、6）

附錄　試釋尚書康誥——元惡大憝，矧惟不孝不友

李振興

這句含義深長的誥語，是周公在其幼弟康叔臨就國之前，所作的叮囑。這句話，不僅有其時代背

景，同時對後世來說，影響也非常幽遠。茲分別說明如下：

一、文句解義：元、是大的意思，也作首字解。憝，音ㄉㄨㄟˋ，作惡字解。元惡大憝，即罪大惡極。矧，作亦字解。惟，作是字解。善事父母爲孝，善事兄弟爲友。這句經文的意思是說：「罪大惡極，亦即是不孝不友。」把這句話說成「人的罪惡，沒有比不孝不友再大的了」也是可以的。

二、時代背景，我們推本周公所以如此誥誡康叔，一方面是基於周代的傳統；一方面也是基於政治的因素。在傳統方面說，文王、武王都是孝子。就是周公本人，亦不例外。根據禮記文王世子篇的記載：文王事奉他的父親王季（即季歷），每天一定問安三次。清晨一大早，就趕到寢門外，向侍候他父親的小臣問道：今天我父親還安適嗎？等到小臣回答安適後，才敢表露出喜悅的顏色。中午、晚上兩次，也是這樣。假如聞知王季的身體那裏不安適，或是飲食不正常，即引以爲憂，一定要到王季恢復正常以後，才能安心。後來武王事奉文王，亦復如是。這裏雖然對周公無所記載，可是我們在史記魯周公世家裏却可找出答案。世家說：「周公旦者，周武王弟也。自文王在時，旦爲子孝，篤仁，異於羣弟。」除此之外，而周公的相成王，輔周室，制禮作樂，爲周代建立了不朽的功業，不也正是孝的表現？所以我們說，周公以「孝友」誥誡康叔，是基於傳統。

在政治因素方面說，此時周公剛平定武庚之亂，基於他的痛苦經驗，他深思熟慮，以爲也惟有教人民以孝，才能「民用和睦，上下無怨。」因爲在上位者能孝，推而大之，必能仁民愛物，視民如子，視民如傷。在下位者能孝，推而大之，必能以「民之所好好之，民之所惡惡之。」人民能孝，推而大之，必能不犯上，不悖行。既不犯上，又不悖行，當然也就不會再有反叛的事情發生了。所以我們說周公以孝友來誥誡康叔，也是基於政治的因素。

三、對後世之影響：周公的偉大，不惟因他爲周代建立了不朽的功業，爲後代的大臣們，樹立了盡職盡忠的典範；更重要的是他執行並創建了適合時宜的制度（如封建、宗法）和永遠可爲法則的禮樂。因此，我們說周公爲周代文化的象徵，也不爲過。孔子是最能服膺周公的了，觀其「久矣不復夢見周公」之言，已足可想見其嚮往欽慕之情。孔子在孝經五刑章中說：「五刑之屬三千，而罪莫大於不孝。」我們讀了前後二聖人的言論，實在可用「若合符節」四字來形容。因此，更可使我們領悟到孔子所講的孝道，是「其來有自」的。他綜合了過去的言論與事實，默察深思，終於悟出了孝道的偉大，而加以詳明的闡發，這就時代背景說，或許周公的重視「孝友」與孔子的爲曾子講孝道，有所不同，然就其作用說，則無二致。因爲能孝敬父母，友愛兄弟的人，則一定能恭敬長上，善與人共事，以謙和禮讓爲懷。論語學而篇有子說：「其爲人也孝弟，而好犯上者，鮮矣；不好犯上，而好作亂者，未之有也；君子務本，本立而道生；孝弟也者，其爲仁之本與？」當周公之時，三監叛周，可謂犯上矣！假如犯上者能知孝順，當無此事發生。當孔子之時，「臣弒其君，子弒其父，下蒸上淫，君不君，臣不臣，父不父，子不子。」孔子懼，作春秋，寓褒貶，別善惡，正名定分，期望能使亂臣賊子，幡然悔改。所以他說：「我志在春秋，而行在孝經。」由此可知孔子也是想以孝行，來遏止「亂臣賊子」的行徑，進而化暴戾於無形，以恢復君敬、臣忠、父慈、子孝、兄友、弟恭的社會秩序。所以我們說，周公、孔子的重視、提倡孝道，其用意是一致的。周公的偉大處在此，我們所以說他是一位偉大的政治家亦在此。而孔子乃爲直接受周公影響之人，他於嚮慕周文化之餘，進而從事闡揚的工作，而今儒家思想的重視孝道，就是具體的說明。這種影響，誰能說不大！

（原載於中央日報文史專刊第一一五期。民、69、8、5）

第五章　尚書君奭篇大義探討

君奭篇，爲周公挽留召公奭歸隱而作。當武王崩逝時，成王尚幼，周公乃攝政當國。他立政、靖難、制禮、作樂、致太平，給周代打下了長治久安的深厚基礎。及成王長，卽行歸政，此時朝中老臣，已寥若晨星，僅周公、召公二人而已。然而召公却欲退隱，周公有見於國家不可無老臣輔佐，於是乃以至誠之意，懇切之辭，勸召公打消去意，共襄成王。本文卽循此觀點，以探討周公之德，聖人之情。

一、以國家興亡相責勉，使其打消退隱的意念：周公瞻前顧後，默察冥思，此時雖已歸政成王，「然觀其德，尚不可舍而去也。」（註一）因此不僅他本人要留在朝中，繼續輔佐成王，同時更認爲朝中亦不可沒有召公，如是方可使成王舉止不失其德，所以本篇一開始他就說：

我們大周朝，既然承受了天命，治理人民，我可不知，大周的王業，是否能永遠的符合於休美的標準、而上天又能以誠信來輔佐我們；我也不知，大周王業的終結，是否會由於不祥善所致。

我們對於周公兩個「我可不知」以下所說的話，特別感覺其意義深長，耐人尋味。那意思是說：你召公留在朝中輔政，則國家將會休美，上天也會誠心誠意地來輔佐我們，退隱，則國家將會不祥而終，其關鍵全在於你召公一人的去留。換言之，即召公一身關繫着國家的存亡安危，在此情況下，是不是應該深加考慮，打消去意呢？所以周公接着說：

唉！君奭啊！剛才我所說的那番話，以前你就已經這樣告訴過我（註二），由於你的提示告誡，所以我絕對不敢安享上帝賜於我大周的基業而不有所作爲，而竟不盡心力地來輔佐王室，我更不敢不永遠地思念着上天的威罰，以及人民的疾苦。我想，這樣做，才能使人民無所怨尤，無所違悖啊！

在以上周公所說的兩段言論中，一方面道出了召公原本忠藎不二的心意，這在召誥中，我們可以看的很清楚，這絕不是周公的危言聳聽，故意恭維，同時另一方面，也表明他自己的感受、態度、行爲和做法，由於二人的通力合作，才有當時的那個局面，而就在此時，召公却要退隱，這使周公在心理上，可能引起不安、或力單無法勝任的畏懼之感，所以也就不得不表露他的看法，他說：

我雖然已盡了心力，但是對於我們後嗣子孫（成王），若仍不能使之敬天愛民，以致遏絕、墜失了祖先的基業，而你由於退隱家居不知其情，這在表面上看來，你毫無責任，但是在你的心中，難道會不抱憾終生？

這話說的又是何等眞誠有力！對一位原本忠於國家的大臣來說，當然會發生無比的震撼作用，這一點，是我們大家都可以想像得到的。

二、以創業不易、守成尤難，表明一己的處事方針：周公以忠誠不二之心，襄武王輔成王，可說是歷盡艱辛，鞠躬盡瘁。因此對於創業、守成的道理，當能體會得最爲深刻而透闢，從這些體驗中，不知不覺間，也就形成了他的處事方針和看法。他說：

上天命我大周嗣承帝業，可不是一件容易的事，於此也可證明，上天並不是輕易就可取信的。一個國家，如不能永久承嗣其先王的恭敬光明的德業，那就要滅亡。現在我小子旦所能做到的，並不能對後嗣王眞正有什麼幫助，我只能以先王的德業來啓導他，移施在這幼童的身上而已。

這一方面是追述過去七年的艱辛輔政，深深地體會到「天命不易，上天難於取信，稍一不愼，就會導致國家滅亡」的噩運，同時由此也更可以看出周公又是何等的謙恭自處。此言外之意，無異說：既然輔佐王業的不墜，是如此的困難，你召公又何能輕言退隱呢？所以周公接着說：

就是由於上天難信，是以我能做到的，只是延續文王的美德，因爲我知道上天是不會輕易廢棄我文王所承受的帝業的。

這一番話，不但謙虛的表示了一己的德薄能鮮，不足以取信上天，同時也反應出主題的所在，那就是如無召公的輔佐，充其量，國家只能維持現狀，要想再進一步地富強康樂、宏揚先王的德業，那就非召公的大力支持不可了。言外之意，在這樣的一個情況下，召公你是不可以退隱家居的啊！也惟有我們二人的通力合作，才能永保國運的不墜。

三、以前代的盛衰，說明輔佐大臣的重要，借以勉召公繼續爲周之大業效力：首先周公歷擧殷代的所以興，乃由於君聖臣賢，相得益彰，上下相恤、相勉、合作無間，故能「多歷年所」。使大臣輔佐之功，自然顯現，接着就以實例來說明他的這種看法，是絲毫不爽的。「如在成湯，就有伊尹輔佐，在太甲，就有保衡輔佐（案：保衡卽伊尹。），在太戊，就有伊陟、臣扈、巫戊來輔佐，在祖乙，就有巫賢輔佐，在武丁，就有甘盤輔佐。由於這六位大臣，都能各盡其職責，陳布其才力，故能把殷國治理得非常安定，因之而殷朝的這些君王，也都能德配天地。檢討起來，這都是大臣輔佐的功勞。」周公所以不憚煩地述說這些往事，毫無疑問的是想着借此往事，勉勵召公同力輔政，「以篤周祜」。因此他更進一步的說明，在此情況下，「上天也能大助於殷國的帝業，而殷朝的百官以及王族在官的人，也沒有不是秉持着這種德行以自勉而又能憂思勤勞他們各自的政事的。那些小臣和諸侯，更是都能奔走效力於國家。就是因爲擧國上下的在位官員，都能稱揚天子之德，來盡心盡力的輔佐，所以當天子有政事於四方的時候，而四方的人民，就像對於卜筮一樣（案：殷人信鬼，周初卽使有所改變，想亦相去不會太遠，故有此言。），沒有不是篤信不疑的。」一個國家的政令，能推行到這種程度，得到人民的如此信任和力行，當然是「上下和睦，黎民於變時雍」了。這種令人嚮往的景象，凡爲忠臣義士，有誰不希望如此？「至於殷代的所以滅亡，那是由於繼承帝業的紂王，敗德亂行所致。因此，我們要永遠的思念着殷代的所以興，是由於大臣的輔佐。而今，我們周朝，也有上天所降下的定命（王業），因此您召公也應當以期其太平（國家大治）來勉勵我們新建設的國家啊！」由於周公的切己體察，故能見深慮遠，言切意誠，將活生生的事實，擺在眼前，誰又能置疑？誰又能不惕然覺醒、奮勵以爲？孔子說：「有德者必有言」（註三），這不就是一個有力的證明？

四、明示以文、武的聖明，然其所以有成，亦無不仰賴大臣的輔佐，借此期盼召公同心輔政：孔子譽文王爲至德（註四），史記周本紀亦載：「如伯夷、叔齊之賢，亦往歸之。」又說：「西伯陰行善，諸侯皆來決平。」可見文王之德，不僅可以化民成俗，同時亦可以和洽諸侯。我們常說：「知子莫若父」這句話，可是反過來說，也未嘗不可說「知父莫若子」。以周公之聖，察古鑑今，當更能了然。所以他說：

> 君奭啊！在從前，上帝所以一再地勸勉我文王從事修德，就是想要把宰撫四海的大命，降落在他身上。我文王的所以能修政化、和洽中國的諸侯，並沒有辜負上天的美意，那是由於虢叔、閎夭、散宜生、泰顛、南宮括等五位賢人的輔佐啊！假如沒有五位賢臣的來往奔走，來迪導我文王的常教，那末我文王就無德降於國人了。說起來，這也是上天大助於我周室，是以五位大臣，均能秉持中正之德，更進而敬畏天命，深知天理律則，於是我文王之德，才得以顯明。由於五位賢臣昭明了文王之德，進而又被上帝聞知，所以祂才把殷家的天命，授於我文王來繼承。

殷人信鬼，周人信天，這是大家所熟知的，同時也是人類在演進的過程中，所必需經歷的。這在當時來說，是合情合理的，並不足怪。周公的這番話，當然是在強調輔臣的重要，以文王之聖，尚且如此，更何況是年方弱冠的成王，尤其需要大臣的輔佐，自不待言。至於武王滅殷而有天下，推其所以能有此不世出的偉大功烈，仍然是得力於大臣的輔佐，所以周公說：

> 到武王時，五位賢臣，就只有四位在世了。由於他們能輔佐武王奉行上天的威罰，所以才誅殺

了強敵。這四位賢臣，不僅昭明了武王的德業，使上天聞知，同時更能殫盡各自的才德，來同心協力地輔佐武王建設周室。

以上三、四兩項，歷擧殷商之興，有此六臣，文、武之時，有此五臣，均在強調輔臣的重要。如無大臣的盡力輔佐，任憑君王多麼睿智聖明，亦不克成就其王業。而皐陶的所以將大臣喻爲天子的股肱（註五），豈非無故？而此處所以譽輔臣之功，並非貶聖君之能，僅在說明君王的不可以無輔佐，借此以打消召公的去意罷了。是以宋代的林之奇先生說：「無逸、君奭，皆周公所作，方其爲成王言，則謂商、周之治，無不在其君之憂勤，及其爲召公言，則謂商、周之治，無不在其臣之輔相，言各有所當也。」（註六）這話說得非常有見解，於此我們也就更可以看出周公的用心了。

五、老臣凋謝，碩果僅存，世臣輔政，當共休戚：照理說，周公既歸政成王，也就應該「功成身退」，不當再行過問政事。然而我們由前文周公歷述殷、周聖君賢相的交互輝映，乃使其國，得以「歷數有永，綿延不絕，內外之臣，莫非忠良，而其發政施敎于天下，無不信服而感化，周以五臣之故，仁恩惠澤，浸潤於民，遂自百里而興，膺命以撫方夏，天下莫不稱頌其德，而不忘世臣舊德之有益於國也。」（註七）這是周公所以不能退隱的原因之一。其次，周公觀察成王之德，以爲此時尚未可以離去，其以「無逸」誡之，就是一證。而事實上成王也確是「生於深宮之中，長於婦人之手，未嘗知憂，未嘗知勞，未嘗知懼，未嘗知危。」（註八）如「逸豫之心一萌於中，則上無以奉天，下無以撫民，天命將自此而斷棄。」（註九）而人民也就將要遭受到無窮的災禍了。此周公所以不能退隱的原因之二。再者，成王卽政，年方弱冠，「非有櫛風沐雨之艱，而遂據此富貴之勢，非有殫精疲神之勞，而遂享此治安之效。」（註一〇）雖然在其未卽政前，由於周、召之輔佐，啓沃訓迪，固能納王於善。假如在聽政之初，卽遽然退隱而去，在此情形下，新王的舉措，如萬一有所不當，這不但將有辱於文、武的德業，而周公輔佐之功，亦將付諸東流，這是周公所以不能退隱的原因之三。我們就此三點，再詳審篇中所言，確實也可體認到「皆是周公以天命難諶，懼成王之弗克負荷，以忝前人之成憲，故己雖致政，而不敢告歸。」（林之奇尚書全解卷三十三）既然其本身無法退隱，而此時朝中老臣又多已凋謝，而碩果僅存者，惟二人而已。況世臣輔政，當與國家共休戚，又何能輕言退隱？周公有鑑於此，不僅斷然決定一己留在朝中繼輔成王，就是與他分陜而治的召公（註一一），亦以至誠之心，堅定之意，勸勉他打消去意，繼續留在朝中輔政。現在，就讓我們來看看周公當時的處境與說辭吧！他說：

> 而今在我小子旦來說，就好比浮行於大川中一樣，自今以往，我們二人，必須同心協力，始能渡此危難。不過我小子旦，昏昧無知，而在官的人，又不能見責於我，更沒有聖賢勉勵的言論，能讓我聞知，老成有德的人，也不下及我周朝輔佐。在這種情況下，我連鳥叫的聲音都無法聽到，又如何能顯明成王之德於上天呢？

在這一段話中，不但可以看出周公的用心和處境，同時更可看出他又是多麼地的謙恭誠摯。也惟有虛懷若谷的人，才願意接受別人的「建言」，才肯開誠布公地與人合作，才能處處感覺一己的不如人。因此也才能導致其進取不已、多聞、多識、多見、多思慮。這對我們後人來說，又是一個多大的啓示？不僅如此，他更能進一步的告訴召公說：

君奭！現在，請你能重視先前我所說的那些話，同時我想，你比我更明白，那就是我大周承受了上天所賜的國運，這固然是無窮的美善之事，同時也是非常大的艱難（註一二），我現在把這個道理告訴你的最主要的目的，就是千萬不能讓我們的繼位君王，有任何絲毫的迷惑啊！

在這段言論中，現在我們仍然所能直接體會到的，就是「惟休、惟艱」的寓義。這無異說：任何事情，都要付出代價，要享樂，就必須吃苦，因爲也惟有在勤苦中，才能深切體驗到成功的艱辛。同時任何事情，往往也都是對待的，既有「無疆惟休」，那當然也就有「大惟艱」，世事皆然，所謂有利就有弊，有得就有失，幾乎沒有例外。既知創業不易，那就應該想到守成尤難，一時一刻都不能怠忽。同時在這段言語中，也可以反映出周公並不以承担重任爲樂，相反的，却有無限惶恐之意，憂懼之情，這也正是我們後人所不及的地方。

六、以前王顧命相召，以一己至誠相感，以無窮希望相勸，以光明遠景相勉：周公惟恐召公不允，於是就以先王的遺命相告，以期使之幡然改圖，並以一己的至誠，及前朝的滅亡相感，使之打消去意。周公說：

您應該還記得，從前我武王在臨終時，曾經敷布了他的心腹，詳盡地命令您作人民的標準、法則，他說：「你要勉力的修爲，誠心誠意地輔佐後王，以承受天命。要知道，承受我文王偉大的德業，也可說是無窮盡的憂心啊！」

這話的含義，實在太深遠了，不僅有勉勵，更重要的是警示與提醒，使之時刻以憂恤為懷，其憂為何？憂其不能光大祖先的德業，憂其不能厲精圖治，憂其不能效法前王，憂其敗壞德業，憂其不能永保不懈之情。周公既以此提示召公，當然自己更應以此為懷，勉力以為，所以他又說：

君奭啊！我以至誠與你相商，請求你也能一本初衷，敬謹地與我共同來正視殷朝的滅亡，完全是由於大不善。因此，我們要永遠地思念着不要遭到上天的懲罰啊！

於此，我們可以看出周公的挽留召公，全是出於至誠，他懲前毖後，既鑑於殷的喪亡，又感念到上天的威罰，同時又負有延續先人德業的重責大任，在此情形下，又如何可以不敬謹？更如何可以不盡心力地輔佐王室？這言外之意，無異說：既知殷朝由於大不善乃遭致了喪亡，欲避免此種災禍，就當力求備善，念天威，即當繼續輔佐王室，不應歸隱啊！因此周公接着又再一次的表示了一己的至誠，希望召公不要退隱，能與他共同襄成王業。他說：

我以最大的誠心向你訴說（案：指前文所言。），我想來想去，能夠襄成我大周王業的，只有我們二人。說到這裏，我想你一定會回答說：「周代王業的成敗，是在我們二人身上。」就目前的情勢言，上天賜給我大周的休命，日益到來（指國家日益昌盛，建設工作也日益繁多而言。），就是我們兩人全力以赴，恐怕還不能勝任呢！雖然如此，我相信，由於你能敬明德行，又能表揚俊秀的人才為國家服務，終能襄助我王，造成一個不平凡的偉大時代的。

皋陶謨說：「在知人，知人則哲，能官人。」周公真可說是知人矣。由於他的明哲，故能見遠知近，未雨綢繆。所以能在言語中，寄託無限期許，無限企盼，以及無限的仰慕之忱。同時他又能把一個美麗的遠景，很具體地展現在召公的面前，使之不能不心悅誠服的打消去意。非有至德的人，誰又能如是以爲？是以他又說：

唉！篤厚不移的輔佐王室，是我們二人的責任，眞高興能看到我王有今天美盛的成就，他一定能完成同文王一樣的功業而仍不懈怠，由此也可以想像得到，他也同樣地能上聞於天，而使四海之內，日出所能照到的地方，人民都能遵循法度，而順從他的治理。

在這幾句話中，我們可以充分的看出周公不伐其功的美德，所謂「美盛的成功」，這當然是由於他的攝政致太平所致，但他却推說是後嗣王的成就。而另一個值得注意的意念，就是周公的一個樂觀的看法。然而樂觀必須靠信心、靠遠見、靠恒心、靠毅力、靠協和的通體合作，才能實現。他攝政七年，已使國家從風雨飄搖中，而走向安定，今後如能再與召公繼續同心輔政，當然可以使成王成爲英主，造成一個偉大的時代。同時在這裏，也無異間接的告訴我們，成王爲一可造之才，可輔之王，只要篤誠厚加輔佐，必可有成。換言之，輔佐成王，絕不會令人失望，以此來加強召公的信心，其用意誠可謂爲既深且遠了。事實上，我們由顧命篇、成王臨終時的那種敬愼不苟的舉止，也確實可以證明成王爲一代英主。而史家所稱述的所謂「天下安寧，刑錯四十餘年不用」（註一三），也能爲我們的論點作注脚。而周、召輔佐之功，於此也就可以具體的看到了。由這一點，不也可以看出周公的遠見近識、未雨綢繆的明哲之擧嗎？這種高瞻遠矚的才德修養，後世之人，誰又能及？

七、畏天命、悲人窮，所以多誥：周公輔佐成王，盡瘁周室，爲周代在政治上，打下了甚至不可動搖的基礎，這是任何人皆知的事。我們常說「愛之深，責之切」這句話，周公的留召公，就是出於此種心情，而他的所謂「多誥」，尤其是出於此種心情。不過在這裏，我們要稍加解釋，不然的話，那是會引起誤會的。所謂「愛之深」，是指愛周室、愛成王、愛其先王的德業而言。所謂「責之切」，責字應作「祈求」解，是指懇求召公留任而言。所以在此情況下，他也就毫無顧忌地、坦誠地吐露了心聲，他說：

君奭！並非是我願意如此多言，我所以這樣嚕嗦，是畏天命而爲人民憂心啊！

這種幾近於聲嘶力竭、熱淚盈眶的祈求，誰又能爲之不動心？蔡沈書經集傳說：「韓子曰：『畏天命而悲人窮』，亦此意。周公之告召公，其言語之際，亦可悲矣！」臨了，周公又慨歎地說：

唉！君奭！您是深知人民性情行爲的，然而您更知道，大多數人民的性情行爲，沒有不是善於開始，而却難於保持到終了的。我要向您說的話，僅此而已，自今以後，我堅信，您是會敬慎您的職事，輔佐王室治理人民的。

周公在最後，以「善始者實繁，克終者蓋寡」相勸勉，這在表面上看來，是對一般民情而發，而其中的寓義，以召公之德，是不難領會的。周公既以始終如一勉人，其自身的舉止，也就不言可喻了。他的公忠體國，「思兼三王，以施四事，其有不合者，仰而思之，夜以繼日，幸而得之，坐以待旦。」（註一四）其行事既然如此果決，而有始有終，自不待言。他的歸政成王，而仍然留在朝中繼續輔政，不就是一個很好的證明？孔子說：「才難，不其然乎？」（註一五）孔老夫子的這句話，用在此處，却特別能說出周公的心情和用意。由於周公的能以國家人民為前提，以至誠相勸勉，故能終於使召公幡然打消去意，而繼續輔佐王室。所以宋代的蔡沈說：「厥後，召公既相成王，又相康王，再世猶未釋其政，有味於周公之言夫！」（註一六）元代的董鼎也說：「憂之深，是以留之切，留之切，是以言之詳，召公同功一體之人，均有忠君愛國之心者也，安得不油然而感，幡然而留哉！」這些言論，都能「先得吾心之所同然。」

八、結語：就君奭篇，我們作了以上七點歸納，說明周公忠悃明哲，洞察事理，執柄要領，掌握癥結，處處以國家為念，時時以發揚先王之德業是為。他不僅明察既往，更能洞悉未來；明察既往，故能以歷史為鑑，以規一己的行為，以建一己的人格；洞悉未來，故能處事機先，未雨綢繆，弭禍患於無形。其所以能苦口婆心，堅留召公使之打消去意，非有見遠知近之明，料事機先之智，忠愛國家之誠，又何能出此？所以林之奇先生說：「無逸、君奭，皆周公所作，方其為成王言，則謂商、周之治，無不在其君之憂勤，及其為召公言，則謂商、周之治，無不在其臣之輔相，言各有所當也。」（註一七）所謂「言各有所當也」，就是我們所強調的洞察事理，執柄要領，掌握癥結了。呂祖謙先生說：「後世權位相軋，排之使去，則有之，挽之使留，蓋亦鮮矣。大臣之秉心公，則深恐無助，私則惟恐不專也。」（註一八）這話眞是說得一針見血，再肯切也沒有了。郝氏敬也說：「竊觀周公之志，而知聖人天行之健，不息之誠，以天地民物為心，未嘗遲回於衰耄之年也。吾當為之事，與夫不可辭之責，一息不容少懈，吾夫子思夢見周公，孟子謂：公思兼三王，坐以待旦，讀君奭，始信其然也。」（註一九）由君奭全篇看來，這評論是正確的。

最後，我們不能不再爲一提的，那就是召公何以要退隱？從周公挽留的言論中，我們似可看出他退隱之意頗堅，這是否有理可說？關於此一問題，先儒說解甚紛，尤其是「召公不悅」（註二〇）之言，在篇中，我們實在看不出召公有那裏不悅，爲何不悅的意圖。遠在宋代的朱子（熹），就已有「這意思曉不得」（註二一）的慨歎了。既然篇中隻字未及，我們又何必厚誣古人呢？就情勢說，召公原本與周公分陝而治，現在周公既已歸政成王，照理說：一切政事，就當由成王處理，二人一方面固已年老，再則也是功成名遂，而應該退隱的時候了。我們如果僅就「功成身退」這一點來說，又何嘗不是明達之見？所以蔡沈書經集傳說：「召公以盛滿難居，欲避權位，退老厥邑。」衡情度理，這種說法，是可以令人接受的。同時這對於召公的人格來說，不但絲毫無損，反而愈見其淡泊高潔呢，至於周、召二公的比較，因不在本文範圍之內，在這裏也就不再贅言了。臨了，我們想借用一首七絕作結，詩曰：

周公恐懼流言日，王莽謙恭下士時。
假使當年身竟死，一生眞僞有誰知？（註二二）

所幸天假以年，均未於「當年身死」，使我們後人，得以一辨忠奸。

【附註】

註　一：見尚書全解卷三十三，林之奇引蘇氏語。

註　二：案：召誥篇云：「我不可不監于有夏、亦不可不監于有殷。我不敢知曰，有夏服天命，惟有歷年，我不敢知曰，不其延，惟不敬厥德，乃早墜厥命。我不敢知曰，有殷受天命，惟有歷年，我不敢知曰，不其延，惟不敬厥德，乃早墜厥命。」周公師其義，用以說周之安危，以提醒召公。

註　三：見論語憲問篇。

註　四：論語泰伯篇：「三分天下有其二，以服事殷、周之德其可謂至也已矣。」集注引范氏曰：「文王之德，足以代商，天與之，人歸之，而不取，所以爲至德也。」

註　五：見臯陶謨。歌曰：「元首明哉，股肱良哉，庶事康哉。元首叢脞哉，股肱惰哉，萬事墮哉。」

註　六：見林之奇著尚書全解卷三十三。

註　七：同註六。

註　八：見林之奇著尚書全解卷三十二。

註　九：同註六。

註一〇：同註八。

註一一：見公羊傳隱公五年。

註一二：此數語，無異周公轉述召公之言，召誥云：「惟王受命，無疆惟休，亦無疆惟恤。」其義即如周公所言。

註一三：見史記周本紀。

註一四：見孟子離婁篇下注：三王，三代之王也。四事，禹、湯、文、武所行之事也。不合，己行有不合也。仰而思之，參諸天也。坐以待旦，言欲急施之也。

註一五：見論語泰伯篇。

註一六：見書經集傳卷五篇末蔡沈注。

註一七：同註六。

註一八：見欽定書經傳說彙纂卷十六引。
註一九：同註一八。
註二〇：見尚書君奭篇序。
註二一：同註一八。
註二二：此詩爲筆者啓蒙時，塾師所敎，已不能憶爲何人所作及其詩題，因其押韻，故尚能背誦，然亦不知其文辭是否有誤，請方家示正。

（原載於政大學報第四十五期。民、71、5）

附錄　我讀尚書君奭篇的兩點淺見

李振興

君奭篇，爲周公勸勉召公，繼續留在朝中輔政而作。就全篇經文說，除文字有些艱深古奧外，其布局、結構，都相當有層次，可以算得上一篇有系統、有條理的文章。因古書無標點，亦不分段，後人讀古書，全憑一己的見解斷句、分章，所以往往出入很大，這也就難怪仁智互見，衆說紛紜了。茲僅就所及，提出兩點淺見，以就教於方家。

一、嗚呼！君！已曰時我

這三句經文，自唐、孔穎達尚書正義，中經宋、蔡沈書經集傳，以至近代朱駿聲尚書古注便讀，曾運乾尚書正讀，屈萬里尚書釋義等著，都把它歸屬第二段。這種歸屬，並不太重要，重要的是歷來尚書家對此三句句義的解析。我們常說，解析文字，不可斷章取義，要顧全上下文的文氣。換句話說，一定要注意到文章的貫通性，再說得明白些，那就是文章的一氣到底性。如能顧全上下文氣的加以解析，即使不中肯，那也不會相距太遠。現在就讓我們來看看這三句經文，到底應作何種解釋，才能合乎我們的要求。

1僞孔傳：「歎而言曰：君也，當是我之留。」將已曰二字，看作虛字，故不作解釋。正義：「

嗚呼！君已，已、辭也。既歎乃復言曰：君，當是我之留。」將曰字作說解，並將君已二字讀在一起。這意思是說：唉！君啊！（召公）你當以我的留在朝中繼續輔政是對的。孔氏所以如此解釋，是受了書序「召公不說」這句話的影響所致。然而遺憾的是，我們在君奭篇中，對於召公不說」的意念，却找不出片言隻字，這叫我們又如何能相信書序的話呢？

2.蔡沈書經集傳：「周公歎息言召公已嘗曰：是在我而已。」這意思是周公用召公的話來挽留召公。「是在我而已」中的我字，仍指召公。這是說：你召公嘗說：周的興替，其責任是在我身上。既然如此，現在你召公又那能退休呢？蔡氏之意，為近人曾運乾氏所承。他說：「時我之我，召公自我也。時我，召公語。意言天命興替之幾，君以嘗曰是在我矣。」

3.朱駿聲尚書古注便讀：「時，是也。時我至惟人在，皆召公平日之言也。嘆息言君曾曰：輔成周業，是我之責。……」這種說法，與蔡氏大致相同。惟將「我亦不敢寧于上帝命至惟人在」數語，也看作召公語不同罷了。然而我們細玩經文，這種看法，是不對的。

4.章太炎古文尚書拾遺定本：「召公不說，必有所言。君已者，君止也。止其言也。曰者、更端之辭。時古用為待字，……待我者，待我政成，然後去位也。」章氏的斷句，與孔穎達同。我，乃周公自稱，但仍為書序所拘，認為「召公不說」，周公為其解釋所以留朝輔政之故，是以章氏有「待我政成，然後去位也」的話。

5.高本漢書經注釋：「按照周人書寫的習慣，時字只是作寺，但是寺、應該假借為侍（歸於、依靠）。所以這句話就是說：你、公（＝君），說過那要靠我。寺字之假借爲侍，見表鐘。其銘文中有寺力，就是侍力。」高氏把經文中的我字，看作周公。把時我的我，看作周公是對的。不過推高氏之意，既然「你召公說過那要靠我。」現在我留在朝中繼續輔政，那麼你召公就不應該不說了。仍有爲書序「召公不說」所拘之嫌。

以上所述五種解說，除僞孔傳所言、於經無據外，其他四說，似乎都能言之成理，然而我們如就上下經文的文氣來看，那就不無商榷的餘地了。我們認爲，最值得商榷的，是「已曰時我」一句經文。已，蔡沈把它說爲已嘗，曾運乾承其說。曰，作說字解，這是常訓。時，作是字解。在尚書中爲通釋。我，指周公。這意思是說：唉！君啊！你曾經這樣對我說過。在這句話中，周公並沒有把召公曾經說過的話明說出來，那這是意味着召公「必有所言」，才使周公得以借用他的話，來挽留他繼續輔政了？不錯。關於這一點，遠在宋代的林之奇，在其所著尚書全解中，就已經爲我們作了提示。他說：「君！已曰時我。指召誥所陳之言。召誥曰：敬德，則祈天永命，不敬德，則早墜厥命。命之修短，不在天而在人，故周公告召公，多援召誥之言，而爲之反覆辯明曉人者，當如是也。」這話是不錯的，只要我們一翻開召誥，馬上就可以發現召公在言辭間，那種忠藎不二之情，敬德永命之意，以及惟恐成王一有所失，即可能敗壞先王德業的意蘊。如他在召誥中一則說：

嗚呼！惟王受命，無疆惟休，亦無疆惟恤。嗚呼！曷其奈何弗敬！

再則說：

我不可不監于有夏，亦不可不監于有殷。我不敢知曰，有夏服天命，惟有歷年；我不敢知曰，不其延，惟不敬厥德，乃早墜厥命。我不敢知曰，有殷受天命，惟有歷年，我不敢知曰，不其延，惟不敬厥德，乃早墜厥命。

三則說：

王乃初服，嗚呼！若生子，罔不在厥初生，自貽哲命。……王其疾敬德，王其德之用，祈天永命。

既然如此，現在就讓我們來看看，周公又是一個怎樣的援引法？我們作這樣的論斷，是不是能使文氣通貫到底？周公在本篇，一開始就說：

君奭！弗弔，天降喪於殷，殷既墜厥命，我有周既受。我不敢知曰，厥基永孚于休，若天棐忱；我亦不敢知曰，其終出於不祥。

嗚呼！君！已曰時我。我亦不敢寧於上帝命，弗永遠念天威，越我民，罔尤違，惟人。

第一段是說，君奭！由於上天不再恤憫於殷，所以才降下災禍使之喪亡。現在殷國已經失去了他的政權，我大周也已承受了上天所賦予的命令，繼殷而有天下，在此情況下，我可不知，我大周的王業，是否能永遠地符合休美的標準，而上天又能以誠信來輔佐我們。我可不知，我大周王業的終結，是否會由於不祥善所致。

這段言論，固然是爲挽留召公繼續輔政而發，然而其言外之意，乃在惟有敬德，才能永遠符合休美的標準，才能祈得上天的永命，才不會由於不祥善而使國家滅亡。因爲這些話，在召誥中召公早已講過，所以周公說到這裏，馬上就改爲慨歎的口吻說（第二段）：唉！君啊！先前我所說的那些話（第一段所言），都是你曾經對我說過的（君！已曰時我），因此，我絕不敢安享上天命周的基業而不有所作爲，而竟不盡心力地來輔佐王業。我更不敢不永遠地思念着上天的威罰，以及人民的疾苦。惟有如此，才能使人民無所怨尤，無所違背啊！

假如我們能作這樣的貫連，而「君！已曰時我」的意義，也就可以明顯地的看出了。而且句中的每一個字，也都有實質的作用，這樣以來，也就根本要不着再輾轉假借曲爲之詁訓了。

二、乃其墜命，弗克經歷嗣前人恭明德

這兩句經文，所以要提出來討論，是因爲我們感覺在結構上，有移動的必要。當然，如僅就這兩句來看，倒不會有什麼太大的問題，可是如就整段來看，馬上就會感覺，如能將此兩句，上下對調，就文從理順了。經文說：

天命不易，天難諶，乃其墜命，弗克經歷嗣前人恭明德。

這段經文的解說甚紛，我們認爲：

天命不易：是說天命不易降於我的意思。說見馬瑞辰毛詩傳箋通釋周頌敬之篇。

天難諶：諶，音ㄔㄣˊ，與忱同，信也。是說上天難於取信之意。

乃其墜命：其，作將字解，說見經傳釋詞。墜，說文作隊，其義爲失。命，卽天命，指帝位而言。

弗克經歷嗣前人恭明德：弗克，作不能解。經歷，作永遠、長久解，說見簡朝亮尚書集注述疏及吳闓生尚書大義。恭明德，是指恭敬光明之德而言。

合起來說，就成爲：天命我周嗣承帝業，可不是一件容易的事，同時上帝也不是輕易就可取信的，上天將滅亡一個國家，是因爲繼位的人，不能長久地承嗣其先王恭敬光明的德業。

這樣按照經文的順序疏解，固然也可以說得通，但是我們總覺得有因果倒置之感，假如我們能夠把這段經文的三、四句顚倒過來，說成：

天命我周嗣承帝業（或解爲：天降我周帝業亦可），可不是一件易事。而上天也不是輕易就可取信的。假如繼位的人，不能長久地嗣承其先王的恭敬光明的德業，那末，上天就將要滅亡這個國家。

這樣疏解，所以順理，是因爲「乃其墜命」一語爲結果，而「弗克經歷嗣前人恭明德」爲原因。爲了不使因果倒置，所以才作這樣的調整。當然，在古書中，倒裝式的句子很多，如論語公冶長篇：「子路有聞，未之能行，惟恐有聞。」其中的「未之能行」，就是「未能行之」的倒裝句式。不過像這類情形，我們很容易看出來，而此兩句經文的倒置，尚無人說過，所以特別提出來，權作「野人獻曝」

吧！我們前文說過，由於尚書家們分章、斷句、訓釋的不同，往往仁智互見、紛紜莫衷，當然，這兩點淺見，也是我們一廂情願的說法，是否適當，並能要得尚書家們的首肯，那就非敢逆睹了。

（原載於孔孟月刊二十卷一期。民、70、9）

第六章　尚書呂刑篇的刑罰大義淺探

尚書家對呂刑篇的見解（如作者為誰，內容大義等），儘管不一，然而於呂刑篇的作於穆王之時，皆以為無可置疑。既然如此，那末穆王時，又何以要作「刑」？就有加以說明的必要了。根據史記周本紀的記載，穆王是昭王的兒子，就是南征溺於漢水的那個昭王。這就時代說，所謂「成、康之際，天下安寧，刑錯四十餘年不用」的時代，已成過去，所呈現的局面，乃王道衰微，「諸侯有不睦者，呂侯言於王，作修刑辟」，此其一。再者，穆王卽位之時，就已經五十歲了，又在位五十年始崩，他活了一百多歲，雖然年齡很老了，却仍在治理國家。我們都知道，人的思想、行為、觀點，往往隨其年齡的增長而有所不同。因為人的閱歷既豐，見聞也就相對的增多，思想不僅深刻而且遠大，其看法也就自然與一般人有所不同，在行為上，也就能「從心所欲、不逾矩」了。而古人的著書立說，也多半由此而得，故能建言，永垂不朽。孔子固為「天縱之大聖」，假如不為環境所困，周遊列國，恐無晚年的成就。孟子所以為亞聖，老子所以能充滿智慧，成就其道德經，墨子所以能有兼愛思想，乃至磨頂放踵而為之的偉大作為，其道理皆緣於此。而穆王卽位的時候，年已長大，其在位的時間又長，他在一個多世紀的漫長歲月中，如不欲治民則已，如欲治民，其閱歷經驗，當非短祚的國君所可比擬。故其所言刑理，自能入木三分，絕非泛泛之論，所能望其項背的。

他懲前毖後，以爲如欲「化民成俗」，「其惟祥刑乎？」是以於耄耋之年，制祥刑以「詰四方」，其用心可說是非常善良。我們都知道，刑法乃人民的保障，它可使犯罪的人，得其應得的懲罰，也可使守分的人，得其當得的安樂。社會的承平，人民的向善，端以大中至正的刑罰是賴。不論其時代如何進步，工商業如何發達，科學如何文明，而刑罰一失其公正，則人民卽無所措手足了。

民無所措手足，而亂象則生，亂象生，那末國家卽使不亡也將危險了。因此呂刑篇中所表現出來的「愼刑明罰」，「輕重諸罰有權」，「刑罰世輕世重」，以及「咸庶中正」等意念，也就不無微旨了。隋書刑法志說：「夫刑者，制死生之命，詳善惡之源，翦亂除暴，禁人爲非者也。聖王取則四時，莫不先春風以播恩，後秋霜而動憲：是以宣慈惠愛，導其萌芽，刑罰威怒，隨其肅殺。仁恩以爲情性，禮義以爲綱紀；養化以爲本，明刑以爲助。上有道，刑之而無刑；上無道，殺之而不勝也。」這段話，首敍刑法的功用，在辨善惡，除暴亂，禁人爲非作歹。次述聖王取法四時，先教後刑，而教化之本，一則以仁恩，一則以禮義。而刑之用，乃不過爲達到禮義、仁恩教化的助力而已。這種見解，當然不是憑空設想，而是「其來有自」的。在尙書呂刑篇中，不僅可以看到這種見解，而且對於法理、刑罰、斷獄、宥赦、罰鍰等，也都有所論列。玆分述如次：

一、法理探討

法理不外人情。國人常說：「天理、國法、人情」，就是強調立法不能違背人情的意思。就呂刑篇的法理依據說，這種意念，非常濃厚。呂刑說：「明于刑之中，率乂于民棐彝。典獄非訖于威，惟訖于富。」意思是說：要能明察刑法的中正適當，才是用來治理人民、輔導其遵守常規的最好依據。而主獄的終極目標，不是樹威，也不是用嚴刑峻法來懲罰人民，而是在爲人民造福。這種以明察、求實、公正爲人民造福、非以威虐人民的立法觀點，確實掌握了「人情」。我們皆知，人性不外善惡二途，就社會人羣所表現的事實言，有善亦有惡，而立法的鵠的，就是揚善去惡，寓敎於刑，使人人知所警惕，不敢爲非作歹，因此，我們說，刑法的作用，乃在於爲人民造福。所謂造福，也就是保障好人，懲罰惡人之意。如是，社會方可承平、安樂，否則那又有何福可言？欲達此目的，首先要任用有善德的人，其次謀國要以祥刑爲先。所以穆王說：「治國一定要用善良的刑法。要安定人民，任用官員（指刑官），將何所選擇？難道不是選擇具有善德的人？處理獄訟案件，當何所敬謹？難道不是敬謹五刑？爲國何所謀畫？難道不是謀畫關於祥刑之事？」這是穆王勉勵、誥誡其官員及有邦有土的諸侯所作的讜論。在這幾句話中，我們不難看出穆王的用心與期許。因此宋人蔡沈在其所著書經集傳中說：「刑，凶器也。而謂祥者，刑期無刑；民協於中，其祥莫大焉。」在古代，政、刑往往無法分開，人民有了訴訟，政府的官員們，若能公正合理地予以處斷，則人民不但感佩，而且亦知所向從，那末自然也就能夠「協于中」了。在論語顏淵篇中，孔子就曾說過這樣一句話：「聽訟，吾猶人也，必也使無訟乎！」如何方可使人民無訟？魏王肅說：「化之在前。」朱子四書集注引范氏之言說：「聽訟者，治其末、塞其流也。正其本，淸其源，則無訟矣。」近人徐英論語會箋說：「聽訟是法施已然之後，齊之以刑也。無訟是禮禁未然之前，道之以德也。聖人以禮爲本，法者不得已而用之。」能「化之在前」，自可正本淸源，使民無訟；能道德齊禮，使民有恥且格，協和於中道，又何訟之有？呂刑的以刑使民「協于中」，自有寓敎於刑之義。然而除此之外，其亦主張「化之在前」，「道德齊禮」？呂刑說：「伯夷降典，折民惟刑；禹平水土，主名山川；稷降播種，農殖嘉穀。三后成功惟殷于民。士制百姓于刑之中，以敎祇德。」大意是說：伯夷首先頒布典禮以敎民，然後制刑以示之，使人民有所遵循，這也就是先禮後刑的意思。禹平定洪水，使人民得以安居。接著后稷又頒下播種的方法，勉勵人民種殖嘉穀。三后的治理民事雖異，然其使百姓生活安定、富足則一，是以皆有所成就。而刑官也能用公正無私的刑法，來裁治訴訟案件，以敎民敬謹於德行。這種先敎後刑，使人民知所向從的構想，正說明了穆王法理的依據，是以人情爲歸趨的。這對於儒家進一步的道德齊禮政治主張，也是非常具有影響力的。

二、刑書商榷

穆王旣重祥刑，並要求其屬員及有邦有土的諸侯們審理訴訟案，要小心謹愼，要大公無私，悉合中正之道，然而我們要問，這時是否已有刑書可資依據？我國有刑書之始，論者咸推魏文侯師李悝所造之法經，考晉書刑法志說：「是時承用秦漢舊律，其文起自魏文侯師李悝，悝撰次諸國法，著法經。」注說：「沈家本律目考曰：李悝法經六篇，一盜法，二賊法，三囚法，四捕法，五雜法，六具法。」是爲各家所本。其實在魏文侯之前，更有鄭國的子產，就鑄刑書以治民了。（見左昭六年傳）其後晉國亦鑄刑鼎（見左昭二十九年傳）。此皆早於李悝之法經。可惜這些刑書，現在已無法看到了。我們若要再往上推，則夏有禹刑，商有湯刑，周有九刑，且周之九刑，左傳兩次言及（文十八、昭六年傳文）。夏、商之刑，是否有書，已難考知，不過在康誥篇周公誥康叔時，已言及「師茲殷罰有倫」了。荀子正名篇也說：「後王之成名，刑名從商，爵名從周。」注說：「商之刑法未聞，康誥曰：殷罰有倫。是亦言殷刑之允當也。」呂氏春秋孝行覽說：「商書曰：刑三百，罪莫重於不孝。」據此以論，商之有刑書，似無問題。至於周之九刑（刑書九篇），左氏文公十八年傳史克說：「先君周公制禮，作誓命，在九刑不忘。」杜注說：「九刑之書今亡。」是周公亦有刑書矣。而至穆王時，刑書所定，則可能更爲詳盡，呂刑說：「墨罰之屬千，劓罰之屬千，剕罰之屬五百，宮罰之屬三百，大辟之罰，其屬二百，五刑之屬三千。」又說：「啓明刑書胥占。」在這裏，我們不僅可以看到刑罰類別的條目，同時也可以看到當時審理訟訴案件的時候，還要明察刑書的法條規定，與犯罪事實，相互參照，仔細揣度，冀能悉合中正之道。這當是有刑書的確鑿證明。相傳穆王尚有刑書若干篇「見章太炎先生古文尚書拾遺」，可惜現在我們無法看到了。

三、刑罰析述

在呂刑中，現在我們所能看到的，有刑、有罰、有過、有赦四種處分。呂刑說：「兩造具備，師聽五辭，五辭簡孚，正于五刑，五刑不簡，正于五罰，五罰不服，正于五過。」又說：「五刑之疑有赦，五罰之疑有赦。」又說：「墨辟疑赦，其罰百鍰；劓辟疑赦，其罰惟倍；剕辟疑赦，其罰倍差；宮辟疑赦，其罰六百鍰；大辟疑赦，其罰千鍰。」茲分述如次：

㈠刑：刑分五種，即墨、劓、剕、宮、大辟是也。

所謂墨刑，就是先刻犯人的顏面，然後再塗上墨汁的刑，什麼樣的行爲要處以墨刑？伏生尚書大傳說：「非事而事之，出入不以道義，而誦不祥之辭者，其墨刑。」

所謂劓刑，卽割鼻之刑。說文：「劓，刑鼻也。」至刑鼻的罪行，伏生大傳說：「觸易君命，革輿服制度，姦軌（同宄）盜攘傷人者，其刑鼻。」

所謂剕刑，卽斷足之刑。剕字史記作臏，尙書大傳作髕，本字當作䟤，說文：「䟤，斷足也。」大傳說：「決關梁，踰城郭而略盜者，其刑髕。」

所謂宮刑，卽男去勢、女子幽閉之刑也。周禮司刑注說：「丈夫則割其勢，女子閉于宮中。」犯此刑之行爲，伏生大傳說：「男女不以義處者，其刑宮。」所言不以義處者，卽後世所說的通姦。

所謂大辟之刑，卽死刑。大傳說：「降畔賊，刼略（案：略同掠）、奪攘、撟虔者，其刑死。」

這意思是說：凡是投降、叛賊，刼掠、攘奪財貨以及殺人的人，皆處以死刑。

㈡罰：對於五刑罪證不足，疑而不能決斷的獄案，合於罰鍰者，則議以罰鍰。據呂刑的記載，如本為墨刑犯，因罪證不足，則不能以墨刑刑之，像這種情形，即議罰金百鍰。如本為劓刑犯，因罪證不足，就不能以割鼻之刑刑之，似此情狀，即可議處罰二百鍰。如本為剕刑犯，因其罪可疑，無法確定，類此情況，就可議處罰金五百鍰。如為宮刑犯，其罪證可疑，無法確定，即可議罰金六百鍰。如為死刑犯，因罪證可疑，以人死不能復生，斷者不能復繼，為愼重起見，不可驟然判其死罪，似此情況，即可議處罰金千鍰。

㈢過：所謂過，即過失之意，指兩造之過失。根據呂刑的說法，過失有五，即「惟官、惟反、惟內、惟貨、惟來」是也。所謂「官」，就是仗勢欺人。所謂「反」，就是詐反囚辭，拒告實情。所謂「內」，就是內親用事，恃己有親於上。所謂「貨」，就是行貨枉法。所謂「來」，就是以財貨干請往來。對於這五種過失，呂刑僅以「其罪惟鈞，其審克之」二語帶過。意思是說：兩造之有罪者（指過失），審理當求其公平，詳察其實情。另外呂刑中尚有「上下比罪」的明文，可適用於此。意思是說：對於過失的輕重，應比附於法條的相當者。這種顧慮，不能不使吾人佩服其進步、周密，否則那些有權有勢、或善用詐欺、以財干請的人，就可以無法無天，肆無忌憚了。

㈣赦：所謂赦，即赦其本刑之可疑者，而議以罰鍰，然後脫其罪狀。若經審理，連罰鍰的罪證也不足，那就要赦免其罪了。

關於罰鍰、赦免二事，論者有不同的見解。尤其赦免其本罪一事，觀點更爲紛歧。筆者以爲罰鍰也是懲治的一種，在表面上看來，一個死刑犯，結果以罰鍰免其死刑，甚或免其無罪，這未免太輕了吧！其實對一個罪證不足的犯人，又怎可令其含寃而死？如合於罰鍰的條件，爲什麼不可以以罰鍰之罪處置、判決？況經文也說：「罰懲非死，人極于病。」這意思是說：五刑罰鍰，其懲創犯罪的人，雖不至致死，然而被罰的人，也往往因爲籌款傷財，而陷於窮困之境，其「懲創」亦不能說不重了。這種做法，後人有不以爲然者，如宋代的蔡沈，就慨乎其言的說：「漢張敞以討羌，兵食不繼，建爲入穀贖罪之法，初亦未嘗及夫殺人及盜之罪。而蕭望之等，猶以爲如此，則富者得生，貧者獨死，恐開利路，以傷治化。曾謂唐、虞之世，而有是贖法哉？」蔡氏之言，固於穆王之贖刑（罰鍰）有所不滿，然其焦點，在「富者得生，貧者獨死」的不平上。果然如此，蔡氏的指責，確爲的論，然而穆王之意，恐未必如此。何以見得？因經文中有「哀敬折獄」、「刑罰世重世輕」、「輕重諸罰有權」的記載。所謂「哀敬折獄」，就是當以哀矜憐憫的心情制獄。亦卽論語所言「哀矜勿喜」之意。所謂「刑罰世輕世重」，就是對於刑罰的輕重，要隨着時代，衡量權宜適中的意思。所謂「輕重諸罰有權」，就是各種懲罰，要根據實際的情形，而作適度的權變。因爲刑罰的目的，是治理那些不守法的人，使之守法。萬一「貧者」拿不出被罰的「鍰」，既有「權宜適中之法」，當不致使之含寃而死，這是可以斷言的。而改服勞役，應爲可行之法。更何況古代多以勞役驅使人民？至於斷獄要明察，要公正，要細微，要敬謹，這也是呂刑中所強調的。而尤其重視治獄的「士師」，一定要具備「善德」的人，才可以擔當。既然如是，即使是死刑犯，由於罪證不足而議以罰鍰，再由罰鍰的罪證不足而赦免其罪，只要審理公正無私，明察秋毫，那又有什麼不可以的呢？

四、士之資格

所謂士，用現在的話說，就是法官。在呂刑中，對於法官的資格，雖然沒有明確的規定，可是我們就着經文，尚可尋出一些蛛絲馬跡。一言以蔽之，那就是要具備善德的人。如經文一則說：「朕敬于刑，有德惟刑。」這雖然是穆王誥誡衆長官、大臣，勉其任賢的話，但是言語之間，無異說，我對於刑罰，甚爲敬謹，不敢妄加於人，所以惟有具備善德的人，才可以任以刑責，主持刑罰之事。再則說：「非佞折獄，惟良折獄，罔非在中。」這意思是說：審理獄訟案件，絕對不是僅有口才，使人辭窮的人所能勝任的，惟有善良的人制獄，才可以勝任，因爲具有善良道德的人制獄，能公正不偏，無不得中。三則說：「告爾祥刑，在今爾安百姓，何擇、非人？」這也是穆王誥誡大臣的話。意思是說：告訴你們，治國一定要用善良的刑法，現在你們欲安定人民，在任用法官方面，將何所選擇？難道不是選擇具有善德的人嗎？四則說：「今爾何監？非時伯夷播刑之迪？」意思是說：今爾刑官們，你們將何所取法？難道不是以伯夷所播施的刑法爲正道？伯夷爲帝堯時之老臣，頒禮制法以牧民。爲一有深厚道德修養的人，穆王既令其刑官效法伯夷，也就無異令其修德，亦惟修德，始能制獄公正適中。五則說：「今往，何監非德？」這是穆王在呂刑中，最後勉勵其大臣的話。意思是說：今後你們當何所取法？難道不是善德嗎？這裏我們所強調的德，當然是去私慾、存天理，廓然大公，純然至誠之德。亦卽內聖外王之德。非如是，又何能制獄公正而廉明？又何能使人民信服而心悅？

五、審獄斷訟

在審理獄訟方面，所應注意的事項，我們可就經文的記載，歸納爲以下數點：

㈠明察供辭：這是審理案件，務必經過的一道程序。尤其在古代，更是不可缺少。經文說：「兩造具備，師聽五辭，五辭簡孚，正于五刑。」又說：「察辭于差。」又說：「明淸于單辭。」所謂「兩造」，就是現在我們所說的原告與被告。師，爲士師，就是法官。聽，是平治的意思。五辭，就是五聽。周禮小司寇說：「以五聲聽獄訟，求民情，一曰辭聽，二曰色聽，三曰氣聽，四曰耳聽，五曰目聽。」注說：「觀其出言，不直則繁；觀其顏色，不直則赧然；觀其氣息，不直則喘；觀其聽聆，不直則惑；觀其眸子，不直則眊然。」這是說：原告、被告兩方俱備，則由法官平治五聽的情狀。假如五聽的平治結果，誠信而有罪，則按五刑之法條，治以五刑之罪。所謂「察辭于差」，是說能明察不齊一的訟辭，使善惡分明。所謂「明淸于單辭」，是說能明察片面的言辭，不爲其蒙蔽。對於兩造的供辭，或片面一方的辯辭，能作如是的明察，並且善惡分明，那末於五刑的定讞，當不致有所偏私，也就自然合於中正了。

㈡深入調查：假如供辭不足，或不足採信，那就要作深入的偵察了。經文說：「簡孚有衆，惟貌有稽；無簡不聽。」意思是說：有關訴訟案件的審理，要能使大衆信服，大明於世。周禮小司寇說：「斷庶民獄訟之中，一曰訊羣臣，二曰訊羣吏，三曰訊萬民。」禮記王制說：「疑獄，汎與衆共之。」這就是「簡孚有衆」的眞義。至於「惟貌有稽」，那就必須作深入而詳實的調查了。貌，說文作緢，爲纖細之意。我們都知道，刑貴察稽其實，務使纖細畢露，獄以核實爲主，無實者不論罪。如不作深入的調查稽考，又如何核實？所謂實，就是證據，而證據的掌握與獲得，當然有賴於深入的偵察，這一點，呂刑並未疏忽。

(三)參度刑書：在穆王時，已有刑書的存在，前已言及。因此在審理獄訟案件時，要參度刑書，乃是必然之事。經文說：「明啓刑書胥占，咸庶中正。」又說：「無僭亂辭，勿用不行，惟察惟法，其審克之。」這不僅是參度刑書的證明，同時也是引用法條斷獄的明證。意思是說：制獄要明視刑書，相與揣度，冀望皆能合於中正之道。同時千萬不可被紛亂的供辭所混淆，使輕重罪犯失實。也不可再用已經廢止的法律。因此要明察，要引用當時的刑法，詳審核實，勿枉勿縱。這種思想和見解，都非常進步，與現在刑法「行爲之處罰，以行爲時法律有明文規定者爲限」的規定，正相吻合。

(四)權衡時宜，人情法理兼顧：呂刑中這種權衡時宜、隨世而爲輕重，並且兼顧人情法理的措施，將永爲執法者的圭臬。其於後世，亦有非同小可的影響。經文說：「上刑適輕下服，下刑適從上服，輕重諸罰有權。刑罰世輕世重，惟齊非齊，有倫有要。」意思是說：犯重刑的人，就情理來說，如果適宜於服輕刑的，就叫他服輕刑。犯輕刑的人，就情理來說，如果適宜於服重刑的，就治他重刑的罪。

輕刑、重刑的各種罰法，要衡量權宜適中，因爲刑罰是要隨着不同的時代而輕重的。這也就是說，刑罰是要治理那些不守法的人，使他們守法，因此刑罰必需合於倫理、中正的大道。這種見解，給我們的啓示太大了。所謂合於倫理，就是人情，所謂中正之道，就是適中、公正無私；而且還要隨着時代、世事之演進而作適度的調整。假如執法者能循此以爲，而刑罰不僅可使人民心悅誠服，同時更可以刑罰作爲教育的手段。所謂刑期無刑，就是這個道理。這種富有寓義的刑罰思想，將永爲後世法。

假如我們要問，這種見解，是不是到穆王時才有的？答案是否定的。它來自堯典與康誥。堯典說：「眚災肆赦，怙終賊刑。」康誥說：「人有小罪非眚，乃惟終；自作不典：式爾，有厥罪小，乃不可不殺。乃有大罪非終，乃惟眚災適爾，既道極厥辜，時乃不可殺。」堯典之意是說：對於無心的過失，可以赦免；對於怙惡不知悔改的人，就要加重刑罰。康誥之意是說：有人雖然犯了小罪過，可是却爲有意的，並且竟然想着終生做下去，像這種有意的犯法，雖然是犯了小罪，也不可不加重處罰。如有人犯了大罪過，並不想終身做下去，而是偶然的行爲，像這種情形，就是已經宣判要懲治其罪，但因其犯罪不是有意的，罪過雖然大，也應該減輕其刑責。這種見解，我們假如和呂刑一作比較，馬上就可知道，它是其來有自的了。

六、體恤認識

談到刑罰的輔助政事，就是明王聖君，亦無法避免。以堯舜之聖，尚有象刑之設，後代的踵武前王，洵爲有故。刑罰既然不可避而不用，那末爲士師的人，卽不能率意而爲，其理至明。茲就呂刑所載，述其應有的體恤與認識如下：

㈠哀敬折獄，無私家于獄之兩辭：所謂哀敬折獄，就是以哀矜憐憫的心情制獄。亦卽論語所說「哀矜而勿喜」之意。而伏生尚書大傳引孔子「聽訟雖得其指，必哀矜之，死者不可復生，斷者不可復續」的話，來解此經，尤爲精確。所謂無私于獄之兩辭，是說聽訟的時候，對於兩造的訟辭，當求公平，不可因偏聽而有所袒護；不可因賄賂而有所偏私。制獄能有此體諒、恤憐和認識，若不幸而有所不及，亦可問心無愧了。宋代的歐陽修，最明此理，他在瀧岡阡表中引述其母親的話說：「汝父爲吏，嘗夜燭治官書，屢廢而歎，吾問之，曰：『此死獄也。我求其生不得爾！』吾曰『生可求乎？』曰：『求其生而不得，則死者與我皆無恨也。』」治獄至此，庶可謂爲「哀矜而勿喜」矣。

㈡典獄非訖于成，惟訖于富：意思是說，主獄的終極目的，非在樹威，更不是用嚴刑峻法來治理人民，乃在於爲人民造福。我們都知道，法律的功用，在明辨是非，論斷曲直；在懲暴安良，爲人民造福。因此，士師們在審理訟案時，要念茲在茲，不僅要視爲天職所在，同時更要看作法理之所必然，事物之所必至。

㈢其刑其罰，惟察惟法，其審克之：這意思是說，對於兩造的所刑所罰，一定要明察，要依現行之法，詳審實核，務期得其中正。伏生尚書大傳說：「聽訟之術，大略有三：治寬，寬之術歸於察，察之術歸於義，勿用非刑，故又云惟法。」也惟有明察，用法合義，詳審實核，方能得其中正。此誠治獄之座右銘，而一時一刻都不可怠忽的。

㈣獄貨非寶，惟府辜功，報以庶尤：這意思是說，由斷獄所得的財貨（即鬻獄接受賄賂），絕對不是眞正的錢財，這簡直無異是在聚集罪惡的事件，上天將會以多種罪尤報復的。假如斷獄的人，有此認識，當不致悖理而行，而以鬻獄爲能了。所以經文又說：「永畏惟罰，非天不中，惟人在命。」這是說：治獄當永遠敬畏天罰，這並不是上天不中正，而是要看人如何去觀察天命了。我們都承認「悖理而爲，必遭天譴」這句名言，大學所說：「貨悖而入者，亦悖而出」，就是此意。因此治獄在這方面，當如何朝夕惕勵，敬忌惟謹？千萬不可利令智昏，有辱官箴而失政道啊！

七、呂刑篇旨

通觀全篇，蓋呂侯爲穆王訓刑，傳布於四方，以期上下皆能遵守，由明刑而至於郅治之隆。孔穎達尚書正義說：「名篇謂之呂刑，其經皆言王曰，知呂侯以穆王命作書也。」如果說「書」爲呂侯所作，其義乃穆王所授。觀經文中，處處表露出穆王的勉勵與期許，就是最好的證明。那種諄諄之言，關切之意，自謙之情，盼望之殷，凡此，不僅說明穆王並未因「耄」而「荒」，相反地，却可證明穆王倒有勵精圖治之心。如經文說：

民之治，無不由於官吏治獄、於兩造之訟辭，中正不偏袒，而使善惡分明。（原文爲：民之亂，罔不中聽獄之兩辭。）

制刑于民，乃爲解除其無窮之訟辭，能合於五刑之中正，則始有善政可言。（原文爲：哲人爲刑，無疆之辭，屬于五極，咸中，有慶。）

明察不齊一的訟辭，使善惡分明，則不服者乃服。（原文爲：察辭于差，非從惟從。）

無確實罪證，不可平治以罪，以共敬上天的律則。（原文爲：無簡不聽，具嚴天威。）

上天欲治理人民，故使我有一日的時間爲國君，然而國運的敗亡與不敗亡，則全在人的所爲如何。（原文爲：天齊于民，俾我一日，非終惟終，在人。）

由以上這些言論，足可證明，穆王此時雖已年老，但仍欲以「祥刑」齊民。退一步想，即使是呂侯「作書」，事後亦需徵得穆王的首肯始可發布，其理至明。

其次，我們於篇中所見者，乃爲一「中」字的強調，這應該說是一篇旨趣的所在了。刑如失「中」，那末人民就會感到手足無措，因此，經文說：

士制百姓于刑之中，以敎祗德。

故乃明于刑之中，率乂于棐彝。

觀于五刑之中。

惟良折獄，罔不在中。

明啓刑書胥占，咸庶中正。

民之亂，罔不中聽獄之兩辭。

于民之中，尚明聽之哉！

哲人惟刑，無疆之辭，屬于五極，咸中，有慶。

前文我們曾經說過：「刑以輔政，雖聖君明王，亦不能廢。」既不能避免，那末將如何而可？我們的回答是：「豈非中乎？」「中」，可以教敬德。「中」，可以輔常法。「中」，可以使民治。「中」，可以得善政。得乎中道，信守不失，郅治之隆，必然可期。可期，則刑無可行矣。這就是穆王所強調的祥刑了。荀子正論篇說：「刑稱罪則治，不稱罪則亂。」這裏所說的「稱」，就是中準的意思。吳闓生尙書大義也說：「此中字之義，守而勿違，則刑罰之道盡矣。」我們相信，此一至高無尙的法理，將可永遠爲立法、司法者的指導原則。

八、呂刑與堯典、康誥、周禮有關言刑的比較

㈠堯典中論及「刑」的言論，計有三則。其一：「象以典刑，流宥五刑，鞭作官刑，扑作教刑，金作贖刑，眚災肆赦，怙終賊刑。」其二：「帝曰：皐陶蠻夷猾夏，寇賊姦宄，汝作士，五刑有服，五服三就，五流有宅，五宅三居，惟明克允。」其三：「流共工于幽州，放驩兜于崇山，竄三苗于三危，殛鯀于羽山，四罪而天下咸服。」

根據堯典的記載，我們不難看出，當堯、舜之時，就已具有刑罰的條目。所謂「象以典刑」，就是法有常刑，這種常刑，卽爲墨、劓、剕、宮、大辟五種刑罰。這五種刑罰，在執行起來，也有分別。

有的照五刑的實刑處理，卽國語魯語臧文仲所說：「大刑用甲兵，其次用斧鉞；中刑用刀鋸，其次用笮鑽；薄刑用鞭扑，以威民也」的方法。至於行刑的地點，則有三種處所，卽大刑「陳之原野」，小者「致之市、朝」，這就是經文所說的「五刑有服，五服三就」。有的則以流放的方式，表示寬宥。旣爲流放，當然也就是在服刑。流放也並不是漫無標準，而是根據罪行的大小，以決定遠近的。據鄭氏康成的說法，是自九州之外，至于四海，三分其地。遠近若周之夷服、鎭服、藩服之地（夷服、鎭服、藩服之稱，見周禮夏官職方氏）。也有人說爲大罪四裔，次九州之外，次中國之外的。這就是經文所說的「五流有宅，五宅三居」。

至於刑罰的條目，大致可分之爲九：卽墨一、劓二、剕三、宮四、大辟五、流宥六、鞭七、扑八、金九。至於無心的過失，則赦免其罪，若怙惡不悛，不知悔改，那就要加以刑罰了。這些條目，若與呂刑比較，也可分爲刑（五刑與流宥）、罰（鞭、扑、金）、過、赦四項。這種分法，在表面上看是相同了，其實同中有異。以「刑」來說，五刑則同，而「流宥」則爲呂刑所無。以「罰」來說，「金作贖刑」，相當於呂刑中的罰鍰，而「鞭、扑」則爲呂刑所無。以「過」言之，呂刑之過有五，且各有其稱，而堯典所謂之過，乃無心之過，與呂刑有心之過有異。以「赦」言之，堯典乃指「眚災」之赦，而呂刑中之赦，卽使爲「大辟」，只要罪證不足，而議以罰鍰的條件又不夠，亦可以赦免其罪。相較之下，呂刑之刑，似輕於堯典之刑。

㈡在康誥中，我們所能看到的刑罰，多爲原則性的，然其明刑愼罰之義，却爲呂刑所承襲。茲先摘錄其篇中論刑與呂刑有關者，然後再作比較。康誥說：

> 敬明乃罰，人有小罪非眚，乃惟終，自作不典，式爾，有厥罪小，乃不可不殺。乃有大罪非終，乃惟眚災、適爾，既道極厥辜，時乃不可殺。

這意是說：罪雖小，但却是有心的，並且終生不改，像這種情形，卽使罪小，也不可不刑其罪。反之，罪雖大，乃爲無心之過，事後又能輸情服罪，痛改前非，像這種情形，卽使是大罪，也不可刑其罪。這種「刑故無小、宥過無大」的明刑之意，也就是堯典「眚災肆赦，怙終賊刑」的立法精神。這種精神，將永爲用刑的鵠的。這也就是呂刑中所說「上刑適輕下服、下刑適重上服、輕重諸罰有權，刑罰世輕世重」之意。只不過到了呂刑篇，所說義理更加詳明罷了。其實立法用刑的精義，並無不同。

康誥又說：要囚、服念五六日，至于旬時，丕蔽要囚。

所謂「要囚」，卽今言繫獄之意，也就是關入牢中。所謂「服念」，卽考慮深思之意。經文乃謂：要囚禁一個人，往往要考慮五六天，乃至十天、三月，才能決定是否要將某人繫獄。這種舉措，一方面當然是表示「愼刑」，同時判人之罪，繫人之獄，還必須要有確實的證據，而證據的獲得，一方面來自供辭，另一方面那就要來自偵察了。這種詳察罪證，再與法條相互參證的斷案行爲，也就是呂刑中「五辭簡孚，正于五刑」，「惟察惟法，其審克之」以及「哀敬折獄，明啓刑書胥占，咸庶中正」的斷案精神。前後經文一相對照，馬上就會使我們有一種「後出轉精」的感覺。再者、康誥主張用殷刑以治殷民，對於元凶大惡、殺人刼貨、不孝不友者用重刑。康誥說：

師茲殷罰有倫。

又說：

凡民而得罪，寇攘姦宄，殺人于貨，愍不畏死，罔弗憝。

又說：

元惡大憝，矧惟不孝不友，……乃其速由文王作罰，刑茲無赦。

所謂「師茲殷罰有倫」，就是要師法殷代刑法合理的部分。這一方面是由於治殷民，用殷法，容易收效，同時也可看出周公的胸襟，絕沒有獨以爲是、唯我獨尊的意念，凡是好的，合理的，不僅要保存，而且還要師法。所謂「勿意、勿必、勿固、勿我」，豈非聖人處事之心法？而呂刑之治民，當無再行遷就殷民的必要，然而其中「有倫有要」之言，乃爲「師茲殷罰有倫」的精神延伸，似無疑問。至於殺人取貨、不孝不友之罪，康誥認爲都應「殺勿赦」，而且要趕快用文王所作的刑罰來刑殺勿赦。這種刑罰，就是呂刑，堯典中的「大辟」了。

其次、康誥中還有一種比較嚴厲的刑罰，那就是對政府官員過失的處置。康誥說：

不率大戛，矧惟卜庶子訓人，惟厥正人、越小臣、諸節，乃別播敷，造民大譽，弗念弗庸，瘝厥君，時乃引惡，……汝乃其速由茲義率殺。

這段話的意思是說：往往不遵循國家大法的，就是掌管教化的官員——庶子、訓人，以及行政長官和那些內小臣，或是持節出使的使節。他們往往另外傳布政令，討好大衆，在民間造成自己的美名，不顧慮國家的體系制度，不行用天子的教令，使其君深以爲痛，有這種行爲的人，就是大壞蛋，……對這種人，就應該速用合宜的刑法殺掉他們。類似這種情節，在堯典中只是說流放，如「流共工于幽州，放驩兜于崇山，竄三苗于三危，殛鯀于羽山」之類，再不然就是用鞭子責打一頓了事（鞭作官刑），多不處以極刑。推究周公所以如是誥誡康叔，一則可能對於執法犯法的官員，加重其罰，以儆效尤。再則周公有感於三監之叛周，其情景正是如此，所以才特別加重處罰的。因此我們可把這種刑罰，視爲權變之刑。在呂刑中，類似這種情形，那就要「上刑適輕下服、下刑適重上服，輕重諸罰有權，刑罰世輕世重」了。比較之下，我們認爲呂刑篇的論刑，似有很大的進步，其於法理的觀念，與今世相較，似亦並不多讓。

另外，我們所不憚煩言者，就是康誥中所言及的刑罰，何以都是些原則性的，沒有堯典、呂刑篇中具體？筆者認爲，此時已有具體的刑書，各種法條皆已具備，不需再一一詳陳，僅就其重點，或是某些地方應當特別留意，所以才提出來，以加深康叔的印象。否則的話，以周公之聖，是絕對不會如此疏略的（請參拙著尚書康誥、酒誥、梓材大義探討。孔孟學報第四十期）。如左氏昭公六年傳、叔向詒子產書說：「夏有亂政，而作禹刑，商有亂政，而作湯刑，周有亂政，而作九刑。」而本篇（康誥）也說：「速由文王作罰。」刑書、而今雖已無法看到，然而這些記載，却不可忽視，更不可抹煞。

㈢周禮又名周官，於三禮中最爲晚出。然後世學者，講明周之法制，却往往多所引用，是以其對後世之影響甚大。今與周書呂刑之篇並觀，無論文字的運用，篇章的結構，制度的釐訂，情節的表達，都有顯着的進步。尤其是有關刑法的建立，則更具條理。茲將其中與呂刑可資比較者，述明如次：

1.法理的運用相同：秋官大司寇說：「掌建邦之三典，一曰刑新國用輕典，二曰刑平國用中典，三曰刑亂國用重典。」這是說：建國所用的法典，於新建之國、承平之國及篡殺叛逆之國，各有不同。這種法理上的權變，就是呂刑中所說的「輕重諸罰有權，刑罰世輕世重。」

2.審獄察辭的態度相同：秋官小司寇說：「以五聲聽獄訟，求民情：一曰辭聽，二曰色聽，三曰氣聽，四曰耳聽，五曰目聽。」這意思是說：在平治獄訟案件的時候，可由兩造所表現的五種態度上，觀察得出其是非曲直。因爲「直則言要理深，虛則辭煩義寡；理直則顏色有厲，理曲則顏色愧赧；理虧則心虛，而氣從內發，理既不直，吐氣則喘；理直則聽物明審，理不直則聽物致疑；理直則視盼分明，理虛陳視則眊然。」因此用這種審理的方法，往往有意想不到的功效。呂刑中亦有類似的記載，如：

兩造其備，師聽五辭，五辭簡孚，正于五刑。

察辭于差，非從惟從。

明清于單辭，民之亂，罔不中。

兩相比較，我們馬上可以感覺到，周禮的記載條理井然，表義明晰，而呂刑就未免有些零亂晦闇了。這種「後來居上」的跡象，是很容易看出來的。再者，我們都知道，察辭的目的，就是要求得實情，使眞象大白於世，而呂刑中的記載，尚有雖不以察辭爲言，而意義相若者。如：

簡孚有衆，惟貌有稽。

貌、說文作緢，古文假緢爲貌。作細微解。（見孫星衍尚書今古文注疏）經文的意思是說：治獄決斷，當誠信合於大衆，是以纖微必稽，一定要做到眞象大白。所謂誠信合於大衆，也就是察辭於衆，訊萬民的意思。因此把這句經文看作察辭，也未嘗不可。

3.五刑同，其輕重有差：秋官司刑說：「五刑之法，以麗萬民之罪，墨罪五百，劓罪五百，宮罪五百，刖罪五百，殺罪五百。」這是說：合於五刑之罪者，各有五百，總計兩千五百條。而呂刑則說：「墨罰之屬千，劓罰之屬千，剕罰之屬五百，宮罰之屬三百，大辟之屬二百，五刑之屬三千。」清、江聲尚書集注音疏說：「墨則倍於其初（案：江氏仍以周禮早於呂刑，故有是言），宮與大辟皆減焉。以是差之，輕於周禮矣。此穆王祥刑之意也。」就刑罰的輕重來說，江氏的話，很有見地。

4.所言赦，其對象不同：秋官司刺說：「壹赦曰幼弱，再赦曰老旄，三赦曰惷愚。」而呂刑之言赦說：「五刑之疑有赦，五罰之疑有赦，其審克之。」周禮所赦者爲幼弱、老旄、惷愚。這三種人，均不能明斷是非曲直，所以寬赦不加罪罰，其立法的用意甚美。而呂刑所講求的是「其審克之」，換句話說，凡罪證不足而有可疑者，就其情節，則予以赦免，不加罪咎。罪證不足者，尚不加罪咎，其於無法辨別是非曲直的人，當然也就不會苛責，其理至明。而祥刑之義，不也就很明顯地可以看出了嗎？

（原載於政大學報第四十三期。民、70、5）

附錄　淺談尚書呂刑篇的「中」字及其影響

李振興

讀過尚書呂刑篇的人，都會有一個共同的感覺，那就是：「呂刑的篇旨，在明刑愼罰，在刑罰惟中。」該篇對於「中」字，凡十次言及，其主要觀點，以爲「中」，可以敎敬德。「中」，可以輔常法。「中」，可以使民治。「中」，可以得善政。得乎「中」，信守不失，郅治之隆，必然可期。可期，卽使想用刑，也無刑可用了。於此，可使我們體念到「中」字力量的渾厚、廣遠與無窮。所謂「中」，簡單的說，就是不偏不倚，就是中準、適中、恰到好處、無過與不及的意思。我們試想，宇宙間的一切，什麼不是由於「得中」而產生的？也惟有合乎「中」，才可大可久，才歷久彌新。呂刑篇的論刑，能以此爲基準，以適時、適度、適情來作權變之宜，其於「中」字之運用，可說已經到達了相當高的程度。在這裏我們要問，呂刑篇的「中」，於前代是否有所承？於後代是否有貢獻？在此前後之間，它又肩負着什麼樣的責任？

我們都知道，事物之起，必有其因；文化之興，亦必以漸。既然如此，那末呂刑篇「中」字的運用及其義理之闡發，是前有所承了？現在就讓我們先來看看前於呂刑篇的記載吧。

論語堯曰篇：「堯曰：『咨！爾舜，天之歷數在爾躬，允執其中。』舜亦以命禹。」

易、訟卦：「有孚窒，惕中吉。」

易、師卦、九二：「在師中吉。」

易、泰卦、九二：「得尙于中行。」

易、復卦、六四：「中行獨復。」

易、家人卦六二：「无攸遂、在中饋，貞吉。」

易、益卦、六三：「益之用，凶事，无咎，有孚中行。」六四：「中行告公從。」

易、夬卦、九五：「中行无咎。」

易、豐卦、「勿憂、宜日中。」六二：「日中見斗，……吉。」九三：「日中見沬，……无咎。」九四：「日中見斗，……吉。」

易、中孚卦：「豚魚吉，利涉大川，利貞。」

以上所引，皆前於呂刑。由於堯、舜的「執中」而行，以致造成了我國上古史上空前的盛世，同時也爲後世樹立了彝則典範，打下了永遠不可動搖的基礎；而形成了一脈相傳的道統。所以唐代的韓愈說：「堯以是傳之舜，舜以是傳之禹，禹以是傳之湯，湯以是傳之文、武、周公，文、武、周公傳之孔子，孔子傳之孟軻。」（見韓昌黎集卷十一原道篇）荀子儒孝篇也說：「先王之道，仁之隆也，比中而行之。曷謂中？曰禮義是也。」又說：無益於理者廢之，夫是之謂中事，凡知說有益於理而爲之，無益於理者舍之，夫是之謂中說；事行失中，謂之姦事，知說失中，謂之姦道。」（案：此說可爲韓愈傳道之言作注脚。）至於文王拘幽而演易，更能深悟斯理，所以一再言及「中」字的功效，舉凡決訟斷獄，出師行軍，居家修爲，去憂怡懷，伐暴安良，如能以中道而行，不僅「无咎，亦可澤及「豚魚」。所以中孚卦的彖傳說：「中孚以利貞，乃應乎天也。」能「應乎天」，就必能如日之中，而「光照四表」。是以能中，雖凶亦吉，履險亦夷，「中」之時義，豈不大哉！淸人惠棟說：「易道深矣，一言以蔽之，曰時中。」（易漢學易尚時中說）文王的拘幽而演易，義其在斯乎！義其在斯乎！

其次，爲尚書洪範中的皇極。其言云：

> 無偏無頗，尊王之義；無有作好，尊王之道；無有作惡，尊王之路；無偏無黨，王道蕩蕩；無黨無偏，王道平平；無反無側，王道正直；會其有極，歸其有極。

所謂皇極，就是大中至正的法則。而無偏無頗，無偏無黨，無反無側之文，非中而何？此武王滅殷，訪諸箕子，而箕子告以治國安邦的大道。此後，周之君臣，多能信守不渝，是以有「成、康」太平盛世的出現。到周穆王的時候，此太平盛世，已成過去，他緬懷文、武之德，周公之教，無不以大中至正爲兢兢。所以他想，如欲起敝振衰，恢復郅治之隆，首先就必須制定祥刑，以「詰四方」，務期明察中正，刑而無期。我們看了前文所引帝堯，易卦、洪範的言論，對於呂刑篇「中」字義理的發揮，似可找出一些承襲的跡象。在全部易卦（含爻辭）言「中」者，才十三次，如將以「中」字作卦名的「中孚」去掉，那就只有十二次了。而呂刑僅僅一篇，言及「中」字者，竟有十次之多，這一方面，固然是由於穆王的強調刑罰必「中」，可是另一方面，也足可看出此時對「中」字義理的了解、體悟，已近於精微的地步，自此以後，復經儒家的大力闡揚，而「中」字的義理，始大明於世。在這裏，我們就不難看出它所肩負的承先啓後的責任了。

孔子晚而喜易，乃至「韋編三絕」，故能對易理闡發特詳，也因此而使一部易經，由占卜之書，而轉變爲富於人生哲理的寶典。他在彖、象、繫辭中，言及「中」字者，以最保守的估計，也會超過五十次以上。其對「中」字的解釋：曰正中，曰時中，曰大中，曰中道，曰行中，曰中行，曰剛中，曰柔中。剛、柔雖然不是「中」，可是如能得其「中」，卽可無咎，這眞可說是無行而非中了。

孔子對於尚書，雖不像讀易那樣「韋編三絕」，然而尚書的經其整理、排比，並融會其內容大義，當爲必然之事，也是情理之常。我們都知道，孔子設教於洙泗之間，開平民教育之先聲，弟子三千，而身通六藝者，就有七十二人之多。現在我們要問，孔子拿什麼作爲教材？史記孔子世家說：「孔子以詩、書、禮、樂教。」既以「書」爲教材，而當時「書」的情形又是怎樣的？我們看看司馬遷是如何說法。他說：「孔子之時，周室微，而禮、樂廢，詩、書缺。追迹三代之禮，序書傳，上紀唐、虞之際，下至秦繆，編次其事，……故書傳、禮記自孔氏。」「書」既經孔子整理、編次，又以之教授學生，在這種情況下，如說孔子不融會其內容大義，而進一步的闡揚其理，那是不可能的。他對易經僅提及十三次的「中」字，在彖、象、繫辭中，就言及五十次以上，並且以各種不同的方式，來說明其義蘊。而於呂刑篇的「中」字，竟然一無所語與領悟？以理推之，那也是不可能的。我們認爲最好的證明，就是他所說過的一句名言：「聽訟，吾猶人也，必也使無訟乎！」魏之王肅解釋此語說：「化之在前。」朱子集注引范氏的話說：「聽訟者，治其末，塞其流也。正其本，清其源，則無訟矣。」

「化之在前」，自可「清其源，使民無訟矣。道德齊禮，人民有恥且格，又何訟之有？這種主張，也就是呂刑篇中的「伯夷降典，折民以刑」的意思。孔子說：「古之刑者省之，今之刑者繁之。其敎，古者有禮，然後有刑；是以刑省也。今也反是，無禮而齊之以刑，是以繁也。書曰：『伯夷降典禮，折民以刑。』謂有禮然後有刑也。」（尚書大傳引）呂刑說：「哀矜折獄。」孔子說：「聽訟者，雖得其情，必哀矜之，死者不可復生，斷者不可復續也」（尚書大傳引）我們看了這些話，是不是有若合符節的感覺？孔子對於聽訟斷獄的主張，是不是來自呂刑？而呂刑的言論，又是不是合於中道？治國能先禮後刑，行刑又能哀矜勿喜，這將是刑罰永遠不可改變的原則，也就是呂刑篇所說的中道。我們能看到這一點，當然也就相信，呂刑篇的「中」字，對孔子有如何的影響了。雖然孔子他自謙的說：「述而不作，信而好古。」就是由於他老夫子好古，所以才能融貫其禮，會通其義，而以更充實、具體的內容，更透闢、明爽的言論述說出來。事實上，這已不再是「古」，而却由「古」轉變成最實用、最具深刻見解的新義了。所以有人說，孔子是以「述」爲作，一點也不錯。

另外，孔子還有一句話，我們也不可忘記，那就是「吾道一以貫之」的告諭。近人徐英在其所著論語會箋中說：「聖人之心、渾然一理，只此一理，放之四海而皆準，施諸萬物而不違。故此一理，可以通而貫之。」因此，我們似乎也不必以孔子未曾以「中」字像闡揚易理那樣、來闡揚呂刑篇的「中」字而引以爲憾，我們僅僅知道，呂刑篇的「中」字，對孔子有很大的影響也就夠了。我們又怎敢保證，孔子不以領悟呂刑篇「中」字之理，來闡揚易道？因爲就「中」字說，天地間，「只此一理」

啊！

由前文所述，我們可知，孔子不僅傳堯、舜之道，發大易之理，同時亦能明呂刑之「中」。之後，子思的述中庸，盡闡「中」字義蘊，使我們了然於中和之德的不可須臾離。這種影響，實在太大了。所以錢大昕說：「中庸之義何也？天地之道、帝王之治，聖賢之學，皆不外乎中。中者，無過不及之名，堯之傳舜曰：允執其中，而舜亦以命禹。……子思述孔子之意，而作中庸，與大易相表裏，其曰中也者，天下之大本，言其體也；曰君子而時中，言其用也，此堯、舜以來傳授之心法也。（潛研堂文集）這短短的幾句話，不僅掌握了重點，同時也道出了我國文化的傳統所在，對這種看法，我們是樂意舉雙手贊同的。以上所述，乃個人讀尙書呂刑篇、對其所言「中」字的一點淺見，自知缺漏之處尙多，深望博雅君子，不吝賜教。

案：此文原以「尙書呂刑篇『中』字的啓示」爲題，於七十年元月廿日發表在中央日報文史專刊第一三八期。嗣經修訂，改爲今題，請孔孟月刊社代爲印製，並未再度刊行。謹此聲明如上。

第七章　從周書看周代文化的成長

今傳十三經注疏中的僞古文尚書，計有五十八篇，其中的周書三十二篇，經歷代學者的探究，認爲只有十九篇（顧命、康王之誥合爲一篇），是眞本，其餘如泰誓三篇、武成、旅獒、微子之命、蔡仲之命、周官、君陳、畢命、君牙、冏命等十二篇，都是後人僞造的，不足以採信。

我國文化，有周一代，才得以奠基發展，在可信的周書史料中，我們雖看不到具體而完整的制度，然而我們却可從各篇所表現的修己治人的言論中，略窺其敬天、法祖、仁民、懲暴、忠愛、孝慈的精神與法則，進而推衍其文化成長的必然性，如再佐以秦、漢前後的其他典籍，這種必然性，就更見具體了。茲先述其言論事物的表現，次言其文化的成長，並參其他典籍，以見其成長的必然性。

壹、周書各篇言論事理表現簡述

一、牧誓：殷紂無道，淫酒佚豫，百姓不堪其暴，周武王率領諸侯，軍於牧野，數紂罪而行天罰。

這是以至仁伐至不仁，故能一舉而功成，爲周代奠下了八百年的基業。

二、洪範：武王旣滅紂而統一中國，面臨廣土衆民，所最急切者，眞可說是經緯萬端，百廢待舉。若無可循的大經大法，長久可行的治國大道，則又如何能使「國泰民安」？在洪範中，就提供了治國的宏綱大要，如五種民生物質原素的講求（金、木、水、火、土），貌、言、視、聽、思五事的修爲，食、貨、祀、司空、司徒、司寇、賓、師八政的實施，歲時曆數的釐定，大中至正、君權標準法則的建立，以及用和平中正、作爲道德的繩墨等措施，在這些表現中，不都孕育著各種制度法則的雛型？

三、金縢：在武王克殷的第二年，身染重病，因克殷不久，所以人心亦未安定，大亂將有隨時發作的可能。周公有鑑於此，乃築壇向太王、王季、文王祈禱，請求允以代武王而死。這種舉措，以今日來看，似不切實際，然而那種公忠體國的偉大精神，却爲後世大臣，樹立了永遠不可磨滅的典範。他的光芒，亦將永遠地照耀於史册。伏生尙書大傳說他制禮作樂。禮爲各種規範，樂所以發和，正是治國所不可缺少的，由此推衍，也就不難想像各種制度了。

四、大誥：武王克殷不久，卽行崩逝。這時成王尙幼，周公攝政當國，管叔（鮮）、蔡叔（度）流言周公將不利於孺子（成王），卒與武庚率淮夷反。周公奉成王命，興師東征，普告天下，其辭上原天命，下述得人，諄諄於民生的休戚，家國的興亡，懇惻切至。其文氣勢駿邁，壯往無前，周公的主張、抱負，於此可以槪見。

五、康誥、周公東征，將管、蔡、武庚之亂平定以後，就將此一地區，封其少弟康叔，來治理殷民。臨赴任之前，周公懼其年少，乃申告康叔說：「必求殷之賢人、君子、長者，問其先殷之所以興，所以亡，而務愛民。」全篇主旨，在於明德愼罰，明德所以修己治人，愼罰所以明刑懲惡。文中言摯意誠，情殷語切，手足之親，君臣之義，家國之愛，無不洋溢於字裏行間，老臣謀國之忠，至爲感人。

六、酒誥：周公有鑑於殷紂的亡國，是由於酗酒所致。今康叔國於殷墟，殷民化於紂俗，沈湎於酒，故特於其赴國之前，諄諄以告，務使戒酒。因酒不僅可以亂德，同時亦可以亂性；習染一深，既敗事，又壞身，所以不可不戒。

七、梓材：梓，是匠人，此亦周公告康叔，治國當如梓人的治理建材，要因材施用。令其宣佈德意，招致庶殷，共營東周。要長養人民，使人民長久的安樂。在政治上，要達到這種境界，其一切的舉措，也就不問可知了。

八、召誥：召公奭奉成王命，營造洛邑，洛邑成，召公作誥以告成王。篇中所言，大抵以和民爲本，而「疾敬德」，又爲和民之本。其對於夏、商的興盛與滅亡，全歸之於順天命而行天德與背天理而違天命。一篇之中，反覆致意，其爲國家的長治久安，表現出忠誠敬謹的關懷。君臣果能如是，則得民的善政措施，當不難想像。

九、洛誥：洛邑建造完成以後，周公請成王到洛邑巡察，並告以營建的經過。成王即請周公留守洛邑。於君臣對答之中，周公所言及的，不外期望成王要敬先王的功業，注重禮法，敎養萬民，以德統御諸侯。成王則以報德感激的心情，稱述周公的作爲。當時周朝所以能有這樣安定的局面，完全是由於周公勞績的四布。所以普遍地給人民帶來了美善的生活。同時又能柄政不違失文王、武王殷勤的教化，所以能使四海歸心，而成王也就可以無爲而治了。而禮、樂的制作，可能就在此時。

十、多士：這一篇，是周公代成王布告殷代的遺民，希望他們能明理順服，不可作無理的反抗。並以殷代的聖王明君，取夏而有天下爲例，說明而今周的所以代殷而有天下，亦如殷之代夏，此乃順天應人之事，是以不可再有反抗或是不合作的心理。如屢告不聽，那也就只有奉天命來加以懲罰了。在這些語語中，我們可以看出周公治理洛邑，那種仁至刑從的苦心。

十一、無逸：這是周公告戒成王治理國家，不可逸樂怠政的忠言。首以稼穡的不易相勉，次以逸樂爲人君的大戒相勸，進而說明自古以來，凡是有國有家的人，沒有不是因勤勞而興盛，也沒有不是因逸樂而衰敗的。因逸樂是亡國的根源，敗亂的基因。周公深明此理，故又遠引歷代聖王、近引列祖乃父之勤政愛民，諄諄以告，來勉勵成王，自始至終，均不可懈怠。人君如不貪於逸樂，日日以勤政愛民是務，國家又怎能不強盛呢？

十二、君奭：召令意欲退隱，周公予以慰留，請他繼續輔佐成王。由文中「大臣告老退居在家，國家無人輔佐，可知其衰亡」的話，可以看出周公挽留之意。並以「天命不易」、「天命棐忱」，說明大臣輔佐的重要。更歷舉殷代的聖君賢相，相得益彰的事實，說明殷代的所以「多歷年所」。而文王的所以能修政化，和洽中國的諸侯，並沒有辜負上天的美德，也是由於賢臣的輔佐。武王的所以能成就如此的德業，更是由於大臣的同心協力所致。今成王尚幼，正需大臣輔佐之際，又怎可輕言退隱？

周公之誠，使召公深有所悟，他不僅繼續相成王，又相康王，再世仍未釋其政。於此更可看出周公的德、量。呂氏說：「後世權位相軋，排之使去則有之，挽之使留，蓋亦鮮矣。」郝氏說：「竊觀周公之志，而知聖人不息之誠，未嘗衰於耄年也。吾當爲之事，不可辭之責，一息不容少懈，孟子謂周公思兼三王，坐以待旦，讀君奭，始信其然矣。」也只有讀君奭，才能體會出周公謀國之忠，慮事之遠，處人之篤。聖人之不可及，正在此處。

十三、多方：用現在的話說，多方，就是諸國、衆國的意思。成王卽政後，滅奄回到宗周——鎬京，周公奉王命，向四方諸侯，所發布的誥辭。大意是以當知天命相勉。知天命也就是知時勢，不可作無理的騷動，當奉公守法，和睦自己的國家，敬遵王命，如屢告不改，那就無異於以身試法，必將遭到應得的懲罰。安撫之言，溫且柔；告戒之語，嚴而厲，德威並施，將是治理國家永遠不可改變的鐵則。

十四、立政：周公告戒成王，用人行政的大法，首先要建立長官制度，以有善德俊彥之士充任。其長既賢，則其擧用，當然都是賢人。賢人當政，國無不立，政無不行，而人民也就無不喜悅了。這種見解，將是治國永遠不易的法則。就此來說，這不但給我們以分層負責的啓示，同時也直接影響了後代的官制。

十五、顧命、康王之誥：顧命，是成王在將要崩逝的時候，對大臣的囑託。命召公、畢公，率諸侯輔佐康王。此時成王雖在臨終之際，仍然整肅儀容，正衣冠，依靠在玉几上，鄭重地交代後事。於此亦可見其行事的敬謹。徐幹中論法象篇說：「顚沛而不亂者，成王其人也。將崩，體被冕服，然後發命。」這不僅可窺周、召二公輔佐之功，同時也可爲後世的人君，乃至今日的政要，立下不移的典範。至於康王之誥，是記載太子釗（康王）登極繼位，以文、武的功業，遍告諸侯，使之敬守勿失的言論。篇中保留了周代天子卽位的古體，可據以補充禮經的不足。

十六、呂刑：這一篇，是以明刑愼罰爲依歸。篇中所言，多爲刑罰制度的建立，刑罰的種類，刑官的任用，量刑的權衡，偵察的講求，以及合於中準的大公無私的精神。就法理言，有不可改易的建樹。對後代的影響，也是非常深遠的。

十七、文侯之命：這一篇，是周平王宜臼，策命晉文侯仇爲方伯的命令。於此尙可見諸侯勤王、王賞賜諸侯的禮制。

十八、費誓：在伯禽王魯的時候，淮夷作亂，魯侯帥師征伐，這篇所載，就是在費地、臨出發之前，向軍隊所宣布的誓言。

十九、秦誓：這一篇所記載的，是秦穆公以伐鄭敗績，痛悔不聽蹇叔的諫諍，因以郊迎，向軍隊泣誓的話。人孰無過，有過能改，善莫大焉。秦國的所以興，其能改過向善，用人不疑，不就是成功的因素？

在長期的治亂中，自會產生各種應運而生的制度法則，由以上周書的內容分析，在此漫長的八個世紀中，中國文化的成長，那是必然的，更何況在東周以前，大半的時間又是盛世？就情理言，應可推衍出其在文化上成長的具體表現，以下就請言其詳。

貳、周代文化的成長

一、周的興起

據史記周本紀載，周的先世，棄，爲帝嚳元妃姜原所生。他在幼時，就有大志。平常遊戲，即喜歡種植麻、菽。長大以後，更是愛好選擇宜於農作物生長的地方，從事稼穡。人民見了，都自動地向他學習。帝堯聽說以後，就舉他爲農師，因此有功當時。到帝舜朝，見其表現卓越，乃封之於邰（今陝西武功縣西南），號爲后稷，別姓姬氏。其後，公劉由邰遷豳（今陝西邠縣），傳至古公亶父，會狄人入侵，不得已，徙居岐山周原。於是古公乃貶戎狄之俗，築城郭宮室，勵精圖治，駸駸有統一中國之志。詩魯頌閟宮所載：「后稷之孫，實維大王，居岐之陽，實始翦商」，即指此而言。古公有子三人，長爲太伯，次爲虞仲，次爲季歷，季歷生昌，有聖德，古公嘗說：「我世當有興者，其在昌乎？？」長子太伯，次子虞仲，知古公欲立季歷以傳昌，二人乃逃亡荆蠻，文身斷髮，讓位於季歷。季歷卒，子昌立，是爲西伯。西伯卒，子發立，載昌木主，號爲文王，東伐紂，遂代殷而有天下，號爲武王，定都於鎬（今陝西西安），國號周，時當西元前一一二二年。

考周的興起，實由於農業，后稷的長於稼穡，我們固然不需再提，即如公劉居豳，又何嘗不是因「務耕種、行地宜、行者有資、居者有畜積」而爲百姓所仰賴的？到了古公亶父，復修公劉之業，積德證明。

行義，國人無不備加崇敬。而詩經大雅中的生民、公劉、思文，豳風中的七月諸篇，均可作爲充分的

其次周代聖君的修德服人，也是興起的主要因素。當然文化是漸近的，不是突發的。周代的基業建立，固由於明王聖君賢相乃至人民共同努力的結果。然而前代的文化累積，應爲促成其盛德的主要條件。如唐、虞以來相傳的道統，皆以仁孝敬愼爲主，像堯的法天，舜的官人，皐陶的愼修其身，以及詩經商頌所稱：「溫恭朝夕」、「聖敬日躋」之類，無不從收斂、抑制立論。又如歷史的往事，也多可資爲鑑戒。像周書召誥說：「我不可不鑑於有夏，亦不可不監於有殷」，以及詩大雅蕩篇的「殷鑑不遠，在夏后之世」之類，都以前人的不務修德，以致滅亡作爲後人的鑑戒。再則，自古以來，敬畏天命，戒愼恐懼，就常被作爲事天延年的法則。如商頌長發所稱：「因湯能敬事上帝，所以上帝乃命九域以內的人民，以湯爲法式」，以及殷武篇所說：「天命降下，監視下民，上天有其威嚴，所以殷代的君王，不敢越分，不敢濫行，不敢懈怠偷暇」之類，這是殷人敬承天命不敢懈怠的心理。而周代的聖君明王，承此敎訓，更是以天命不常爲懼。像這樣的言論，表現在周書、詩經中的，眞是不勝枚擧。後世儒家、道家，乃至墨家畏天、法天、事天的理論根據，都是本於此的。在此敬愼、惕厲、法天、事天的文化薰陶下，乃鎔鑄成有周一代的明王聖君和賢相。

談到周代的聖君，首先要論及的就是文王。文王之德見於尚書的，如康誥說：「文王能明德愼罰，不敢欺侮鰥寡，用可用之人，敬可敬之人，罰當罰之人，以此顯示於人民，使人民知所依從、取捨」。

在無逸篇說：「文王更能從事卑賤之事，他具有和善恭謹的美德，又能行保護人民、惠愛鰥寡的仁政。從早到晚，有時忙得連吃飯的時間都很難抽出來。爲的是要和順人民，使能融洽相處」。見於詩經的，如大雅文王篇說：「美善的文王，能持續其光明之德不已，故能爲衆人所崇敬」。大明篇也說：「維此文王，小心恭敬，以明德事於上天，乃獲致多福，以其有德，所以四方的人民，都來歸順。」見於禮記文王世子篇的，是文王對太王的孝順恭敬，那種朝夕念親，一日三問的孝子之情，誠爲常人所不及。

再者，如尙書大傳也說：「文王在位，而天下大服，施政而物皆聽，令則行，禁則止，動搖而不失天之道……」。由於文王能禮賢下士，修德自持，所以當時的賢士，如伯夷、叔齊、太顚、閎夭、散宜生、鬻子、辛甲之徒，皆棄殷歸周，就是連那位釣於渭濱七十餘歲的隱者呂尙，亦爲文王所羅致。這時天下的情勢，雖然已經大定，可是文王仍舊服事殷紂，所以孔子稱美文王說：「三分天下有其二，以服事殷、周之德，其可見至德也已矣」（論語泰伯）。文王卒後，子發繼立，是爲武王，牧野一戰，滅殷而有天下。據史記的記載，武王雖克殷殺紂，而仍立紂子武庚，使繼殷祀，且宗廟不毀、社稷不遷。並釋箕子及百姓之囚，表商容之閭，命南宮括散鹿臺之財，發放鉅橋之粟，以賑濟窮苦的人民。不僅如此，且進一步封比干之墓，罷兵西歸，縱馬於華山之陽，放牛於桃林之虛，偃干戈，振兵釋旅，表示不再用武的意思。武王又追思先代聖王之德，乃褒封神農之後於焦（今河南陝縣南），封黃帝之後於祝（今江蘇贛榆縣南），封帝堯之後於薊（今河北大興縣西南），封帝舜之後於陳（今河南淮陽縣），封大禹之後於杞（今河南杞縣）。……這些舉措，無不表示他的仁民與寬容，興滅與繼絕。所以人民都感戴他的恩德說：「王之於仁人也，死者封其墓，況於生者乎？王之於賢人也，亡者表其閭，況於在者乎？王之於財也，聚者散之，況於復藉乎？……」（尚書大傳）於此亦可見人民信之篤而感之深了。

周的興起，固然由於文、武的修德以仁，而賢相的輔佐，亦爲其成功的重要因素。其中周公就是一個明顯的例證。他不僅多材多藝，而且又忠心不二，（見尚書金縢）當武王崩逝以後，他就攝政當國，「一年救亂（指管、蔡），二年伐殷（指武庚），三年踐奄，四年封侯衞，五年營成周，六年制禮作樂，七年致政成王」（尚書大傳）。凡此，都足以說明他不僅爲一軍事家，同時也是一位傑出的政治家。當時與周公同心輔政的，尚有召公奭，二人在地區上的劃分是自陝以東，由周公治理，自陝以西，由召公治理。史家稱爲周、召之治。成王崩，子釗立，是爲康王，由召公、畢公輔政，告以「文王、武王之所以爲王業之不易，務在節儉，毋多欲」。是以成、康之世，天下太平，乃至「刑措四十餘年不用」，由是而奠定了有周一代穩固的基礎。

二、周的政治變遷

有周一代的典章制度，多成於周公之手，復因周公重視禮樂，所以在西周時期，表現在政治上的，大多以禮治爲主。所謂禮，不僅包含禮節與制度，就是歷史與文化，也全部包含在其中。如左氏昭公二年傳載：韓宣子聘於魯，看了易象與魯春秋以後說：「周禮盡在魯矣」就是證明。而當時的天子與諸侯，諸侯與大夫，大夫與人民，就是全靠「禮」來維持的。自平王東遷以後，由於王權旁落，逐漸形成諸侯的跋扈專橫，乃至獨立不相統屬的局面，所以在政治上，也就由禮治流爲法治了。

所謂禮治，卽天子對於諸侯，諸侯對於國內的人民，不需依靠一部成文憲法或法律來控制，而是仰恃一些平時規定與相沿成俗的禮儀，以形成天下（全國）相互融洽的一大團體，使整個國家，宛如一個大家庭，而天子爲家長，諸侯與人民爲子弟，在下者不犯上，在上者亦不虐下，猶如子弟之與父兄。大至朝聘會享，禋于六宗，小至冠婚喪祭，飲食起居，都有一定的儀節習慣。感染旣久，而政令所轄的地區之內，也就形成眞正的共同生活，絲毫沒有支配與被支配的色彩。再加上樂的作用，卽使有頑冥不靈的不法之徒，也會被潛移默化。在此禮制的大前提下，政治與教育，是無法分開的。而周公就是當時最偉大的政治家與教育家。因此在成康時代，才能「天下咸寧」，「刑措四十餘年」。就禮治來說，這眞是一個黃金時代。

然而禮治並不是沒有條件的，那就是假如遇到不遵守禮治的諸侯或人民，中央政府卽有絕對的制裁力量。在西周時代，封國建都，多爲姬姓，同時周公又在洛陽，建造了一個新的國防中心—成周。與陝西的鎬京，遙相呼應，且當時的王畿，（天子直接控制區）東有虎牢，西有蕭關，北有黃河、渭水、以及河北的汧山、岐山、梁山、霍山、析城、王屋，南有秦嶺、熊耳、伏牛，不僅形勢雄偉，而且區域廣大，沃野千里，不需依賴諸侯的貢賦，就足以供應六軍的常川給養。所以天子有足夠的力量控制干犯禮法的人。然而到了平王東遷以後，不僅王畿削減，而且在此削減的範圍內，還需分封有功的大臣，因此爲天子所直接控制的地區，也就愈行縮小了。六軍既不能供養，而兵賦亦無法再有萬乘。至春秋戰國間，情勢大爲轉變，當時的王朝，雖然存在，但事實上，等於虛設。儘管中央的名分依舊，而諸侯却不再服從其命令。在西周時代，不僅諸侯需爲天子任命加封，或圈定其世子，卽便諸侯的「卿」，也需天子直接任命。然而當此王綱解紐之時，強大的諸侯，相率獨立，總攬一方的行政大權，不再聽命於中央政府。在天子不能統馭諸侯之際，而諸侯由於世卿制度的逐漸形成，也就無法統馭他們的大夫。諸侯可以擅自設置官吏，而大夫們也就可以擅自舞其「八佾」了。

禮治解體以後，而一時又無適當的法典，來作爲補救，於是篡弒相尋，戰爭屢起，子弒其父，臣弒其君，人性汨沒，下蒸上淫，兄妹無別，暗通私室，其生活的腐化，其倫理的喪亡，可謂已至其極。孔子目睹此情此景，因魯史而作春秋，寓褒貶，別善惡，而亂臣賊子懼，在行爲上，總算有了一些收歛。是故孔子說：「知我者其惟春秋乎！罪我者，其惟春秋乎！」孔子在教育方面，提倡「克己復禮」，欲借此以恢復人性，用「仁」作爲人性倫理的惟一準繩。其用意無非企圖以魯國或衞國爲基礎，再度實現周公的禮治。可惜他的偉大理想與努力，並沒有得到成功。繼承孔子理想，而大加宣揚的，一爲孟子，一爲荀子。孟子除講「仁」以外，又配以「義」字，他說：「仁、人之安宅也，義、人之正路也，曠安宅而弗居，舍正路而弗由，哀哉！」（離婁上）由是而演繹爲「行仁政」的主張，凡其所游說的國君，無不以行仁政爲對。如梁惠王、齊宣王、晉文公等，孟子均勸其行仁政，惜均未獲實行。荀子最重「禮」字，他不僅重視人倫日用的禮節，同時更將「禮」化爲各種制度，作爲一切行爲的規範。由是而演繹爲「法」的觀念。他的兩大弟子—韓非與李斯，就是純粹的法家。由此我們也不難看出法家與儒家的淵源。談到法家，我們往往上溯到管子，其實管子治國，並不曾忽視禮治。他所提倡的禮義廉恥，可說完全符合儒家的理想。在治績方面，今天我們所能看到的，是他將齊國近郊改組爲二十一鄉，以十五個士之鄉出兵，六個工商之鄉籌款，每五鄉合成一軍，讓齊桓公自率一軍，國子率一軍，高子率一軍。鄉之下，有連、里、軌三級，以家爲最小單位，五家爲軌，十軌爲里，四里爲連，十連爲鄉，每鄉共二千家，有壯丁二千人，故五鄉始成一軍，這是行於郊內的制度。郊外三十家爲邑，十邑爲卒，十卒爲鄉，三鄉爲縣，十縣爲屬。（國語齊語）管仲行此法治齊，若與西周的禮治相比，僅相當於王畿內的鄉、遂，（見後）然僅憑此局部的禮治恢復，就已使齊桓公取威定覇，尊王攘夷了。

其後，鄭國子產，爲使人民知所警惕，乃鑄刑書。李悝爲魏文侯作盡地力之教，並著法經，據桓譚新論所引，其律條似甚嚴厲。如殺一人者，連坐其妻，殺二人者，連坐其母。盜符、盜璽、謗議本國法令，皆有死罪。大夫之家，不許私藏國君之物，有一物以上卽須滅族。此種法律，若在春秋時代的魯國，卽已建立，而三家不敢舞八佾於庭，乃可斷言。既不敢舞八佾，而又何敢弒君？由此看來，如法治果能充分發揮其作用的時候，並不是不可防微杜漸，收到一部分與禮治相同效果的。他如吳起的治楚，商鞅的治秦，申不害的治韓，無不以法治爲先着，並且均有非常好的成效。逮韓非出，更能集法家的大成，主張信賞必罰，以勢、法、術三者，皆爲人主之具，不可偏廢。並以賞罰來代替儒家的德化。李斯相秦，在商鞅所建立的基礎上，完成大一統的局面，終於結束了五百餘年來的割裂紛爭。而政治的演變，乃由集權禮治的式微、崩潰，渡過到集權法治的樹立與統一。這在文化上來說，是成長，抑是退化？（此節部分取材於黎東方先生著中國上古史八論）

三、周的官制

周代的官制，多爲創舉，亦甚完備。歷代雖迭有因革，然大體言之，均不能超出其範圍，茲分中央與地方兩項說明如次：

㈠中央：據周禮及漢書百官公卿表的記載，首爲太師，次爲太傅，再次爲太保，是爲三公。他們的職務是「參天子，坐而議政，無不總統」。所以並不以一職名官，換句話說，他們的名分，最爲尊崇，均可以爲帝王師。是以三公無官，有其人，然後才可以充當其位。三公之下，又立少師、少傅、少保爲副貳，叫做三孤，而三孤又稱孤卿。其次爲六卿，卽天官冢宰，以掌邦治；地官司徒，以掌邦敎；春官宗伯，以掌邦禮；夏官司馬，以掌邦政；秋官司寇，以掌邦禁；冬官司空，以掌邦土。而且各有徒屬，分別從事於各種職務。這六卿與三孤，合稱爲九卿。公卿以下是大夫，大夫以下是士，士以下又有府、史、胥、徒、工、賈等名稱。然自府以下，多爲士以上的官員自行任命，天子就不再過問了。

㈢地方：周的地方自治區，一爲鄉，一爲遂，都在王畿千里之內。在王城百里以內的叫鄉，百里以外的叫遂。鄉與遂，都是以家爲基本單位。鄉之下，有比、閭、族、黨、州五級。周官大司徒說：「五家爲比，五比爲閭，四閭爲族，五族爲黨，五黨爲州，五州爲鄉」。遂之下，有鄰、里、酇鄙、縣五級。周官遂人說：「五家爲鄰，五鄰爲里，四里爲酇，五酇爲鄙，五鄙爲縣，五縣爲遂」。一鄉計有一萬二千五百家，而一遂同樣也是一萬二千五百家。其官多由民選，然後再受天子的策命，其職等於王官，而爲地方上的自治領袖。

至於諸侯的官制，則設有司徒、司馬、司空三卿，與天子相較，少了冢宰、宗伯、司寇三個部門。按照規定，其職務是由司徒兼攝冢宰，司馬兼攝宗伯，司空兼攝司寇。（禮記王制正義引崔靈恩語）卿以下爲大夫，諸侯的大夫，在原則上，僅有五人，卽小宰，小司徒、小司馬、小司空、小司寇。除小宰兼攝小宗伯的事務外，其餘四人，分別作爲司徒、司馬、司空三卿的副貳。這五位大夫，對周天子來說，其地位爲下大夫，而列國的司徒、司馬、司空，在本國爲卿，對周天子言，僅居上大夫的地位。大夫之下爲士，其人數編制，現已無法查考了。

四、周的田制

在我國，周代可說是農業發展時代。而農業的發展，要以田畝爲基礎，在這方面，周代是否已經有了完備的制度？茲分三方面探討如次：

㈠有公田的井田制：詩經小雅大田說：「雨我公田，遂及我私」。孟子據此，以爲周代已有公田的明證。並進而申述其制度說：「雖周亦助也。……方里而井，井九百畝，其中爲公田，八家皆私百畝，同養公田，公事畢，然後敢治私事」。（滕文公上）這種田制，就是把九百畝田，中間百畝爲公田，八家共同耕種，所有收穫，悉歸公有，以抵賦稅，此卽孟子所說的「助」法。

㈡無公田的井田制：周禮小司徒說：「乃經土地而井牧者田野，九夫爲井，……以任地事，而令貢賦」。這種田制，鄭氏康成稱爲井牧。他說：「低濕和高亢的土地，九夫爲一牧，二牧而當一井，今授民田，有每年皆可耕種的土地，有需休耕一年的土地，有需休耕二年的土地，其通則爲二牧當一井，這就是井牧」。這種制度，可說是一種權宜之法，然而仍不失爲井田之制，平疇沃壤，固宜於耕種，而隰臯貧瘠之地，亦不宜廢棄，截長補短，以足井田之畝數，授九夫耕牧，各有百畝，並課以十一之稅，這就是孟子所說的「貢」法。

㈢僅制爲溝洫而不畫井：周禮地官遂人說：「凡治野，夫間有遂，遂上有徑；十夫有溝，溝上有畛；百夫有洫，洫上有涂；千夫有澮，澮上有道；萬夫有川，川上有路；以達於畿」。根據鄭氏康成的注釋，所謂遂、溝、洫、澮，都是用來通水於川的水道。所謂徑、畛、涂、道、路，都是用來通車徒到國都的道路。這就是溝洫純以十爲進位的方法，亦卽孟子所說「國中什一使自賦」的徹法。以上所說三種田制，其差異之點，卽在井與不井。第一種，固爲井田，第二種，雖無公田，可是仍然具有井田的痕迹。惟溝洫以十進位，與第一、第二種不同。而且這三種制度，是通行於天下的。天子王畿之內，固行此三法，而諸侯封疆之域，當亦仿行此法。所以我們論周代的田制，必先了解此種區別，然後才能知道周代的田制，有的因襲前代，有的因地制宜，並非舉全國方萬里之地，限制一種方法，一定要做到整齊畫一不可。聖人的作制君民，豈有固執一法不知變通的道理？不過這種制度，僅盛行於西周，至春秋戰國時代，就已經開始崩潰了。到了秦代，可說已經完全廢止。推其原因，不外：第一，由於人口的增加，土地不夠分配，給井田制度帶來實施的困難。第二，因生產技術進步，直接促成經濟的發達，以致導引土地的私有和兼併，而動搖了農村的經濟基礎。第三，由於王權旁落，王綱解紐，諸侯不再聽命於周天子，以致相互爭奪地盤，擴大自己的領土，並視土地為私有。更由於戰爭的頻仍，破壞了戰區以內的農村、農地，致使井田制度無法維持。第四，由於經濟的發達，商人的抬頭，並在政治舞臺上，取得了活動的地位，因之金錢日多，買田置產，富甲一方，以致使從前的農民，由公民而墮入農奴，人民為了要脫離農奴的束縛，反欲土地能為私人所有。第五，井田制度的基本精神，在於互助合作，然而春秋戰國時代，變亂日甚，爭奪侵攘，迄無寧日，而原有的那種互助精神，亦因之而被破壞。同時上古民風淳厚，對於所授田地的肥瘠，不甚計較，此時人智日進，對於所授肥瘠不一的土地，自有所不滿，而社會上的豪強，在此雙層趨勢下，也就更為不遺餘力地加以破壞了。

五、周的兵制

周代的田制，寓有兩種重要意義，一為均貧富，一為通兵制。換言之，也就是寓兵於農。在天子來說，有王畿千里，諸侯則視其封疆大小而定，然而在京畿以內，尚有公邑私邑的區別。所謂公邑，就是王畿與列國諸侯封地以內，天子與諸侯所保留下來的部分，不再作爲官吏的采邑，由天子直接控制。這種直接由天子或諸侯在國都以外的行政組織，就叫做鄉、遂。大致言之，在王城百里以內的叫鄉，百里以外的叫遂。諸侯則以國都十里以內的叫鄉，十里以外的叫遂（見王鳴盛周禮軍賦說卷四）。天子鄉、遂各六，列國則由一至三不等，視其封國大小而定。而鄉、遂皆以家爲單位，均爲一萬二千五百家。王畿除封邑外，尚保留一半以上的鄉、遂之地，由天子直接控制，「倘若每家抽出壯丁一人，恰好有一萬二千五百人，成爲一軍，而鄉長便是軍長。同樣每遂也可以有後備隊一軍；因爲是後備隊，所以遂的居民，財政負擔較重，軍事負擔較輕。天子六鄉六遂，因此便有六軍的常備兵力，以六遂的財賦，爲常川給養。大國三鄉三遂，也有三軍的常備兵力，以三遂的財賦爲常川給養，這是它的軍事意義」。（黎東方先生著中國上古史八論）周官大司馬說：「凡制軍，萬有二千五百人爲軍，王（天子）六軍，大國三軍，次國二軍，小國一軍」。至其編組情形，是「五人爲伍，五伍爲兩，四兩爲卒，五卒爲旅，五旅爲師，五師爲軍」（周官小司徒）。這種以軍、師、旅、卒、兩、伍的編組，爲周代軍制的正規。周官以外，佐證尚多，如孔廣森說：「古者車戰，故賦輿之法，以乘爲主，而周禮萬二千五百人爲軍，不言其車數，以詩考之，軍蓋五百乘，乘蓋二十五人。天子六軍，而采芑曰：其車三千。魯僖公時二軍，而閟宮曰：公車千乘。五百乘爲軍，是其明證。周法五人爲伍，五伍爲兩，兩之言輛也。二十五人而車一輛，百乘成師，則二千五百人，五百乘成軍，則萬二千五百人」（見柳詒徵中國文化史）。漢書刑法志也說：「殷周立司馬之官，設六軍之乘，因井田而制軍賦，畿方千里，有稅有賦，稅以足食，賦以足兵」。以上所說周代的軍制，據古籍所載，大致如是。可是這種制度，至春秋戰國時代，即全被破壞。那種動輒「帶甲數十萬，車、數百乘，騎、數萬匹的場面」（陳安仁著中國上古文化史），眞可說是隨處可見，不一而足了。

六、周的封建制度

所謂封建，就是封土建國。這種制度，有人說在夏、殷之際已有，並不始於周代，然若就具有實質意義言，那應該說是始於周武王。武王滅殷之後，即行分封歷代先王之後。（見周的興起節）又封師尚父於齊，封弟周公旦於魯，封召公奭於燕，封弟叔鮮於管，弟叔度於蔡，餘各以類封。據左氏召公二十八年傳說：「昔武王克殷，光有天下，其兄弟之國者十有五人，姬姓之國者四十人」。荀子儒效篇也說：「周公……兼制天下，立七十一國，姬姓獨居五十三人」。又左氏僖公二十四年傳說：「富辰曰：……昔周公弔（傷也）二叔（管叔、蔡叔）之不咸（不和也），故封建親戚，以藩屏周室，管、蔡、郕、霍、魯、衞、毛、聃、郜、雍、曹、滕、畢、原、酆、郇，文之昭也。邘、晉、應、韓，武之穆也。凡、蔣、邢、茅、胙、祭，周公之胤也」。這些封國，當然不是一次完成的，它是歷經數代，針對當時情勢需要而爲的舉措。如左氏昭公二十六年傳說：「昔武王克殷，成王靖四方，康王息民，並建母弟，以藩屏周」。又昭公九年傳說：「文、武、成、康，建母弟以藩屏周」。是康王時，仍有封國，武王所以封建諸國，一則爲安撫人心，二則爲酬庸功臣。至於周公的封建諸國，其意味就着重於「屏藩周室」了。若論及由封國而產生的結果，大致言之，約有兩點可說：一爲加速了地方上文化的成長，二爲促進了民族意識的發展與同化。就第一點來說，各侯國的行政組織，大致與天子相同，只是規模稍小罷了。而天子亦不甚加過問各侯國的內政，所以各侯國在其方百里或方數百里的區域內，可以充分地行使其自治權。地區旣小，當然精神也就容易貫注，再加上一強有力的文化組織體—周天子，不時而予以有意識地播殖、滋潤、啓導，這就好比從一棵大樹上，截取枝幹，有意地分別栽植，其滋長、茁壯，自不待言。故自周初施行封建制度之後，經數百年的累積、滋長，而我民族文化，就從各地區作多元的平均發展。至春秋戰國間，遂有千巖競秀，萬壑爭流的壯觀場面，這都是封建制度的所賜啊！再就第二點來說，當時被封列國，多與異族交錯而處，如齊太公初到營丘，萊夷人就和他爭國（史記齊太公世家），魯國則近於淮夷、徐戎（尚書費誓），晉則「疆以戎索（案：索，法也）」」（左定公四年傳）「狄之廣矣，於晉爲都」（左莊二十八年傳），吳則「文身斷髮」於南鄙（史記吳太伯世家）。由此可見當周初之際，我華夏民族的勢力，尚不能超出雍、岐、河、洛一帶，而周的置建樹藩，使其親舅、賢臣，遠涉半開化的蠻夷叢中，從事於開拓、吸收、同化的大業，經數百年的艱苦締造，及其末年，東至今之齊魯，南至江漢，皆成爲諸夏的民族了。此種至艱鉅經長久時日所收到的顯著功效，亦不能不歸功於封建制度。其制，據孟子所說，則爲爵凡五等，公一位，侯一位，地方各百里。伯一位，地方七十里。子、男同一位，地方各五十里。不及五十里者，則附於諸侯之國，

不直接朝覲天子，叫做附庸。（萬章下）

七、周的宗法制度

宗法制度，眞能具有實質意義，發揮其時代效用的，應自周代開始。因「殷人無嫡庶之制，故不能有宗法，藉曰有之，不過合一族之人，奉其族之貴且賢者而宗之，其所宗之人，固非一定而不可易，如周之大宗小宗也」（王國維觀堂集林卷十殷周制度論）。然而周的大宗、小宗，其制度又是怎樣的？禮記喪服小記說：「別子爲祖，繼別爲宗，繼禰爲小宗。有五世而遷之宗，其繼高祖者也。是故祖遷於上，宗易於下，敬宗所以尊祖禰也」。禮記大傳也說：「有百世不遷之宗，有五世則遷之宗。百世不遷者，別子之後也，宗其繼別子之後者，百世不遷者也。宗其繼高祖之後者，五世則遷者也」。這就是周代的宗法制度。意思是說，天子代代相傳，每代的天子，都是嫡長子來繼承其王位，其餘的衆子，就稱爲別子。這些別子，被封爲諸侯以後，在其所封國爲始祖，而繼承他的嫡長子，則爲大宗，所以說繼別爲宗。此大宗的衆兄弟，則封爲大夫，在其被封的采地，就稱爲禰，而繼承禰的嫡長子，就是小宗。依此類推，均稱小宗。而天子、諸侯，世世以嫡長相傳，百世不遷。而此大夫以下的小宗，則五世卽遷。故凡大宗，必爲始祖的嫡嗣。而小宗，或宗其高祖，或宗其祖，或宗其父，對大宗而言，則皆爲庶。大宗同一祖所出之子孫，永遠宗之，所以說，百世不遷。小宗則宗至同高祖昆弟而止，所以說「五世則遷」。茲圖示如左：

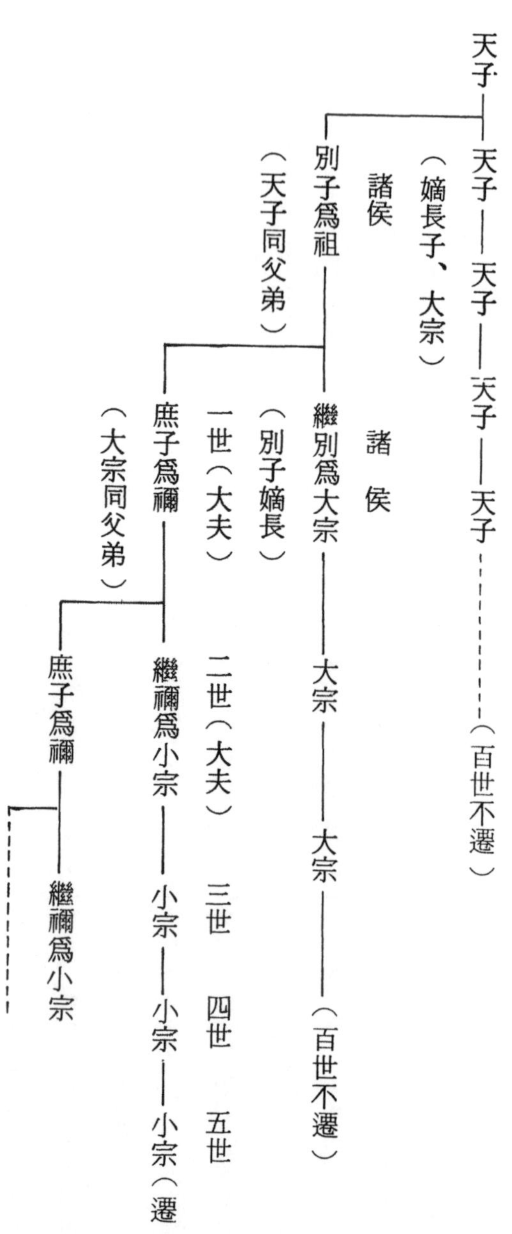

這種天子、諸侯百世不遷的宗法制度，究竟有何作用？質言之，即在保持上下永久的團結。當時周天子，是統治中心，諸侯則爲其非叔即舅的親戚。以當時軍制言，天子六軍，諸侯大國三軍，次國二軍，小國一軍。這種由親屬的結合統治，無形中也增強了軍事上的力量。又由於百世不遷，其關係就更爲密切了。

宗法制度的第二個作用，就是同姓不婚。因此無形中也就擴大了國家組織力量。同時也鞏固了國防。由於此一舉措，天子所轄的諸侯，那眞可說是非「宗」即「戚」了。小宗宗大宗，大宗宗天子，天子視天下，猶如家長的視全家。有這樣嚴密的組織，在政令的推行上，不僅容易收效，而且上下的意見也容易溝通。所以梁啓超先生在其所著中國文化史中說：「諸侯則爲國之群宗所共宗，天子又爲王國內及群侯國群宗所共宗。篤公劉之詩曰：『君之宗之』。傳曰：『爲之君，爲之大宗也』。是天子、諸侯雖無大宗之名，而有其實也。諸侯與諸侯之間，亦各相宗，故虞公曰：『晉吾宗也』。滕文公曰：『吾宗國魯先君』。如是一國中無數小宗以上屬於大宗，無數大宗，以上屬於諸侯，諸侯迭相宗而同宗天子，故亦曰宗周。層層系屬，若網在綱。白虎通曰：『大宗率小宗，小宗率群弟，以紀理族人』。則社會上一部分事業，皆可以親睦的意味行之。」又說，「周制同姓不婚，則異姓之宗，皆爲甥舅，故天子於諸侯，同姓稱伯父、叔父，異姓稱伯舅、叔舅，而原邑之民，自謂『夫誰非王之婚姻』，則宗法又可以爲同姓之連鎖，此家族政治之旁通也」。因此我們可以說，周代的國體，就是建立在宗法基礎上的。如無宗法，而所封建的諸侯，因無伯叔、甥舅之親，就很難產生向心力，如一旦王室失去控制力，那就非叛卽離了。絕不可能有整體的國家觀念。是以王國維先生在其所著觀堂集林殷周制度論中說：「有同姓不婚之制，而男女之別嚴。且異姓之國，非宗法之所能統者，以婚媾甥舅之誼通之，於是天下一國，大都王之兄弟甥舅之親。周人一統之策，實存於是」。梁、王二氏的高論，把宗法制度的精神、作用，說的既明確，又切要，眞可謂爲英雄所見略同了。我們的宗法制度，也就結束於此。

八、周的教育

由周的田制，可以看出周代的農業，已經相當發達；由周的封建、宗法制度的確立，使周代形成大一統的局面。同時也使中央集權，得以鞏固。在此安定、承平的環境中，而教育的進展，也有不凡的成就，茲略述如次：

㈠官師合一的教育：當時的教育大權，均爲王官所掌。凡百官所職，卽爲師儒所教。而所有的書冊，也都藏於官府。故欲受教育，或求得高深知識，非從官吏受教不可。所以尚書泰誓說：「天降下民，作之君，作之師」。禮記學記也說：「能爲師，然後能爲長，能爲長，然後能爲君」。由此可見治民的官吏，就是教民的老師。而當時的教育制度，也非常完備，負責中央教育的主管官員是大司徒，掌理教化萬民。大司徒下的小司徒，掌管邦國的教育法令，推而至於鄉、州、黨，也各有掌管教育的負責人。鄉師掌其所治鄉的教育而聽其治，鄉大夫則掌管其鄉的政教。州長掌管其州的政教，黨正掌管其黨的政教。這些鄉師、鄉大夫、州長、黨正，都是官吏，從中央到地方，分別設置負責教育的官員，來掌理教化，其組織井然有序，可說已經相當完備了。

㈡學校制度：因爲周代實行封建制，所以貴族與平民的界限甚爲明顯。而表現在教育上的，也有國學與鄉學的分別。所謂國學，就是貴族學校，它的教育目的，在培養「化民成俗」的官吏。所謂鄉學，就是平民學校，其教育目的在「化民成俗」，借以減少治理上的困難。因此後世的教育家，名這種制度爲雙軌制。

國學又依學生程度的深淺，分爲小學和大學兩級，都設置在王城。小學在虎門之右，大學在郊。大學分爲五區，中央爲「辟雍」，又稱太學，十五歲至二十歲的貴族子弟及國之俊秀，入此種學校就讀。其餘四區，分別爲南爲「成均」，亦稱南學，是學德的地方。北爲「上庠」，又稱北學，是學書的地方。東爲「東序」，又稱東膠，亦名東學，是學射的地方。西爲「瞽宗」，又稱西雍，亦名西學，是學禮的地方。小學亦爲教育貴族子弟及國家俊秀的機關，入學年齡爲八歲至十四歲。至於諸侯的國都，同樣也設立大學、小學，大學在郊，名爲泮宮，小學在公宮南之左。其規模較天子爲小。

地方上的學校，稱爲鄉學，周代的鄉學，約可分爲三級。禮記學記說：「家有塾，黨有庠，州有序」。所謂家塾、黨庠，相當於現今的國民小學，州序，相當於現今的國民中學，設於鄉的叫鄉序，相當於現今的高級中學。依周制，二十五家爲閭，四閭爲族，五族爲黨，五黨爲州，五州爲鄉，一鄉共有一萬二千五百家，六鄉就是七萬五千家。而遂的編制與鄉同，（說見周的兵制）總計六鄉六遂十五萬人口之中，就有如現今的高級中學十二所，國民中學六十所，小學三百所……鄉、遂尚不及現今的一個縣大，而學校的設置，竟有如此之多，由此亦可見地方教育的發達了。（參陳安仁著中國上古文化史爲說）

㈢教學內容：在鄉學方面，大司徒以鄉之物教萬民，……一爲六德—知、仁、聖、義、忠、和。二爲六行—孝、友、睦、姻、任、卹。三爲六藝—禮、樂、射、御、書、數。（周禮地官）在國學方面，甲：師氏以三德、三行教國子。三德是：一爲至德—卽中和之德，覆燾持載含容。二爲敏德—卽仁義順時。三爲孝德—卽尊祖愛親。三行是：一爲孝行，以親父母。二爲友行，以尊賢良。三爲順行，以順師長。乙：保氏以六藝、六儀教國子。六藝是：一爲五禮，二爲六樂，三爲五射，四爲五馭，五爲六書，六爲九數。六儀是：一爲祭祀之容，二爲賓客之容，三爲朝廷之容，四爲喪紀之容，五爲軍旅之容，六爲車馬之容。（周禮地官）據以上所及，可知鄉學的課程內容有三，卽德、行、藝。而國學的課程內容有四，卽德、行、藝、儀。兩者相較，大致相同。這種以德、知、體三育同時施教並重的教學內容，對於受教者的品行、學識、技能和健康等方面，確能使其得到均衡的發展，進而造就一個完美的人格，其教育目標的崇高，設想的周到，確已達到封建時代的最高峯。

此種教育形態，直到春秋時期，王綱解紐，封建制度發生了動搖，社會大亂之際，才呈現出蕭條凌夷的景象。然而流風餘韻，其「存焉者」，尙可窺其一二。如魯僖公的大修泮宮，鄭子產的不毀鄉校，皆爲其風尙的殘留。然至戰國，王室大權旁落，名存實亡，諸侯爭霸，迄無寧日，公家教育，已蕩然無存，代之而起者，就是那熾盛一時的私人講學。而儒家學說，遂成爲我國教育史上的傳統思想。

九、周的禮樂

禮樂爲周所重。尙書大傳說：「周公制禮作樂，天下和平」。由此可知周代的致太平，而禮樂教化之功，當爲重要因素之一。玆分述如次：

首先談禮，禮爲周代的一大貢獻，周禮、儀禮，雖不足以全信其眞，然大體言之，並無多大差池。如左氏昭公二年傳說：「晉侯使韓宣子來聘，……觀書於太史氏，見易象與魯春秋曰：『周禮盡在魯矣，吾乃知周公之德，周之所以王也』」。此不僅可證周代的禮備，同時更可把周禮看作全部文化與歷史。中庸載孔子的話說：「禮儀三百，威儀三千」。又說：「吾學周禮，今用之，吾從周」。所謂三百、三千，固然可借以說明「禮」的繁複，同時更可借此說明文明造詣的程度。我們如果拿今傳的周禮、禮儀與之相較，那眞是又少乎其少了。且孔子所用者爲周禮，如周無禮，孔子學且無處，又何能奢言用呢？所以朱子於其語錄中說：「大抵說制度之書，惟周禮、儀禮可信」。而今只要閉目一想，我們的一舉一動，一言一行，無不包括在禮中，就周禮來說，它實在包舉了萬事萬物，並一一爲之區分條理，而又加以貫串聯絡，眞可說是一部政典的總彙，拿儀禮來說，士冠有禮，士婚有禮，士喪有禮，乃至投壺、特牲饋食、衣著、相見等，莫不有禮。在天子來說，郊祀有禮，宗廟有禮，朝諸侯有禮，巡守有禮，甚至祭名山大川、五岳四瀆，亦莫不有禮。而諸侯有膽敢祭泰山，「以雍徹」，或「八佾舞於庭」，那就是越禮犯分了。西周的所以治，春秋戰國的所以亂，以禮觀之，已可明其大半了。

其次論樂，音樂可以調節人的性情，可以化戾氣爲祥和，這種功用，是大家所公認的。於此也可見其重要性。在理論方面，禮記樂記篇已有詳盡的說明，這裡不再贅言。事實上，周的音樂，已經非常發達，它與禮的關係，可用「禮成作樂」四字來形容，也可以用始條理、終條理，來說明它的重要。論語陽貨篇載孔子的話說：「禮云禮云，玉帛云乎哉！樂云樂云，鐘鼓云乎哉！」這裡的禮樂並舉，除說明二者不可分離外，同時在「安上治民，移風易俗」上，也有不可分的關係。何晏集解說：「言禮非但崇此玉帛而已，所貴者，乃貴其安上治民。樂之所貴者，移風易俗，非謂鐘鼓而已」。其實移風易俗，就是安上治民，所以在這裡也可以看出禮樂二者的密切關係來。再說，音樂與詩歌，確也與禮無法分開，如論語泰伯篇說：「興於詩，立於禮，成於樂」這裡的詩、禮、樂，三者并舉，就是說明其關係密切。樂本是用來輔助、充實、節制禮的，律呂的發明，我們固不敢確定是在何時，然而論語八佾篇所載的韶、武之樂的美善，已經夠我們嚮往的了，更何況那種歌雍而徹祭的穆穆情景，豈不令人低徊？孔子的歌詩三百，弦詩三百之樂，我們固然已無法享受，然而從優美的歌辭中，仍可使我們體認到，假如當時的樂譜不失傳，而三百篇的效用，當不止於純文學的形態吧！

十、周的學術思想

由於周代尙文，所以在學術思想上，打下了深厚的基礎，也形成了黃金時代。文王拘羑而演易，擴大了易的用途。孔子作十翼，使易理更爲精微，遂使占卜的符號，一變而爲蘊寓人生哲理的寶典。史官所記，周書金縢篇的忠貞、洪範篇的治國大則大法，多士、多方篇的懷仁撫逆，酒誥、梓材篇的「殷鑑禁忌」，呂刑篇的「刑期無刑」，大誥篇的柔遠能邇。這些治績的累積，遂成爲政事上千古不易的典則，廟堂的「雍歌以徹」，大夫的覲宴雅辭，民間的歌詠風情，王政得失，展現於「溫柔敦厚」之中，這種安樂太平的景象，永爲有國者的嚮往極則。到了春秋戰國時代，王綱解紐，大權旁落，諸侯「惡其禮樂之害己」，因而禮法遭到無情的破壞。孔子懼，因魯史而作春秋，正名分，別善惡，寓一字之褒貶，樹正義之先聲，爲史家建立了不可動搖的準繩。

以上所說這些民族生活經驗的積累，復經孔子的刪削整理，遂成爲我國文化的根髓。數千年來，我們不談文化則已，如談文化，捨此就難免有無根之嫌了。又因此一時代，社會變遷劇烈，很自然地也就產生了許多急待解決的問題。由於問題的發生，所以也就引起了思考與研究。由思考研究，進而得到一些解決的理論和方法。其次爲列國並立，雄霸互爭，因此需才孔急，求士甚殷。所以民間的俊秀，無不發憤爲學，自求良師，以期「學以致用」。再加上當時王官失守，貴族多淪爲平民，在無形中，知識擴散於民間，增加了有志之士的求得高深學問的機會。其結果，造成了「百家爭鳴，萬花競妍」的學術燦爛局面。就其中的「顯學」來說，孔子繼承了堯、舜、禹、湯、文、武、周公的道統，形成了儒家。其學說以道藝爲本，以時中爲用。復經漢儒的發揚光大，一直在支配着國人的思想言行。以老子爲祖的道家，其學說以無爲爲務，效法自然，以達其歸眞返樸的宏願。墨翟倡言兼愛，強本節用，濟弱扶傾的胸懷，爲服務人群社會，樹立了楷模。法家倡言「信賞必罰」，以定君臣上下的名分。由管仲到商鞅，再到韓非、尹文，他們一致主張：「智者假衆力以禁強虐，而暴人止」（管子君臣篇）。「民衆而姦邪生，故立法制、爲度量以禁之」（商君君臣篇）。「治民無常，唯治爲法」（韓非子心度篇）。「萬事皆歸於一，百度皆準於法」（尹文子大道篇）。由於他們的倡言，因此在當時，也確實收到了「令行禁止」的效果。同時也給國人樹立了法制觀念。至於名家的「正名實」，陰陽家的「序四時」，農家的「並耕說」，兵家的「習詭敎戰」，縱橫家的「分合無常」，也都能各呈所長，爭姸一時。

此外如曆法、藝術、醫學、算學、宗敎、刑法、幣制、商業、交通等，也都有顯著的成就，這裡也就不再一一加以敍述了。夏曾佑在其所著中國古代史第一章中說：「有周一代之事，其關繫於中國者至深，中國若無周人，恐今日尚居草昧，蓋中國一切宗敎、典禮、政治、文藝，皆周人所創也，中國之有周人，猶泰西之有希臘」。這話說的並沒有半點誇張。

（原載於豐縣文獻第五期。民、70、2）